Guido Knopp

Die Geschichte der Deutschen

Von Karl dem Großen
bis zum Mauerfall

In Zusammenarbeit mit
Alexander Berkel, Bernd Mütter,
Mario Sporn

cbj

Inhaltsverzeichnis

Die erste Hälfte des 20. Jahrhunderts: Vom Großen Krieg bis zur bedingungslosen Kapitulation 94

Die zweite Hälfte des 20. Jahrhunderts: Von der Teilung bis zur Wiedervereinigung 180

800

962

1158

Die Geschichte der Deutschen

Uuana pistdu? Uuerpistdu? Von wo bist du? Wer bist du? Diese Sätze zählen zu den ältesten überlieferten der deutschen Sprache. Sie sind bezeichnend. Denn Fragen wie »Wer sind die Deutschen? Woher kommen sie? Wohin führt ihr Weg?« sind ein ständiger Begleiter unserer Geschichte. Sie stehen für die deutsche Suche nach sich selbst und sie stehen auch für die langen unerfüllten Hoffnungen und Ziele unserer Geschichte: Einheit, Freiheit, Frieden.

Anders als zum Beispiel Briten und Franzosen gelang es den Deutschen bis in die zweite Hälfte des 19. Jahrhunderts nicht, in einem geeinten Staat zu leben. Immer gab es Kräfte, die mal spalteten, mal einten. Mal wuchsen Territorien auf deutschem Boden zusammen, mal wurden sie wieder getrennt. Mal gelang es, ein Machtzentrum zu bilden, dann wurde es wieder zerschlagen. Nie aber war der Zentralismus stark. Von Anfang an war Deutschland ein Land der Stämme und Regionen, die eifersüchtig auf ihre Eigenständigkeit achteten. Denken wir nur an die Bayern! Aber die Vielfalt macht eben auch den kulturellen Reichtum Deutschlands aus.

Deutschland – die verspätete Nation

Spät erst entstand, ab 1871, ein deutscher Nationalstaat. Doch schon nach wenigen Jahrzehnten wurde er wieder aufs Spiel gesetzt. Bis zum Ende des vergangenen Jahrtausends dauerte dieser historische Krimi – bis zum 3. Oktober 1990, als zum ersten Mal die deutsche Einheit in Freiheit und Frieden Wirklichkeit wurde.

Zum ersten Mal verstanden sich die vier Ur-Stämme auf deutschem Boden – Baiern, Franken, Schwaben und Sachsen – im Jahre 955 als eine Schicksalsgemeinschaft: hervorgerufen durch den Widerstand gegen eine aggressive Macht von außen. Die Ungarn waren immer wieder zu räuberi-

1356 1517 1634

schen Streifzügen in das ostfränkische Reich Ottos I. eingedrungen. Nun stellten sie in der Schlacht auf dem Lechfeld bei Augsburg Abordnungen der »deutschen« Stämme den Angreifern entgegen und besiegten sie. Bedrohung von außen eint. Otto I. ließ sich später in Rom vom Papst zum Kaiser krönen und blieb mit seinem Gefolge über anderthalb Jahrzehnte in Italien. Dort wurden die Männer aus dem Norden, ob Franken oder Sachsen, von den Einheimischen pauschal »tedeschi« – »Deutsche« – genannt – in Anlehnung an das germanische Wort »diutisk« – »dem Volke zugehörig«. Und allmählich bezeichneten sie sich auch selbst so.

Eigenständige deutsche Stämme

Doch die Herzöge der Stämme hüteten weiter ihre Eigenständigkeit. Sie wählten den König und regierten praktisch mit. Das sollte bis zum Ende des alten »Heiligen Römischen Reiches Deutscher Nation« 1806 so bleiben: Die Kaiser wurden von den Kurfürsten gewählt – auch wenn jahrhundertelang die Habsburger praktisch die Kaiserwürde vererbten: Der neue Imperator auf dem Thron des Reiches musste immer erst von den wählenden Fürsten bestätigt werden. Diese föderale Eigenmacht besteht im Grunde bis heute und ist eine deutsche Besonderheit: Denken wir nur an die Macht der Bundesländer! Gegen diese kann in Berlin niemand regieren.

Doch der deutsche König musste sich im Mittelalter nicht nur gegen die Ansprüche der Fürsten wehren. Seit Otto I. stand der Monarch auch in der Tradition der römischen Kaiser und galt als Schutzherr der Christenheit. Die Frage, ob der Papst über dem Kaiser steht oder doch der Kaiser über dem Papst, geriet jahrhundertelang zum zentralen Machtpoker der Christenheit. Der legendäre Gang Heinrichs IV. nach Canossa war dabei der Wendepunkt. Von nun an konnte der Kaiser den Papst nicht mehr als Marionette seiner Ansprüche behandeln.

Schließlich war es ein einfacher Mönch, der wie kein anderer die Deutschen geeint und geteilt hat: Martin Luther. Es begann mit einer Revolte

1727

1806

1848

im Zeichen des Glaubens. Doch auch politisch katapultierte der Reformator die Deutschen in ein neues Zeitalter. Er setzte wesentliche Ankerpunkte für ein nationales »Wir«-Bewusstsein und hinterließ zugleich einen tiefen Riss. Am Ende stand ein neues Selbstgefühl der Deutschen als Nation, aber auch ihre Spaltung im Glauben – katholisch oder evangelisch. Dies sollte den Lauf der Geschichte entscheidend prägen.

Es mündete in den schrecklichsten aller Kriege auf deutschem Boden: den Dreißigjährigen Krieg, der die Bevölkerung dezimierte, das Land verwüstete und Deutschland zum Schlachtfeld europäischer Nachbarmächte machte. An Anfang war es Wallenstein, der Feldherr des katholischen Kaisers, der das Rad der Geschichte zurückdrehen und im Zuge der Gegenreformation den Protestantismus beseitigen wollte. Doch in den Schrecken des Krieges gewann der Generalissimus – so nannte man ihn – die Einsicht, dass nur ein Ausgleich zwischen den Mächten und den Religionen Frieden bringen konnte. Die deutsche Frage – sie war immer auch eine europäische.

Ein Franzose treibt die Deutschen zur Einigung

Nach dem schlimmen Krieg krankte das Reich an seinem Zwiespalt, politisch und konfessionell. Geografisch war es in hunderte von souveränen Fürstentümern zersplittert. Und weil die Mitte schwächelte, erstarkten die Ränder. Neue Mächte bildeten sich an der Peripherie heraus. Mit dem Erwachen Preußens, neben Österreich, änderte sich das Gleichgewicht auf deutschem Boden. Der so genannte Dualismus der beiden Mächte – anschaulich verkörpert durch ihre Herrscher Friedrich II. »den Großen« und Maria Theresia – läutete das Ende des alten Reiches ein und bestimmte die deutsche Geschichte bis zur Mitte des 19. Jahrhunderts.

Es war ausgerechnet ein fremder Kaiser, der die Deutschen zur Einigung trieb: Frankreichs Jahrhundertherrscher Napoleon räumte mit dem alten Leid auf und katapultierte die Deutschen durch Eroberungen und Refor-

1870 1914 1925

men in ihr nationales Zeitalter. Kein anderer zuvor hatte mehr dazu beigetragen, dass die Deutschen zueinander fanden – auch wenn dies vor allem geschah, um Napoleon loszuwerden.

Die gescheiterte Revolution

Doch nach dem Sieg über Napoleon wurden die Hoffnungen des aufkommenden deutschen Bürgertums auf Einheit und Freiheit enttäuscht. Erst in der Revolution von 1848 hatte dieses Doppelziel wieder Chancen auf Verwirklichung. Doch das »Professorenparlament« in der Frankfurter Paulskirche scheiterte schließlich an seiner eigenen Zerstrittenheit darüber, wie die Vereinigung, wie eine neue Verfassung aussehen sollte. Während die Abgeordneten in Spiegelfechtereien noch nach absoluter Perfektion strebten, hatten am Ende die Fürsten wieder das Sagen. Freilich blieb der Wunsch nach nationaler Einheit nach wie vor lebendig.

Nach der gescheiterten Revolution, dem Versuch der »Einheit von unten«, kam es nun zur »Einheit von oben«. Preußens Ministerpräsident Otto von Bismarck ebnete den Weg zum ersten deutschen Nationalstaat – um den Preis preußischer Dominanz, um den Ausschluss Österreichs und ohne wirkliche Demokratie. Doch Bismarck hatte die Stimmung der Mehrheit auf seiner Seite. Die deutsche »Einheit von oben« wurde auch »unten« begeistert begrüßt. Bismarck, der geniale Diplomat, hatte das von ihm geschaffene Reich für »saturiert« erklärt. Doch seine schwachen Nachfolger unter dem auftrumpfenden Kaiser Wilhelm II. waren nicht imstande, wirklich mächtige und zuverlässige Verbündete zu schaffen und zu halten. Hieß es unter Bismarck »Wir sind angekommen«, hieß es nun bei Wilhelm: »Volle Fahrt voraus!« Am deutschen Wesen, sagte man, solle die Welt genesen, notfalls unter Druck. So bildete sich allmählich ein mächtiges Bündnis, die »Entente« (Frankreich, Russland, Großbritannien) rund um Wilhelms Reich. Deutschland, die verspätete Nation, fühlte sich von seinen Nachbarn eingekreist. Tatsächlich hatte es sich selber ausgekreist.

1935

1945

1954

Ein mörderischer Krieg

Der Erste Weltkrieg wurde zur Urkatastrophe des 20. Jahrhunderts. Der mörderische Grabenkrieg, vor allem an der Westfront, übertraf an Grausamkeit, an menschlicher Verrohung selbst die schlimmsten Ahnungen. Hier wuchs die Saat für eine Zeit, in der der Mensch nur noch als Material galt, nicht als göttliches Geschöpf. 1918 war das deutsche Heer am Ende und die Generäle wussten das. Eingestehen wollten sie es freilich nicht – zumindest nicht vor der getäuschten Nation. Der Feldherr Ludendorff, im Feld besiegt, verlangte von den Zivilisten, die er in die Pflicht nahm, fast schon panisch jenen Waffenstillstand, den er ihnen später als »Verrat« vorwarf.

Schwieriger Start der neuen Republik

Deutschlands neue, erste Republik von Weimar trug schwer an diesem bösen Erbe. Denn der »Friede von Versailles«, ein drückendes Diktat der Sieger, gab den Besiegten die Alleinschuld an fast allem. So geriet »Versailles« zum Sinnbild für das Böse in der Welt – und barg den Todeskern der Republik. Doch die »Machtergreifung« Hitlers 1933 war nicht zwangsläufig. Sie war in Wahrheit eher eine »Machterschleichung«. Denn obwohl es immer eher möglich war, dass es so kommen konnte, hat es so kommen müssen.

Hätte es verhindert werden können? Ja. Alle Aufpeitschung der Massen, aller rednerischer Aufruhr hätten Hitler nicht zur Macht verhelfen können. Die erhielt der Agitator erst durch das Versagen jener Kräfte, die die kranke Republik beschützen sollten. Miteinander hätte es gelingen können. Aber eine solche Anti-Hitler-Kommunikation fand niemals statt.

Hitlers wahre Ziele offenbarte er der Masse seines Volkes erst allmählich: die Eroberung von »Lebensraum im Osten« und die Auslöschung des Judentums. Als nach dem Überfall auf die Sowjetunion schon 1942 klar war, dass das erste Ziel nicht mehr erreichbar war, führte Hitler seinen

1961

1977

1989

Krieg im Grunde nur noch weiter, um das zweite Hauptziel zu vollenden – hinter den Fronten der Wehrmacht.

Einsame Kämpfer gegen die Tyrannei

Es waren wenige, die sich dagegen erhoben: Einsame Verschwörer. Wenn das Attentat vom 20. Juli 1944 gelungen wäre, wäre auch der Krieg beendet worden – so oder so. Dann hätten Millionen von Soldaten an den Fronten in Europa nicht mehr sterben müssen; hunderttausende von Opfern des Regimes wären nicht mehr ermordet worden. Viele Städte wären nicht mehr bombardiert und vernichtet worden. Ein gelungener Tyrannenmord an Hitler hätte seinen Sinn gehabt.

Mehr als vier Jahrzehnte war die zweigeteilte Welt Europas auch so etwas wie die späte Rache des Tyrannen. Beide deutsche Staaten, seine Erben, mussten an der Nahtstelle der Blöcke atomare Geiseln ihrer jeweiligen Vormacht sein. Ihr Territorium war das potentielle Schlachtfeld eines nuklearen Holocaust. Dass den Deutschen das erspart geblieben, dass der Kalte Krieg am Ende überwunden wurde und dass Deutschland 1989/90 neu vereint und frei geworden ist – das ist ein Glück und eine Gnade der Geschichte.

Deutschland – umgeben von Freunden und Verbündeten

Wir, die Bürger des geeinten Deutschland, haben ja nach einem blutigen Jahrhundert allen Grund zur Dankbarkeit und Freude. An unseren Grenzen stehen heute keine Gegner, keine Feinde, sondern Nachbarn, Partner, Freunde. Wir sind, zum ersten Mal in der Geschichte, nun umzingelt von Verbündeten. Europa funktioniert nicht ohne das geeinte Deutschland. Und genauso wenig ist auch Deutschland ohne das Bekenntnis zu Europa überlebensfähig. Wir, die Europäer, sind am Ende alle aufeinander angewiesen, ob wir wollen oder nicht. Das ist nicht nur die Botschaft aus dem 20. Jahrhundert. Das ist die Botschaft der ganzen deutschen Geschichte.

Vom ersten Kaiser bis zum »Grundgesetz« des Reiches

Deutschland im Mittelalter

Mittelalter – das Wort lässt Bilder wach werden von Rittern und Burgen, von Gauklern, befestigten Städten und Kirchenbauten, von Klöstern, Kreuzzügen, Ketzern und Hexenverbrennungen. Kurzum: Das Mittelalter ist eine fremde, lange vergangene Welt.

Als Beginn des Mittelalters gilt der Untergang des Weströmischen Reichs, das Ende der antiken Welt. Für die Mitte Europas war die Kaiserkrönung Karls des Großen im Jahre 800 der erste Höhepunkt der neuen Epoche. Sie endete 1517, mit dem Beginn der Reformation 1517. Und auch wenn seitdem Jahrhunderte vergangen sind, liegen in dieser fernen Zeit die Wurzeln von vielem, was heute nicht mehr wegzudenken ist. Im Mittelalter entstanden sehr viele heute bedeutende Städte: Hamburg, München, Dortmund, Bremen zum Beispiel. Auch die Kathedralen erinnern heute noch in vielen Städten ans Mittelalter. Die damaligen Menschen bauten über Generationen hinweg diese riesigen Gotteshäuser von ewiger Schönheit – mühevoll, ohne Baumaschinen und Beton. Auch die Universität, die es heute in fast jeder größeren Stadt gibt, ist eine Erfindung des Mittelalters. Die ersten deutschen Unis entstanden in Prag, Wien und Heidelberg.

Friedrich II. von Hohenstaufen gehörte zu den großen Kaisern des Mittelalters.

Und so, wie Städte, Kathedralen und Universitäten aus dem Mittelalter stammen, so entstand auch das Land, das heute Deutschland heißt, in dieser

Zeit. Im Jahr 800 kam es zu einem entscheidenden Ereignis: Der Frankenkönig Karl ließ sich vom Papst zum »Römischen Kaiser« krönen. Denn er regierte ein Reich, das von der Nordsee bis nach Italien reichte, vom Atlantik bis an die Elbe, und das so mächtig sein wollte wie einst das Römische Reich.

Nach dem Tod Karls des Großen zerfiel es jedoch. Im Jahr 955 regierte König Otto I. den östlichen Teil, den Vorläufer des heutigen Deutschland. Er hatte schwer mit seinen Fürsten zu kämpfen. Erst als ungarische Truppen heranrückten und das Reich bedrohten, gelang es Otto, eine Armee aus allen deutschen Stämmen zu bilden. Ihr Sieg schuf ein erstes Zusammengehörigkeitsgefühl der späteren Deutschen. Otto ließ sich zum Kaiser krönen und sein Reich verstand sich als Beschützer von Kirche und Christenheit. »Heiliges Römisches Reich Deutscher Nation« nannte man es später.

Doch dieses Bündnis mit der Kirche konnte auch für Konflikte sorgen: Zwischen König Heinrich IV. und Papst Gregor VII. entbrannte ein heftiger Streit darum, wer die Bischöfe im Reich ernennen dürfte. Am Ende stand die Einigung: Kirche und Papst waren fortan feste Machtfaktoren im Reich. Umgekehrt kümmerten sich die Kaiser darum, was südlich der Alpen geschah.

Doch in ihrer Heimat waren die Kaiser weiterhin keine Alleinherrscher. Sie mussten sich ständig gegen die selbstbewussten Fürsten durchsetzen. Wie die Kaiser in die Zwickmühle geraten konnten, zeigt das Beispiel Kaiser Friedrich Barbarossas: Als er in Italien in Schwierigkeiten geriet, erpresste ihn der machthungrige Herzog von Sachsen, Heinrich der Löwe. Niemals sollte es einem Kaiser gelingen, sich die Macht in seinem Reich restlos anzueignen. Dass Deutschland – anders als Frankreich oder England – niemals von einem zentralen Herrscherhaus regiert wurde, merkt man noch heute daran, dass die 16 Bundesländer nach wie vor in der deutschen Politik ein gewichtiges Wort mitzureden haben.

Erst 1356, als mit der »Goldenen Bulle« das erste Grundgesetz des Reiches in Kraft trat, wurde der Dauerkonflikt zwischen Kaisern und Fürsten geregelt – ein Gesetz trat an die Stelle ständiger Machtkämpfe. Und es schrieb fest, dass der deutsche König gewählt werden musste – und die Macht nicht automatisch vererbt wurde. Das sollte für lange Zeit eine deutsche Besonderheit bleiben.

Am Kölner Dom, der größten mittelalterlichen deutschen Kathedrale, wurde jahrhundertelang gebaut.

9
Der Germane Hermann der Cherusker schlägt das Heer des Römers Varus im Teutoburger Wald

476
Der gemanische Heerführer Odoaker stürzt den letzten weströmischen Kaiser Romulus Augustulus

800
Krönung des Frankenkönigs Karl zum römischen Kaiser

Der erste Kaiser des Mittelalters

Karl der Große

Im Jahre 800 erlangte der Frankenkönig Karl die höchste Herrscherwürde des Abendlandes. Dreihundert Jahre nach dem Untergang des Römischen Reiches gab es in Europa wieder einen Kaiser – als »Karl der Große« herrschte er über weite Teile Europas. Er konnte kaum lesen und schreiben, legte aber großen Wert auf Wissen und Gelehrsamkeit.

Wie Karl der Große wirklich ausgesehen hat, weiß niemand. So stellte ihn sich ein Zeichner aus dem 19. Jahrhundert vor.

803	804	804
Die Franken siegen über die die Araber in Spanien	In Osnabrück gründet Kaiser Karl der Große das Carolineum-Gymnasium	Odo von Metz vollendet die Pfalzkapelle in Karls Lieblingsresidenz Aachen

Ein Frankenkönig beherrscht das Abendland

Er war der mächtigste Mann Europas – und nun kniete er hier in der Peterskirche in Rom, zu Füßen Papst Leos III. Der Frankenkönig Karl hatte seinen eisernen Helm neben sich auf den Boden gelegt, das Langschwert in seiner rechten Hand zeigte mit der Spitze nach unten – eine Geste der friedlichen Unterwerfung. In diesem Moment, am Weihnachtstag des Jahres 800, zeigte sich der große Kriegsherr Karl als Untertan des Papstes. Wohl war dem König dabei nicht – Papst Leo war schwach, seine Gegner warfen ihm vor, unchristlich zu leben. Doch an diesem 25. Dezember 800 wollte jener umstrittene Papst den Frankenkönig zum Kaiser krönen. In dem Moment, als Leo ihm die prächtige Kaiserkrone auf den Kopf setzte, bekam Karl zu der Macht, die er als erfolgreicher Feldherr und mächtiger König der Franken ohnehin schon ausübte, auch noch die höchste Würde der damaligen Welt: Er wurde in Rom vom Papst zum Kaiser gekrönt. Nach der Krönung brach in der Peterskirche Jubel aus. »Karl, dem von Gott gekrönten, großen, Frieden bringenden Imperator – Leben und Sieg!« riefen Karls fränkische Krieger.

Weihnachten 800 in Rom: Papst Leo III. setzt dem fränkischen König die Krone aufs Haupt – Karl ist römischer Kaiser! Das Bild wurde im 14. Jahrhundert gemalt.

807
Zwischen Alster und Elbe wird eine Siedlung gegründet, aus der die Stadt Hamburg hervorgeht

800–814
Entwicklung der Schrift »karolingische Minuskel«, die bis heute Grundlage der »lateinischen« Schrift ist

810
Karl schafft eine einheitliche Silberwährung. Der »karolingische Pfennig« verbreitet sich in ganz Europa

Mächtig thront der Apostel Petrus über Papst Leo III. und Kaiser Karl dem Großen und teilt die geistliche und die weltliche Gewalt zwischen ihnen auf.

Lohn für gute Taten

Die Kaiserwürde, die Papst Leo III. ihm verliehen hatte, war ein Zeichen der Dankbarkeit. Schließlich hatte sich Karl als Beschützer des Papstes Leo hervorgetan – im Jahr zuvor war der Papst bei einer Prozession in Rom von Bewaffneten überfallen und entführt worden. Fränkische Krieger, die für Karl Teile Italiens besetzt hielten, befreiten ihn. Karl rief Leo zu sich nach Paderborn und gewährte ihm dort Zuflucht. Er wollte das Ansehen des Papstes retten – es ging dem König nicht um die Person Leos, sondern um die Würde des Papstes. Im Jahr 800 begleitete Karl mit seinen Kriegern den Papst zurück nach Rom. Dort sorgte der Frankenkönig dafür, dass der Papst wieder ungestört sein Amt ausüben konnte – Leo III. dankte ihm dafür mit der festlichen Krönung zum Kaiser.

Lieblingsort im Herzen des Frankenreichs

Doch der neue Cäsar verließ Rom schon bald – denn Kaiser Karl war Franke, seine Heimat war der Nordwesten Europas. Der Ort, an dem er sich am liebsten aufhielt, war Aachen. Dort war das Kernland des Frankenreiches, das sich ursprünglich entlang des Rheins, vorwiegend aber zwischen Maas und Mosel erstreckte. Über die Jahrhunderte hatte es sich ausgedehnt, bis es den südwestlichen Teil des heutigen Deutsch-

Königliche Rasthäuser: Die Pfalzen

Überall im Reich ließ Karl königliche Rasthäuser, so genannte Königspfalzen, anlegen: Das waren große Güter mit Unterkunftsmöglichkeiten für den König und sein Gefolge. Es gab dort eine Kirche, in der der König die kirchlichen Feste feierte, es gab eindrucksvolle Räume, in denen der König Ehrengäste empfing, Streitigkeiten schlichtete und zu Gericht saß. Wichtige Pfalzen waren Aachen, Worms, Düren, Diedenhofen, Nimwegen, Ingelheim, Sinzig, Frankfurt am Main, Paderborn, Regensburg.

In Paderborn wurde ein Teil der Kaiserpfalz Karls des Großen rekonstruiert. Im Hintergrund sieht man den Dom.

812
Nach längerer Auseinandersetzung erkennt der byzantinische Kaiser das Kaisertum Karls des Großen an

813
Auf dem Reichstag in Aachen krönt Kaiser Karl seinen Sohn Ludwig zum Mitkaiser

um 814
Das »Wessobrunner Gebet« entsteht, das erste schriftliche Zeugnis in althochdeutscher Sprache

lands und fast das ganze Gebiet des heutigen Frankreichs umfasste. Karl hatte im Jahr 768, nach dem Tod seines Vaters Pippin, gleichberechtigt mit seinem Bruder Karlmann eine Hälfte dieses Reiches geerbt. Als Karlmann drei Jahre später starb, übernahm Karl die Herrschaft über das gesamte Reich und wurde zum mächtigsten Mann Europas. Auch große Teile Italiens standen seit 781 unter seinem Befehl.

Bekehrung mit Gewalt

Karl kämpfte um noch mehr Einfluss: Er wollte die Sachsen, die die Ostgrenze des Frankenreichs bedrohten, gewaltsam zum Christentum »bekehren«. Immer wieder führte er Feldzüge gegen die Sachsenstämme. Diese Stämme, Westfalen, Ostfalen und Engern, siedelten damals in dem Gebiet des heutigen Niedersachsen und Westfalen. In den Kriegen mit den Sachsen, die noch an Naturgötter und Naturgewalten glaubten, erwarb sich Karl den unrühmlichen Namen »der Sachsenschlächter«. Immer wieder fiel er in die Sachsengebiete ein und zerstörte dort heidnische Heiligtümer; nach einer Niederlage gegen ein Sachsenheer ließ er in Verden eine große Zahl sächsischer Gefangener töten.

Nach weiteren Kämpfen wurde das Sachsengebiet dann schließlich im Jahre 782 in kirchliche Bezirke aufgeteilt, die Sachsen zum Christentum bekehrt. Sächsische Anführer wurden zu Grafen ernannt, die das Land im Namen des fränkischen Königs regierten.

Bei seinen Feldzügen gegen die Sachsen ließ Karl keine Gnade walten. Es ging ihm darum, sein Herrschaftsgebiet zu erweitern und die heidnischen Sachsen zum Christentum zu bekehren.

774 zog der Frankenkönig Karl nach Italien und eroberte dort das Reich der Langobarden – ein wichtiger Schritt auf dem Weg zur Bildung seines großen Reichs. Die Miniatur aus dem 14. Jahrhundert zeigt Karl im Zweikampf.

Der Kaiser unterwegs

Es war schwierig, Karls riesiges Reich zu regieren: Die Straßen waren schlecht, und die Verbreitung von Nachrichten und Anweisungen war nur ganz langsam durch Boten möglich. Deshalb erkannte Karl, dass es nicht sinnvoll war, eine Hauptstadt zu gründen. Wenn er allen Untertanen im Reich zeigen wollte, dass er der König war, musste er herumreisen und die verschiedenen Teile des Reiches besuchen. Karl also war einer der ersten Herrscher, die das »Reisekönigtum« pflegten. Nur in den Wintermonaten, wenn die Reisebedingungen zu Pferd zu schlecht waren, blieb er in seiner Lieblingsresidenz Aachen. Sein Gefolge, so vermutet man heute, bestand aus 200 bis 1000 Begleitern; wenn die Wetterverhältnisse gut waren, konnte die königliche Reisegruppe bis zu 30 Kilometer am Tag hinter sich bringen.

Ein großes, einheitliches Reich

Doch was machte den Frankenkönig Karl zu »Karl dem Großen«? Er tat alles, um sein Riesenreich, das aus ganz unterschiedlichen Stämmen und Regionen bestand, zu festigen und die Lebensverhältnisse zu vereinheitlichen. Er stärkte die Macht der Kirche, die seinen Herrscheranspruch unterstützte. Außerdem erließ er Gesetze, die für alle galten; gleichzeitig baute er überall die Verwaltungen aus, um seine Maßnahmen reichsweit durchzusetzen. Seine neuen Gesetze schützten die Schwä-

In der Pfalzkapelle zu Aachen steht der Thron des großen Kaisers – ein schlichter Stuhl aus Marmorplatten.

840
Tod Kaiser Ludwigs des Frommen

um 900
Unter König Alfons III. von Kastilien beginnt in Spanien die Rückeroberung des Landes von den Mauren

911
Der fränkische Herzog Konrad I. wird nach dem Aussterben der Karolinger zum König Ostfrankens gewählt

Das Frankenreich zerfällt

Karls Sohn Ludwig wollte das Frankenreich erhalten. Doch seine drei Söhne teilten es nach Ludwigs Tod. Karl II. bekam den westlichen Teil, der fast dem Gebiet des heutigen Frankreichs entsprach; Ludwig bekam den östlichen Teil zwischen Rhein und Elbe sowie das heutige Bayern und Österreich; Lothar bekam einen Streifen zwischen West- und Ostteil sowie Italien. Nach Lothars Tod 869 teilten die Brüder dessen Anteil unter sich auf. Damit war das Frankenreich zerfallen. Rechts des Rheins bildete sich ein Gebiet, das später als »deutsch« galt, links des Rheins ein Gebiet, das später »französisch« genannt wurde – eine Teilung, die Europas Geschichte bis heute prägt.

cheren vor der Willkür der Stärkeren, er bekämpfte den Wucher und legte Höchstpreise für Nahrungsmittel fest, um die arme Bevölkerung zu unterstützen. Innerhalb des Reiches sollte Frieden und Ruhe herrschen, damit es nach außen hin stark und einig auftreten konnte. Als Karl am 28. Januar 814 im Alter von 66 Jahren starb, hatte er ein beeindruckendes Reich geschaffen. Doch bestattet wurde er in seiner fränkischen Lieblingsresidenz – in Aachen. Dort ruhen seine Gebeine in der Pfalzkapelle, die heute Teil des Aachener Doms ist.

912
Geburt des späteren Königs und Kaisers Otto

936
Otto wird fränkischer König

955
Der deutsche König Otto besiegt ein ungarisches Heer und legt den Grundstein für ein deutsches Reich

Auf dem Lechfeld gegen die Ungarn

Otto der Große

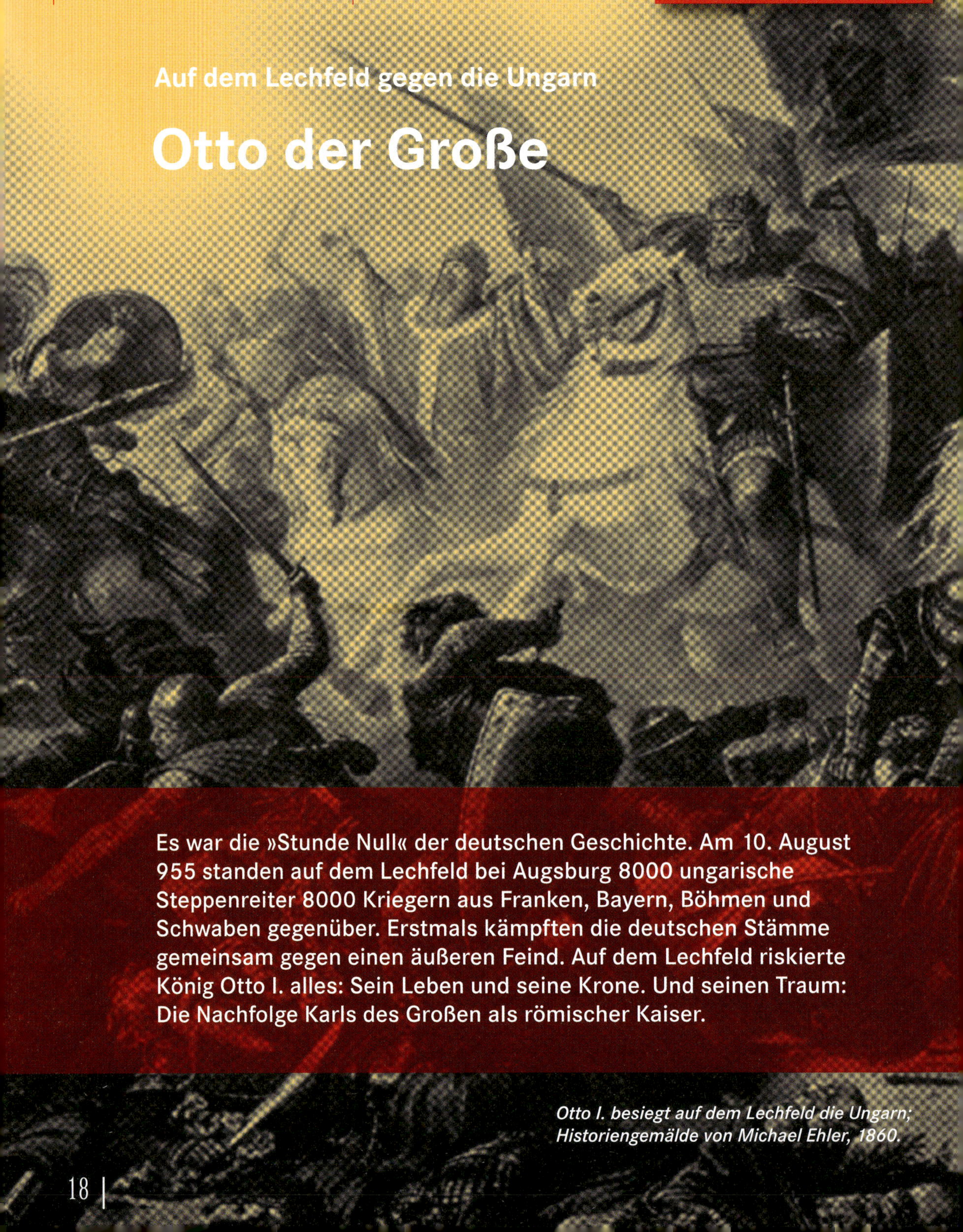

Es war die »Stunde Null« der deutschen Geschichte. Am 10. August 955 standen auf dem Lechfeld bei Augsburg 8000 ungarische Steppenreiter 8000 Kriegern aus Franken, Bayern, Böhmen und Schwaben gegenüber. Erstmals kämpften die deutschen Stämme gemeinsam gegen einen äußeren Feind. Auf dem Lechfeld riskierte König Otto I. alles: Sein Leben und seine Krone. Und seinen Traum: Die Nachfolge Karls des Großen als römischer Kaiser.

Otto I. besiegt auf dem Lechfeld die Ungarn; Historiengemälde von Michael Ehler, 1860.

956
In Lüneburg wird erstmals in Deutschland Salz aus Salinen gewonnen

961
Der Kaiser von Byzanz erobert die Mittelmeerinsel Kreta von den Arabern

962
Der Frankenkönig Otto wird in Rom vom Papst zum römischen Kaiser gekrönt

Eine Schlacht macht König Otto zum »Großen«

Den Anspruch auf die Kaiserkrone hatte er bereits 19 Jahre zuvor in Aachen vor aller Welt verkündet. Er war damals erst 23 Jahre alt, doch es war der bis dahin feierlichste Moment seines Lebens: Die Fürsten aus Bayern, Schwaben, Franken und Sachsen machten ihn, den Sachsen, zum König der Franken. Einen »deutschen« König oder gar »König der Deutschen« gab es noch nicht. Und ob die alten germanischen Stämme sich einmal zu den »Deutschen« zusammenfinden würden – daran dachte noch niemand. Im Gegensatz etwa zum König von Frankreich, der die Königswürde ererbte, konnte Otto I. nur durch die Wahl der Fürsten seine Krone erlangen. Und so würde es von diesem Tag an bleiben – bis zum Ende des Heiligen Römischen Reiches Deutscher Nation im Jahre 1806.

Kaiser Otto der Große als tapferer Ritter, so wie ihn sich ein Künstler im 19. Jahrhundert vorstellte.

Sohn gegen Vater

Was war das für ein König, dessen eigener Sohn Liudolf sich hinter seinem Rücken mit den Ungarn, die das Land ausplünderten, verbündete, um den Vater vom Thron zu stoßen? Liudolf hatte die Unzufriedenen um sich gesammelt – alle, die Otto übergangen, herabgesetzt und bloßgestellt hatte. Im Roßtal bei Regensburg kämpften Otto und Liudolf mit ihren Männern gegeneinander, Auge um Auge, um Leben und Tod. Der König gewann. Allein, barfuß im Büßergewand, musste sich Liudolf dem Vater unterwerfen. Otto schloss den abtrünnigen Sohn wieder in die Arme. Doch alle anderen Anführer ließ er hinrichten.

968
In Rammelsberg bei Goslar beginnt der Kupfer- und Silberbergbau

um 970
In Abessinien (Afrika) wird ein Getränk aus der Kaffeebohne gewonnen

972
Otto II. heiratet die byzantinische Prinzessin Theophanu, die so später römisch-deutsche Kaiserin wird

Der »Bamberger Reiter« ist eines der berühmtesten deutschen Kunstwerke des Mittelalters. Die Reiterfigur im Bamberger Dom soll Ottos Gegenspieler, König Stephan I. von Ungarn, darstellen.

Gefährliche Lage

Währenddessen verwüsteten die Ungarn erneut das Land und belagerten Augsburg. »Die Feinde Gottes und der Menschen haben das Volk gefangen oder getötet, noch triefen die Straßen vom Blut«, klagte Otto. Sollte er wirklich alles aufs Spiel setzen und gegen die gefürchteten ungarischen Bogenschützen auf ihren schnellen und wendigen Pferden in den Krieg ziehen?

Otto entschloss sich zur Tat. Statt sich den Ungarn entgegenzustellen, umging er sie, um ihnen den Rückzug an die Donau abzuschneiden. Es war ein großes Risiko – denn nun stand das ganze Land den magyarischen Reitern offen, bis hinauf nach Sachsen und zum Rhein.

Kein Ungar überlebt

Otto sei ein Großer im Beten, hieß es von ihm. Mit der wundertätigen Heiligen Lanze zog er am 8. August 955 in die Schlacht auf dem Lechfeld. »Vor den Pfeilen der Ungarn beschütze uns, o Herr!«, hieß das Gebet seiner Mannen. Sie waren gut gerüstet. Ihre Panzerhelme, Kettenhemden, Arm- und Beinschienen sowie schwere eisenbeschlagene Holzschilde schützten sie vor dem mörderischen Pfeilhagel der Steppenreiter. Ottos Plan ging auf: Als die Magyaren ihre Pfeile verschossen hatten, setzten seine Panzerreiter nach und machten die Angreifer nieder. Otto wollte, dass kein Ungar lebend in seine Heimat an der Donau zurück-

973
Tod Kaiser Ottos des Großen

976
Bayern erhebt sich vergeblich unter Herzog Heinrich dem Zänker gegen Kaiser Otto II.

979
Kaiser Otto II. unternimmt einen Feldzug bis vor Paris und verhindert die Eroberung Lothringens durch Frankreich

kehren sollte. Zu oft waren sie ins Land eingefallen. Es sollte das letzte Mal gewesen sein, und es war das letzte Mal. Viele der Gefangenen wurden geköpft oder aufgehängt. Auch für die Ungarn war die Schlacht auf dem Lechfeld ein Wendepunkt ihrer Geschichte. In der pannonischen Tiefebene an der Donau wurden die kriegerischen Steppenreiter, die jahrzehntelang von ihren Raubzügen durch Europa gelebt hatten, sesshaft und traten unter ihrem ersten König Stephan zum Christentum über. Ungarn wurde eine geachtete christliche Nation.

Otto hatte gewagt und gewonnen. Hätte der König mit seinem Aufgebot nicht den Sieg erkämpft, die deutsche Geschichte hätte einen anderen Verlauf genommen. Angesichts der tödlichen Bedrohung von außen gelang es Otto I. auf dem Lechfeld zum ersten Mal, den lockeren Verband der Stämme zusammenzuschmieden. Unter den deutschsprachigen Volksstämmen, den Bayern, Franken, Schwaben und Sachsen, festigte sich nun das Gefühl, einer Gemeinschaft anzugehören.

Reif für die Kaiserkrone

Für den Sieg auf dem Lechfeld erhielt Otto schon zu Lebzeiten den Beinamen »der Große«. Das christliche Europa sah in ihm den »Retter der Christenheit«. Nun schien die Zeit reif, die Nachfolge Karls des Großen als Kaiser anzutreten.

Die Kaiserkrone erhielt man nur aus der Hand des Papstes in Rom. Mit einem Gefolge von mehr als 1000 Kriegern aus allen Stämmen überquerte Otto der Große im August 961 die Alpen. Im Januar 962 hielt er Einzug in Rom. Die Römer waren nicht gerade erfreut. Wer wollte schon einen Sachsen als Herrscher über das Land? Noch am Grabe des Apostels Petrus, unter den Augen des Papstes,

Die Reichskrone

Die so genannte Wiener Reichskrone ist die bedeutendste Insignie des Heiligen Römischen Reiches Deutscher Nation. Untersuchungen der Goldschmiedearbeit und vergleichbarer Kronen der byzantinischen Kaiser legen nahe, dass Otto der Große mit dieser Krone zum Kaiser gekrönt wurde. Mit der kostbaren Arbeit in Edelstein, Gold und Silber zeigte Otto auch sein Selbstverständnis. Einige Bildplatten zeigen Könige aus dem Alten Testament, die sich Otto zum Vorbild nahm: David und Salomo.

982	983	987
Kaiser Otto II. wird in Unteritalien von den Sarazenen und Byzantinern geschlagen	Tod Kaiser Ottos II. Nachfolger wird Otto III., Sohn Kaiserin Theophanus	Hugo Capet wird König von Frankreich und begründet die Dynastie der Kapetinger

Ähnlich wie die Ritter aus diesem Film mögen die Panzerreiter ausgesehen haben, die auf dem Lechfeld gegen die Ungarn ritten.

musste Otto um sein Leben fürchten. Und ohne Gegenleistung war die Kaiserkrone nicht zu haben.

Schutz gegen Krone

Im geheimen Archiv des Vatikan liegt eine der wichtigsten Urkunden des Mittelalters, das Ottonianum. Es ist ein Vertrag zwischen dem Oberhaupt der Christenheit und dem ostfränkischen König. Darin garantierte Otto als Schutzherr der Kirche dem Papst die weltliche Herrschaft über den Kirchenstaat, den es im Kleinen als Vatikanstaat noch heute gibt. Am 2. Februar 962 krönte Papst Johannes XII. Otto den Großen zum Kaiser – vermutlich mit der Reichskrone, die heute noch in Wien zu besichtigen ist.

Papst Johannes XII. krönte den deutschen König Otto am 2. Februar 962 in Rom zum Kaiser.

Aus vielen Stämmen werden »Deutsche«

Jetzt hatte sein Imperium europäische Dimensionen. Es umfasste Germanien und Italien. 15 lange Jahre blieb Otto mit tausenden seiner Gefolgsleute in Italien. Als Sachsen, Schwaben, Franken, Bayern waren sie gekommen. »Teutonen« oder »Tedeschi«, die »Deutschen«, werden sie hier genannt. Mit diesem Namen kehren sie in ihre Heimat zurück. Und langsam gewöhnten sie sich an den Namen und nannten sich schließlich auch selber Deutsche.

Huldigung für den Kaiser

Das Osterfest des Jahres 973 feierte Otto wieder in Sachsen. Zum Hoftag in Quedlinburg kamen Gesandte aus ganz Europa, um ihm zu huldigen. Selbst der Kalif von Córdoba sandte dem Kaiser kostbare Gaben und exotische Tiere, die man in Sachsen zuvor noch nie gesehen hatte: Löwen, Kamele, Affen und Strauße. Otto stand auf dem Höhepunkt seines Ansehens. Selbst mit Byzanz hatte er sich verbündet: durch die Heirat seines Sohnes Otto mit der Prinzessin Theophanu, einer Nichte des oströmischen

um 1045
Der spanische Nationalheld Rodrigo Díaz (»El Cid«), Kämpfer gegen die Mauren, wird geboren

1050
Heinrich IV., späterer römisch-deutscher Kaiser, wird geboren

1056
Tod Heinrichs III., seit 1039 römisch-deutscher Kaiser.
Bau der Kaiserpfalz in Goslar

Kaisers, die später einmal selbst regieren würde. Mit dem männlichen Titel »Imperator Augustus – erhabener Kaiser« wird Theophanu eine der mächtigsten und einflussreichsten Frauen der deutschen Geschichte.

Der mächtige Burgberg von Quedlinburg im Harz. Hier empfing Kaiser Otto Gesandte aus ganz Europa zum Hoftag.

Das Werk ist vollbracht

Nur wenige Wochen später, am 7. Mai 973, starb Otto der Große. Was er erreichen wollte, hatte er erreicht. Die monarchische Macht der Ottonen war gefestigt, das werdende Reich hatte erste Konturen angenommen. Und aus Italien brachte Otto nicht nur die Kaiserkrone mit, sondern auch einen Sammelnamen für die Vielzahl der altgermanischen Stämme: »Die Deutschen« werden sie künftig genannt.

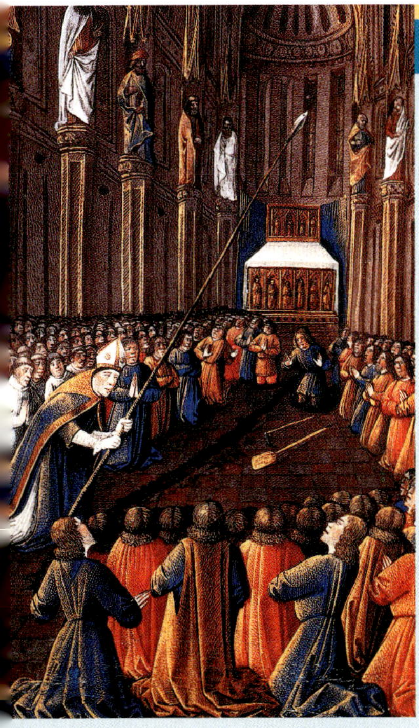

Die Heilige Lanze

Otto nahm die Heilige Lanze, gleichsam als »Wunderwaffe«, mit in die Schlacht auf dem Lechfeld. Zusammen mit dem Reichsapfel, dem Zepter und der Reichskrone gehört die Heilige Lanze zu den Reichsinsignien, die heute in Wien aufbewahrt werden. Die Spitze der Heiligen Lanze ist in das Reichskreuz eingearbeitet. Sie war eine der bedeutendsten Reliquien der Christenheit. Der Legende nach soll ein römischer Legionär mit ihr Christus am Kreuz die Seite geöffnet haben, um zu prüfen, ob er auch tot sei. Überdies soll in die Lanzenspitze auch ein Nagel vom Kreuz Christi eingearbeitet sein. Röntgenbilder zeigen tatsächlich einen Nagel. Doch vergleichende Untersuchungen beweisen: Es ist eine Flügellanze aus der Zeit Karls des Großen, wie es viele gab.

Die Miniatur aus dem 15. Jahrhundert zeigt, wie Ademar von Puy beim ersten Kreuzzug 1096–1099 die Heilige Lanze findet.

1066
Der normannische Herzog Wilhelm besiegt König Harald II. von England und besetzt den englischen Thron

1075
Heinrich IV. schlägt den seit 1073 anhaltenden Aufstand der Sachsen nieder

1077
Der deutsche König Heinrich IV. bittet in der Burg Canossa beim Papst um Wiederaufnahme in die Kirche

Ein deutscher König tut Buße beim Papst

Der Gang nach Canossa

Papst Gregor VII. wollte im Namen des »wahren« Glaubens den Einfluss der Kirche vergrößern. Sein Streit mit König Heinrich IV. stand am Anfang eines langen Machtkampfes zwischen Kirche und Königtum. Heinrich IV. trat seinen »Gang nach Canossa« an, um sich zu unterwerfen – eine berechnende Geste, die dem Machterhalt des Königs diente.

Gehüllt in ein grobes Büßergewand, wartet der deutsche König Heinrich IV. auf Einlass in die Burg von Canossa.

1078
Unter Wilhelm dem Eroberer beginnt in London der Bau des Tower

um 1080
Zum Brauen von Bier wird Hopfen verwendet. Das Bierbrauen wird zum gesetzlich geregelten Zunftgewerbe

1085
Das christliche Königreich Kastilien erobert in Spanien Toledo von den Mauren

Kampf um die Macht in Kirche und Reich

Mathilde, die Markgräfin von Tuszien, beherbergte als Herrin der Burg von Canossa den Papst.

Dem König war kalt. Barfuß stand er im Schnee, nur ein grobes Wollgewand schützte ihn gegen den stechenden Wind. König Heinrich schaute auf zu der mächtigen Burg, die den Gipfel über ihm beherrschte. Seit drei Tagen versuchte er nun, mit der Burgherrin Mathilde und mit ihrem Gast, dem römischen Papst Gregor, zu sprechen – vergebens.

Er wollte dem Papst beweisen, dass er nicht als mächtiger König auf diesen Berggipfel gestiegen war. Im Gegenteil: Er, der deutsche König Heinrich IV., war im kalten Januar 1077 nach Oberitalien zur Burg von Canossa gekommen, um sich bei Papst Gregor VII. zu entschuldigen.

Heinrich IV.

Heinrich IV. wurde nach dem Tode des Vaters 1056 schon als Sechsjähriger zum König ernannt. Seine Mutter war nicht in der Lage, für ihn zu regieren und suchte sich zahlreiche Berater. Diese aber hintergingen Heinrich und bereicherten sich am Besitz des Königs. In einer Welt voller Lug und Trug wuchs er zu einem misstrauischen Herrscher heran, der sich nicht scheute, mit Täuschung und Lüge um seine Rechte zu kämpfen. Der Streit mit den Päpsten ging bis zu seinem Tode 1107 weiter.

Hier thront König Heinrich mit Zepter und Reichsapfel.

um 1090
In Deutschland setzen sich die arabischen Ziffern durch, die mathematisches Rechnen erst ermöglichen

1093
Der Pfalzgraf Heinrich II. gründet das später berühmte Kloster Maria Laach in der Eifel

1094
Der spanische Nationalheld »El Cid« erobert Valencia von den Mauren und gründet dort ein Königreich

Rechts: Papst Gregor VII. ließ den deutschen König Heinrich drei Tage vor der Burg Canossa warten, ehe er ihn empfing und seine Bußbezeugung annahm.

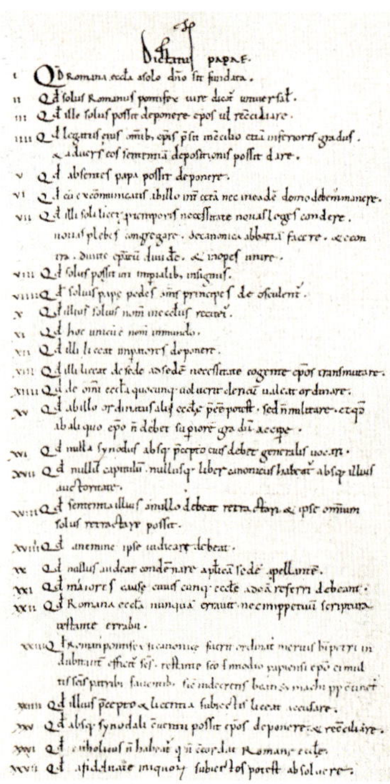
Dictatus papae

Das Original des »Dictatus Papae« von 1075. In diesem Dokument formulierte der Papst den Anspruch, über dem Kaiser zu stehen.

Raffgier und Ämterkauf

Die Kirche war mächtig, weil der christliche Glaube das Denken der Menschen viel stärker beherrschte als heute. Mächtig aber waren auch die deutschen Könige, die über große Teile Mitteleuropas und sogar über Italien herrschten. Papst Gregor ärgerte, dass es bei den Bischofsernennungen des Königs oft um Macht und Geld ging, selten um die Frage, ob die neuen Amtsinhaber gute Christen waren. Manche zahlten sogar Geld, um vom König zu Bischöfen ernannt zu werden. Gregor stand an der Spitze einer Bewegung, die gegen »Ämterkauf« und Raffgier innerhalb der Kirche protestierte. Bischöfe und Äbte sollten nur von geweihten Priestern ernannt werden. Damit war er eine Bedrohung für Heinrich IV., der bisher in seinem Reich das Vorrecht zur Ernennung von Äbten und Bischöfen hatte.

Machtkampf

Um Gregor zu beweisen, dass er der Mächtigere war, setzte Heinrich in Italien neue Bischöfe in ihre Ämter ein, die seine Haltung unterstützten. Außerdem rüstete er ein Heer aus, um in Italien seinen Machtanspruch zu stärken. Gregor antwortete darauf mit einer äußerst feindseligen Botschaft. Er erklärte darin, dass Heinrich IV. aus der Kirche ausgeschlossen werde und auch das Recht auf den deutschen Thron verloren habe, wenn er nicht aufrichtige Reue zeigen würde.

Heinrich seinerseits schickte nun eine Botschaft nach Rom, in der er den Papst zur Abdankung aufforderte: »Ich, Heinrich, von Gottes Gnaden, befehle Dir mit allen unseren Bischöfen: Steige herab, auf ewig Verfluchter!« Gregor aber war empört und belegte Heinrich offiziell mit dem Fluch des päpstlichen »Ban-

1096
Auf Veranlassung von Papst Urban II. beginnt der 1. Kreuzzug zur Befreiung Jerusalems von den »Ungläubigen«

1099
Gottfried von Bouillon erobert mit einem Kreuzfahrerheer Jerusalem. Tod des spanischen Eroberers »El Cid«

um 1100
Aus dem Althochdeutschen entwickelt sich langsam die mittelhochdeutsche Sprache

nes«. In seiner Botschaft erklärte er: »Darum untersage ich dem König Heinrich, das Reich der Deutschen und das Italiens zu regieren, und befreie alle Christen vom Eid, den sie ihm geleistet, und verbiete, dass ihm irgendeiner noch diene.« Das ließen sich viele deutschen Fürsten nicht zweimal sagen – als gottesfürchtige Christen folgten sie lieber dem Papst als einem König, der vom Papst aus der Kirche ausgeschlossen war. Sie berieten im Oktober 1076 sogar, ob sie nicht einen neuen König wählen sollten, falls der Fluch des Papstes gegen Heinrich nicht aufgehoben würde. Heinrich, der König ohne Freunde und ohne Armee, gab erst einmal nach. Er schrieb dem Papst einen Entschuldigungsbrief, in der er die Absetzung Gregors zurücknahm. Gregor seinerseits nahm nun die Absetzung Heinrichs zurück.

Diese Illustration aus dem 12. Jahrhundert zeigt den deutschen König Heinrich IV. mit der Burgherrin von Canossa, Mathilde, und dem Abt Hugo von Cluny.

Kalkuliertes Bereuen

Heinrich war aber noch immer aus der Kirche ausgeschlossen – das schwächte seine Stellung gegenüber den deutschen Fürsten. Und so zog er Ende 1076 nach Italien – über verschneite Alpenpässe war die Alpenüberquerung eine ungeheure Strapaze. Sein Plan war einfach: Wenn er Gregor um Verzeihung bitten würde, musste ihm dieser vergeben – das war die Pflicht jedes guten christlichen Priesters. Gregor, der nicht genau wusste, was Heinrich plante, hatte sich in diesem strengen Winter vorsichtshalber auf der Burg von Canossa verschanzt.

Am 25. Januar 1077 meldeten die Wachen, dass ein einsa-

um 1100
Das »Rolandslied«, das französische Nationalepos, entsteht. Hier werden die Taten Karls des Großen besungen

1104–1106
Heinrich IV. wird nach einem Aufstand von seinem Sohn, Heinrich V., abgesetzt. Heinrich IV. stirbt 1106

1106
In Worms bilden die Flussschiffer die erste deutsche Handwerkerzunft

Nachdem er die Buße Heinrichs angenommen hatte, hob Papst Gregor VII. den Kirchenbann über den reumütigen König wieder auf.

mer Besucher Einlass begehrte. Es war König Heinrich, barfuß, ohne Gefolge und ohne Armee. Gregor überlegte drei Tage lang, bevor er ihn vorließ. Die Legende besagt, dass Heinrich in dieser Zeit im Büßerhemd immer wieder vor das Burgtor trat und seine Krone vor sich in den Schnee legte. Betend soll er niedergekniet sein und sich der Länge nach auf den kalten, schneebedeckten Boden geworfen haben, die Arme in Kreuzesform von sich gestreckt. Gregor zeigte sich schließlich beeindruckt. Er ließ das Tor öffnen und Heinrich - so besagt die Legende - soll sich ihm unter beider Tränen zu Füßen geworfen haben. Gregor nahm Heinrich wieder in die Kirche auf.

Die mittelalterliche »Bildergeschichte« erzählt, wie Papst Gregor VII. aus Rom vertrieben wird und schließlich im Exil stirbt.

Gegenpapst und Gegenkönig

Doch viele deutsche Fürsten hielten Heinrichs Unterwerfung für unglaubwürdig; andere dachten, sie sei eines wahren Königs nicht würdig. Deswegen stellten sie im März 1077 einen Gegenkönig, Rudolf von Rheinfelden, auf. In einem dreijährigen, schrecklichen Krieg, der weite Teile Deutschlands verwüstete, kämpfte Heinrich IV. um die Macht. In einer Entscheidungsschlacht an der Elster in Thüringen siegte er 1080 nur mit Mühe und Not. Und

1115
Bernhard von Clairvaux gründet das später sehr einflussreiche Zisterzienserkloster Clairvaux

1122
Friedrich I. Barbarossa, späterer römisch-deutscher Kaiser, wird geboren

1125
Tod des römisch-deutschen Kaisers Heinrich V.; er war der Letzte aus der Linie der Salier

dann zeigte Heinrich, dass seine Unterwerfung bei Canossa nur ein Zwischenschritt im Machtkampf mit dem Papst gewesen war. Mit einem Heer zog er nach Rom, belagerte die Stadt und ernannte einen angesehenen Kirchenmann zum Gegenpapst. Vor Ostern 1084 zogen der König und der neue Papst von seinen Gnaden, Clemens III., siegreich in Rom ein. Am Ostersonntag krönte der neue Papst den deutschen König Heinrich IV. zum Kaiser, während Gregor VII. sich in der Engelsburg in Rom versteckt hielt. Kurz darauf verließ er Rom und starb ein Jahr später, nachdem er voller Bitterkeit erklärt hatte: »Ich habe die Gerechtigkeit geliebt und die Sünde gehasst, darum sterbe ich nun im Elend.«

Im Streit mit Papst Gregor VII. setzte König Heinrich mit Clemens III. einen Gegenpapst ein und ließ sich von diesem zum Kaiser krönen.

Der Streitpunkt: Die Investitur

Der Kaiser setzt einen Bischof ein – Anlass für den Investiturstreit.

Bischöfe und Äbte bekamen mit der Ernennung – »Investitur« genannt – die Oberhoheit über große Ländereien, die sie ausbeuten konnten. Das ermöglichte den Amtsinhabern ein Leben in Luxus. Wer vom König die Investitur erhielt , war ihm verpflichtet: Zum Beispiel rüsteten seine Anhänger Truppen aus, die im Krieg für den König kämpften. Auch die Fürsten bekamen Land vom König verliehen. Diese »Lehen« durften sie an ihre Söhne vererben. Doch manche Söhne stellten ihre Treuepflicht zum König in Frage. Das konnte mit Bischöfen nicht passieren – sie durften nicht heiraten und hatten keine Erben. Wenn sie starben, fiel das Land zurück an den König, und er konnte es neu vergeben.

1137
Der 1081 begonnene Kaiserdom von Mainz wird fertiggestelt

um 1140
Das spanische Nationalepos »Der Gesang vom Cid« ensteht. Mittelpunkt ist der Eroberer Rodrigo Diaz, »El Cid«

1184
Beim Mainzer Pfingstfest bietet Kaiser Friedrich I. Barbarossa eine prachtvolle Darstellung seiner Macht

Hoftag in Mainz: Frieden im Reich

Kaiser Friedrich Barbarossa

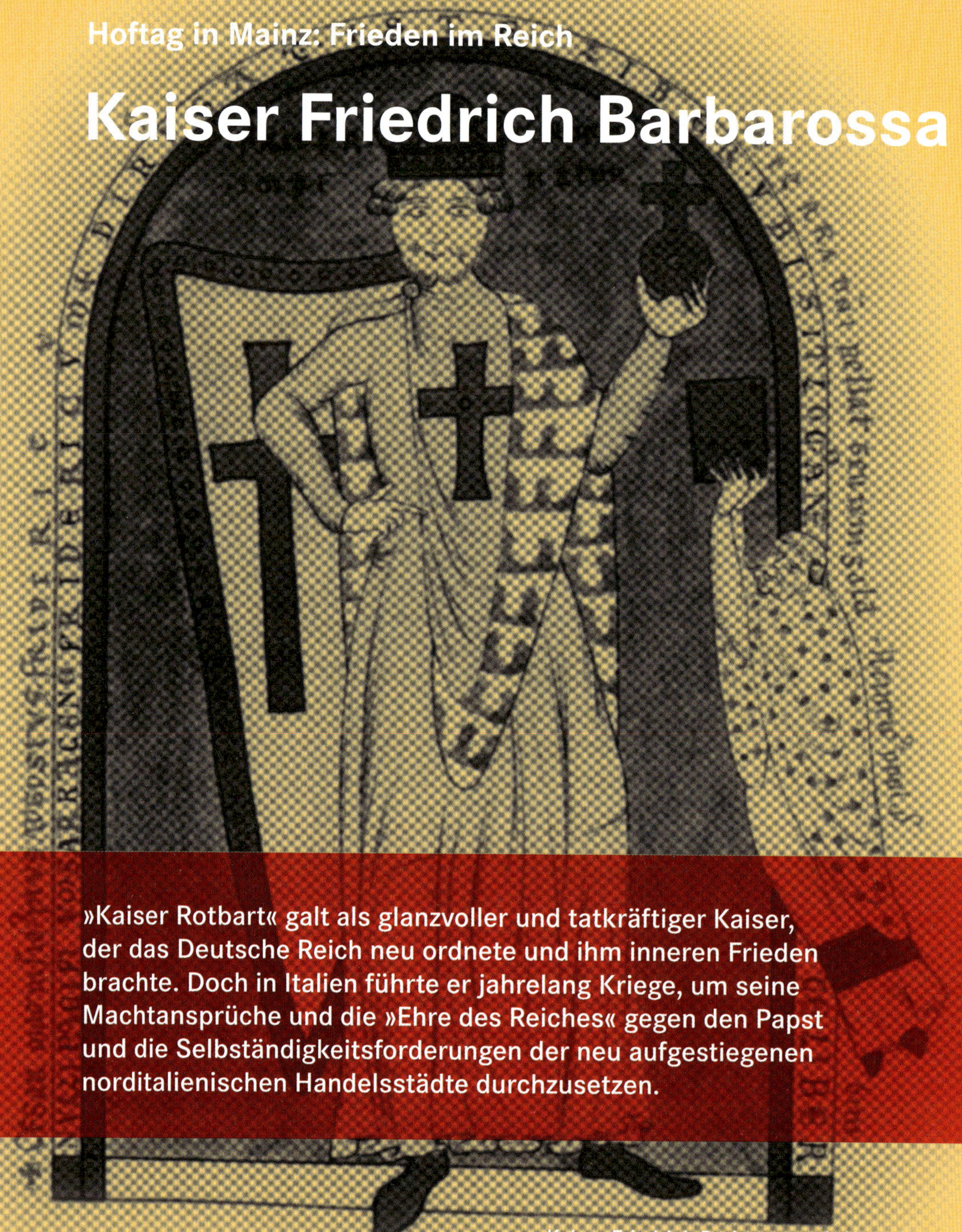

»Kaiser Rotbart« galt als glanzvoller und tatkräftiger Kaiser, der das Deutsche Reich neu ordnete und ihm inneren Frieden brachte. Doch in Italien führte er jahrelang Kriege, um seine Machtansprüche und die »Ehre des Reiches« gegen den Papst und die Selbständigkeitsforderungen der neu aufgestiegenen norditalienischen Handelsstädte durchzusetzen.

Kaiser Friedrich Barbarossa als Kreuzfahrer um 1123 auf einer Miniatur aus dem Jahr 1188

um 1152
Die frühesten deutschen Minnelieder werden verfasst und aufgeschrieben

1155
Friedrich I. lässt sich in Rom zum Kaiser krönen

1160
Die gelehrte Nonne Hildegard von Bingen verfasst ein naturkundliches Werk über Tiere, Pflanzen und Steine

Kriege in Italien, Neuordnung im Deutschen Reich

So ähnlich wie die Darsteller beim Kaltenberger Ritterturnier mögen auch Barbarossas Turnierkämpfer beim Hoftag in Mainz ausgesehen haben.

Drei Tage feierten die Ritter, die Adeligen und ihr Gefolge. In einer riesigen Zeltstadt zechten und tafelten am Mainufer 40 000 Menschen – vor den Toren der Stadt Mainz, die damals gerade 10 000 Einwohner zählte. Unterhalten wurde die riesige Menge von den Kunststücken der Gaukler, beschwingt vom Klang der Trommeln, Pfeifen und Leiern. Der Höhepunkt war ein Turnier, bei dem die Ritter in schweren Kettenhemden ihr Geschick als Kämpfer zur Schau stellten. Doch der Wettstreit war friedlich. Die Menschenmenge hatte sich zu Pfingsten 1184 zum »Hoftag in Mainz« versammelt, um den Frieden im Reich zu feiern. Gerufen hatte sie Kaiser Friedrich Barbarossa.

Links: Am Flussufer vor den Toren der Stadt Mainz feierte Kaiser Friedrich Barbarossa 1184 seinen großen Hoftag.

Staufer gegen Welfen

Seine Untertanen respektieren Friedrich als einen Mann mit großem Sinn für Gerechtigkeit, der bereit war, sein Recht auch mit Gewalt durchzusetzen, zugleich aber wusste, wann die Zeit zum Verhandeln gekommen war. 1152 war er als Dreißigjähriger an die Macht gekommen – einstimmig von den deutschen Fürsten in Frankfurt zum König gewählt, feierlich in Aachen gekrönt. Er entstammte einer schwäbischen Adelsfamilie, den Staufern – benannt nach ihrem Familiensitz auf dem Berg Hohenstaufen. Die Staufer lagen in ewi-

1162
Im Kampf gegen die oberitalienischen Städte, die vom Papst gestützt werden, zerstört Friedrich I. Mailand

1163
In Paris wird die berühmte Kathedrale Notre-Dame erbaut

1165
Friedrichs Sohn, der spätere römisch-deutsche Kaiser Heinrich VI., wird geboren

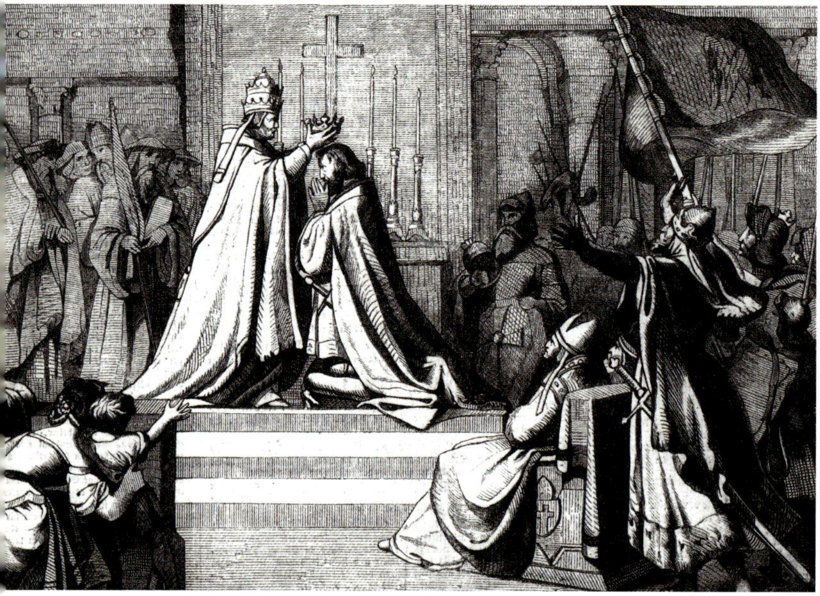

Am 10. Juni 1190 krönt Papst Hadrian IV. den deutschen König Friedrich I. zum römischen Kaiser.

gem Streit mit einer anderen schwäbischen Adelsfamilie, den Welfen. Dieser Streit drohte das Reich in Krieg und Elend zu stürzen. Doch Friedrich war Sohn eines Staufers und einer welfischen Mutter – beide Adelshäuser waren also zufrieden, als er König wurde. Der Welfenfürst Heinrich der Löwe sicherte ihm seine Unterstützung zu. Friedrichs erste Tat als König war eine Rundreise durch Deutschland – überall trat er bei Streitereien einzelner Herzöge als Vermittler auf. 1157 schrieb ein Chronist: »Die Dinge haben sich zum besseren gewendet, nach der Zeit des Weinens ist die Zeit des Lachens, nach der Zeit des Krieges ist jetzt die Zeit des Friedens gekommen.«

König Rotbart

Friedrich verstand sich als König, dem Gott das Recht zum Herrschen gegeben hatte; damit war er zugleich Beschützer der katholischen Kirche. Das Oberhaupt der Kirche, Papst Hadrian, war in Gefahr – in Rom gab es eine Auflehnung der Stadtoberhäupter gegen die Macht des Papstes. Friedrich kam ihm zu Hilfe und traf ihn 1155 nördlich von Rom. Hier in Italien bekam Friedrich, der lange blonde Haare und einen röt-

Rechts: Am 29. Mai 1176 unterlagen die kaiserlichen Truppen den rebellischen oberitalienischen Städten in der Schlacht bei Legnano.

1167	1173	um 1180
Deutsche Heere ziehen gegen Städte Norditaliens und unterwerfen schließlich Rom. Papst Alexander III. flieht	Die ersten geistlichen Ketzergerichte entstehen: Anfänge der Inquisition	In England erhalten die ersten Privathäuser Glasfenster; in Deutschland ist das erst im 14. Jahrhundert der Fall

lichen Vollbart trug, seinen Beinamen »barba rossa« – Rotbart. Beschützt vom Heer Barbarossas marschierten Hadrian und Friedrich nach Rom; dort krönte der Papst Friedrich zum Kaiser.

Für die Ehre des Reiches

Friedrich sah sich als Nachfolger der römischen Kaiser: damit hatte er alte Rechte und Machtansprüche in Italien, die er im Gegensatz zu seinen Vorgängern auch durchsetzen wollte – das glaubte er der »Ehre des Reiches« schuldig zu sein. 1159 begann ein vierjähriger Italien-Feldzug. In Oberitalien gab es Städte, die durch Handel reich geworden waren – sie wollten sich von einem deutschen Herrscher nichts mehr vorschreiben lassen. Friedrich aber wollte sie zwingen, seine Macht anzuerkennen. 1162 eroberte er Mailand, ließ es zerstören und die Bewohner in umliegenden Dörfern ansiedeln. Doch andere Städte kämpften weiter.

Papst gegen Papst

Schon 1159 war Papst Hadrian gestorben – als ein neuer gewählt werden sollte, bestimmten die Anhänger Friedrichs einen Nachfolger: Viktor IV. Doch Friedrichs Gegner in der Kirche waren in der Mehrheit und wählten einen zweiten Papst: Alexander III. Nun gab es zwei Päpste – ein Zustand, der für 18 Jahre anhalten sollte und unter dem Begriff »Schisma« in die Geschichte einging. Papst Alexander gewann zunehmend an Macht und wollte ein Bündnis aller Friedrich-Gegner schmieden. Der Papst verlangte, dass der Kaiser ihn – den Kirchenführer – als übergeordnete Macht anerkannte. Das wollte Friedrich verhindern. Mit einem starken Heer zog er 1166 über die Alpen und marschierte bis Rom. Doch im Lager der Truppen vor den Toren der Stadt schlug 1167 ein unsichtbarer Feind zu: Sommerhitze und Wolkenbrüche ließen im sumpfigen Gelände

Neue »Beamte« im Dienste des Kaisers

»Reichsministerialen« kontrollierten die deutschen »Krongebiete«, die direkt dem Kaiser unterstanden. Diese Verwalter bildeten bald eine neue Klasse: Sie pflegten wie Adlige zu leben, brachten viele Ritter hervor und residierten auf Reichsburgen, die von Barbarossa erbaut wurden – so zum Beispiel in Kaiserslautern, Nürnberg (Foto) und Dortmund. Das Reich blühte, der Handel gedieh. Der Tausch von Waren wurde abgelöst vom Geldverkehr, zahlreiche Münzprägestätten entstanden. Viele Siedlungen stiegen zu Städten auf – so etwa Ulm, Augsburg, Chemnitz und Zwickau. Im Südwesten ließ Friedrich große Waldflächen roden und siedelte dort freie Bauern an.

1184	1187	1190
Die 1174 begonnene Kaiserpfalz Friedrich Barbarossas in Kaiserswerth (bei Düsseldorf) wird fertig	Die Niederlage des Königs von Jerusalem gegen Sultan Saladin von Ägypten gibt Anlass zum 3. Kreuzzug	Während des 3. Kreuzzugs stirbt Kaiser Friedrich Barbarossa in einem Bergfluss in Kleinasien

Im »Frieden von Venedig« legten Kaiser Friedrich Barbarossa und Papst Alexander III. im Jahr 1177 ihre Streitigkeiten bei. Das Gemälde stammt aus dem 14. Jahrhundert.

Malaria-Mücken gedeihen; im allgegenwärtigen Dreck steckten sich die Männer mit Seuchen an. Tausende Soldaten und viele Heerführer starben. Die Städte Oberitaliens nutzten die Chance zum erneuten Aufstand gegen den Kaiser, der verkleidet nach Deutschland fliehen musste – nach dieser Katastrophe war das Land südlich der Alpen für ihn einstweilen verloren. Barbarossa lenkte seine Aufmerksamkeit auf die deutschen Gebiete. Da etliche Fürsten in Italien gestorben waren, gab es nun Ländereien, die keinen Herren mehr hatten. Diese Gebiete fielen an die Krone – also an Friedrich. Diese »Krongebiete« stärkten die Macht des Herrschers im Reiche.

um 1200	um 1205	1209
Die ersten Schiffe mit ausschließlichem Segelantrieb kommen auf; davor wurden immer auch Ruder eingesetzt	Das Nibelungenlied, das deutsche Nationalepos, entsteht durch die Zusammenfassung verschiedener Sagen	Der blutige Kreuzzug der Kirche gegen die Katharer, eine christliche Sekte, beginnt in Südfrankreich

Endlich Frieden

1174 zog Friedrich erneut nach Italien. Als ihm Heinrich der Löwe 1176 Truppenunterstützung verweigerte, kam es zum Bruch zwischen den alten Verbündeten. Der Kaiser verlor eine Entscheidungsschlacht. Die Probleme in Italien mussten nach vielen Rückschlägen durch Verhandlungen gelöst werden: Friedrich einigte sich mit Papst Alexander III. – beide Seiten gaben nach und schlossen 1177 den Frieden von Venedig. 1183 folgte ein Friedensschluss mit den oberitalienischen Städten – gegen regelmäßige Geldzahlungen gewährte der Kaiser den Städten große Eigenständigkeit.

Und so konnten im Jahr darauf, beim Hoffest von Mainz, alle mit Friedrich Barbarossa die erfolgreiche Kaiser-Herrschaft feiern. Als Krönung seiner Regentschaft wollte er 1190 als 65-jähriger an einem Kreuzzug teilnehmen. Doch Jerusalem sollte er nie erreichen: In der heutigen Türkei badete er bei einer Rast im Fluss Saleph – und starb im eiskalten Bergwasser.

Die Miniatur aus einer mittelalterlichen Handschrift illustriert das Ende des großen Barbarossa: Tragischer Tod im Bergbach.

Die Kyffhäuser-Sage

Beim langen Warten im Kyffhäuser ist dem Kaiser Barbarossa der Bart durch den steinernen Tisch gewachsen.

Fast 400 Jahre nach Barbarossas Tod kam in Deutschland eine Legende auf: Der »Friedenskaiser« schlafe nur – in einer Berghöhle, die man später im Kyffhäusergebirge in Thüringen vermutete, warte er auf den Tag, an dem er gebraucht werde, um das Deutsche Reich aus großer Not zu retten und die innere Zerrissenheit zu beenden. Besonders nach 1806, als das Deutsche Reich aufgehört hatte zu existieren, fand die Barbarossa-Sage großen Anklang bei jenen, die ein geeintes Reich herbeisehnten.

1129
Geburt Heinrichs des Löwen

1142
Die Herrscherfamilien der Welfen und der Babenberger kämpfen um Sachsen und Bayern

1147
Der Welfenherzog Heinrich der Löwe zieht gegen die Slawen im Osten, um sie zum Christentum zu bekehren

Slawenbezwinger, Stadtgründer, Verbannter

Heinrich der Löwe

Er galt als Bezwinger der Slawen, der das Land östlich der Elbe eroberte und nach »deutschen« Vorstellungen kultivierte. Im Kaiserreich Barbarossas war er der mächtigste Fürst. In seinem Machthunger wandelte sich Heinrich vom Unterstützer des Kaisers zum Gegner – er wurde besiegt und von Barbarossa in die Verbannung geschickt.

Die Zeichnung des Welfenkönigs Heinrich des Löwen aus dem 19. Jahrhundert ist einer Skulptur im Dom von Braunschweig nachempfunden.

1147	1150	um 1155
Aufruf zum 2. Kreuzzug gegen die »ungläubigen« Muslime	Gründung der Stadt Braunschweig durch Heinrich den Löwen	In verschiedenen Städten Norditaliens entwickeln sich die ersten Bankgeschäfte

Aufstieg und Fall eines mächtigen deutschen Fürsten

Er war gerade 18 Jahre alt, als er an der Spitze seiner Truppen in den Kampf zog. Stolz ritt Herzog Heinrich voran, ihm folgte eine Furcht einflößende Streitmacht von Panzerreitern. Heinrich und sein Heer waren im Jahre 1147 aufgebrochen, um slawische Stämme, die östlich der Elbe siedelten, zu unterwerfen und zum Christentum zu bekehren. Die sächsischen Panzerreiter waren den leicht bewaffneten slawischen Stammeskriegern haushoch überlegen, doch wirklich besetzen und unterwerfen konnten sie das weite Land noch nicht. Bei diesem ersten Feldzug bewies der junge Heinrich der Welt, dass er ein mutiger Feldherr war. Er könne kämpfen wie ein Löwe, hieß es, der Ehrenname »Heinrich der Löwe« war bald weit verbreitet.

Ein Kreuzzug ins Land der Slawen

Die »Heiden« bekehren, um den christlichen Glauben zu verbreiten – das waren wohlklingende Ziele für den gläubigen Menschen des Mittelalters. Dazu durfte auch Gewalt angewandt werden. Es war die Zeit der Kreuzzüge – die Päpste riefen immer wieder Europas Christen auf, in den Nahen Osten zu ziehen. Dort sollten sie die biblischen Orte, die unter der Herr-

Nach England vertrieben

Nach seiner Niederlage gegen Barbarossa und die anderen deutschen Fürsten musste Heinrich der Löwe 1182 das Deutsche Reich verlassen. Er floh zum König von England, mit dessen Tochter Mathilde er seit 1162 verheiratet war. Schon drei Jahre später erlaubte ihm Kaiser Barbarossa, nach Braunschweig zurückzukehren – die Residenz und die Familiengüter in Niedersachsen waren das Einzige, was ihm blieb. Heinrich starb, nach vergeblichen letzten Machtkämpfen, am 6. August 1195.

Gottes Hand krönt Heinrich den Löwen und seine Gattin Mathilde.

In der Fantasie eines Illustrators aus dem 19. Jahrhundert sieht die Rückkehr eines Kreuzritters nach Hause so aus.

schaft der muslimischen Araber standen, erobern und besetzen. Große Heere zogen ins »Heilige Land«. Sie kämpften um Jerusalem und andere Orte, die den Europäern, aber auch den Arabern heilig waren. 1147 hatte Papst Eugen III. einen neuen Kreuzzug gegen die »ungläubigen« Muslime verlangt – der deutsche König Konrad III. und viele Fürsten folgten dem Aufruf. Doch Herzog Heinrich und andere sächsische Herrscher schlugen stattdessen einen ganz anderen Kreuzzug vor: Ihre Nachbarn östlich der Elbe, die »Slawen«, waren keine Christen – auch hier konnte man also »Heiden« bekehren. Sie dachten ganz praktisch: Vielleicht konnte man sogar ihre Fürsten entmachten, um das Land dann dem eigenen Machtbereich unterzuordnen.

Tod oder Taufe

Der Papst erlaubte 1147 Heinrich und den anderen Sachsenherrschern, ihren Kreuzzug nach Osten zu führen. Doch das einfache Motto der Kreuzzügler – »Bekehrung oder Vernichtung, Tod oder Taufe« – war mit diesem einen Kriegszug ins Slawengebiet nicht so einfach durchzusetzen. Trotz einiger Siege gegen die Slawen schloss Heinrich deshalb Verträge mit den Slawenfürsten ab: Sie erlaubten

1156	1158	1165
Auf dem Reichstag in Regensburg erhält Heinrich der Löwe das Herzogtum Bayern	Heinrich der Löwe gründet München	Die Nonne Hildegard von Bingen verfasst ein Buch über die Ursachen und Behandlung von Krankheiten

die Errichtung von Bistümern und die Entsendung von Missionaren – das reichte dem sächsischen Kreuzzügler Heinrich vorerst. Er begnügte sich damit, die Slawenfürsten zu Abgabenzahlungen zu zwingen, sie aber nicht weiter zu missionieren. Von den Slawenfürsten ließ er sich versprechen, dass sie sich und ihre Völker nach und nach taufen lassen würden.

In seiner Residenzstadt Braunschweig wohnte Heinrich der Löwe in der Burg Dankwarderode. Das Gebäude, das heute zu sehen ist, entstand im 19. Jahrhundert als Rekonstrution auf dem Grundriss von Heinrichs Residenz.

Der Papst will mehr

Das genügte dem Papst nicht, er tadelte Heinrich für die schleppende Christianisierung. Und so unternahm Heinrich ab 1158 einen erneuten Kriegszug gegen den Slawenstamm der Abodriten, die immer wieder Dänemark überfielen. Im gleichen Jahr gründete Heinrich am Rande des Abodritengebietes die Stadt Lübeck. Zisterziensermönche gingen als Missionare in das Gebiet des heutigen Mecklenburg. Dort gab es bereits eine Ansiedlung deutscher Kaufleute im Gebiet der heutigen Stadt Schwerin – sie unterstützten die Missionstätigkeit der Mönche.

Feuer und Schwert

1160 führte Heinrich einen Eroberungskrieg gegen die Ostseeslawen – ihr Gebiet wurde mit »Feuer und Schwert« verwüstet. Heinrich teilte das eroberte Gebiet in Grafschaften ein, in denen ihm ergebene Grafen die Kontrolle ausübten. Der Hauptort wurde Schwerin. Ab 1171 machte Herzog Heinrich christliche Slawenfürsten zu Vasallen, das heißt zu abgabenpflichtigen, ihm untergeordneten Verbündeten. Sächsische Siedler erschlossen – gemeinsam mit der slawischen Bevölkerung – das Land, indem sie neue Ackerbautechniken einführten. Das Deutsche Reich war somit weit nach Osten ausgedehnt worden.

um 1170	1172	um 1173
Die beiden Dichter Wolfram von Eschenbach und Walther von der Vogelweide werden geboren	In der Stadt Venedig wird der aus 500 Aristokraten bestehende Große Rat eingesetzt	Zwischen den Städten Bagdad und Kairo verkehrt eine Brieftaubenpost

Die Münze aus der Zeit Heinrichs des Löwen zeigt – wie sollte es anders sein – den Löwen als Symbol des Herzogs.

Der mächtige Cousin

In diesem Reich war nur einer mächtiger als er: Sein Vetter, Kaiser Friedrich Barbarossa, der aus dem alten Adelsgeschlecht der Staufer stammte. Auch Heinrich war der Sprössling einer alten Familie von höchstem Adel: Er entstammte dem Geschlecht der Welfen. Obwohl die Staufer und die Welfen lange um die Vorherrschaft gerungen hatten, respektierten die beiden Männer einander. Der Kaiser duldete Heinrichs Aufstieg lange und schwieg sogar, als dieser sich wiederholt über die wohlbegründeten Rechte anderer hinwegsetzte, um seine Macht noch zu steigern.

Verweigerte Hilfe

Am Ende herrschte Heinrich über größere Gebiete als jeder andere deutsche Fürst; außerdem hatte kein anderer eine so schlagkräftige Armee zur Verfügung wie Heinrich. Doch als Kaiser Barbarossa 1176 bei einem Feldzug in Italien in Bedrängnis kam, verweigerte ihm Heinrich die dringend benötigte Hilfe. Seine welfischen Panzerreiter hätten aus dem Herzogtum Bayern schnell nach Oberitalien zur Verstärkung des Kaisers eilen und Barbarossa vor einer Niederlage bewahren können: Doch der stets berechnende und machtgierige Heinrich stellte Forderungen nach weiteren Ländereien und Ämtern – der Kaiser fühlte sich erpresst.

Der Kaiser siegt

In den folgenden Jahren versuchte Barbarossa, den allgemein unbeliebten Heinrich zu entmachten – 1179 beschlossen die Fürsten und der Kaiser, Heinrich seine bisherigen Rechte abzuerkennen und ihm die Ländereien in Sachsen zu nehmen. Heinrich wehrte sich mit Gewalt, verlor den Kampf und unterwarf sich 1181 dem Kaiser.

1195
Tod Herzog Heinrichs des Löwen

1199
Tod des englischen Königs und Kreuzfahrers Richard Löwenherz

13. Jahrhundert
In Deutschland entstehen die Reichsstädte, die keinem Fürsten, sondern unmittelbar dem Kaiser unterstellt sind

Heinrich – Gründungsvater Münchens

Als 1152 im deutschen Reich eine Königswahl anstand, war Heinrich ein Kandidat für das Amt. Doch die Adelssippe der Welfen versprach, den Staufer Friedrich bei der Wahl zu unterstützen. Als Dank erhielt Heinrich 1156 von Barbarossa das Herzogtum Bayern. Heinrich ließ an der Mönchssiedlung Petersbergl eine Brücke über die Isar bauen und zerstörte gleichzeitig die Brücke des Bischofs von Freising. Er wollte damit den Salzhandel kontrollieren, der damals sehr viel einbrachte. Von Kaiser Barbarossa erhielt der Ort mit der Brücke das Recht, Märkte abzuhalten, Münzen zu prägen und Zölle zu erheben – 1175 bekam München die Stadtrechte verliehen.

Stolz deutet Heinrich der Löwe auf den Stadtplan Münchens. Der Herzog gilt als Gründer der heutigen bayerischen Landeshauptstadt.

1348–1350
In Europa wütet eine Pestepidemie, der »Schwarze Tod«

1355
Der deutsche König Karl IV. lässt sich in Rom zum Kaiser krönen

1356
Kaiser Karl IV. verkündet auf dem Hoftag in Metz eine neue Rechtsordnung für die Königswahl

Ein »Grundgesetz« für das Deutsche Reich

Die Goldene Bulle

Heute ist es selbstverständlich, dass es Gesetze gibt. Sie regeln das Miteinander der Menschen und legen auch fest, wie die Regierung zu wählen ist. Im Mittelalter war dies nicht so. Erst die Goldene Bulle von Kaiser Karl IV. gab dem Deutschen Reich ein dauerhaftes und solides »Grundgesetz«.

Abbildung: Kaiser Karl IV. mit seiner Ehefrau. Das Bild entstammt einer Kaiserbildhandschrift aus der zweiten Hälfte des 14. Jahrhunderts.

im 14. Jahrhundert	im 14. Jahrhundert	1338–1458
In Mitteleuropa tragen Männer zunehmend kurze Haare statt der bis dahin üblichen langen Haartracht	Die Laute verbreitet sich vom maurischen Spanien aus in ganz Europa	Im Hundertjährigen Krieg kämpfen England und Frankreich um Macht- und Thronansprüche

Der Kaiser stellt ein neues Rechtsbuch vor

Am ersten Weihnachtstag des Jahres 1356 herrschte vor den Toren der Stadt Metz ein gewaltiges Getümmel. Auf freiem Feld war eine große Fläche mit einem Bretterzaun abgesteckt. Auf der einen Seite hatte man ein hohes Podest errichtet, auf dem der römisch-deutsche Kaiser Karl IV. thronte. Ihm gegenüber saßen an langen Tischen Fürsten, Herzöge und andere Adlige, Bischöfe sowie Abgesandte von Städten aus ganz Deutschland. Außerhalb des Zauns herrschte Feststimmung. Das Volk drängte sich um offene Feuer, wo sich Ochsen am Spieß drehten. Drinnen eröffnete der in ein prächtiges rotes Gewand gekleidete Kaiser seinen Hoftag. Auf seinem Kopf funkelte die Kaiserkrone, in der Hand hielt er als Symbol seiner Macht Zepter und Reichsapfel. Dann ließ er einen langen Text verlesen, den er selbst sein »Kaiserliches Rechtsbuch« nannte. Was hatte es damit auf sich?

Die originale »Goldene Bulle« aus dem Jahr 1356: Dieses Exemplar der Urkunde mit goldenem Majestätssiegel wird heute im Staatsarchiv Hamburg verwahrt.

Der eingefärbte Holzschnitt aus dem 15. Jahrhundert zeigt Karls Heimatstadt Prag mit der mächtigen Burganlage.

Karl IV.

Karl IV. wurde 1319 in Prag geboren. Er war der Sohn des böhmischen Königs Johann aus der Adelsfamilie der Luxemburger. An die Macht gelangt war der König im Unfrieden. Im Jahr 1346 hatten ihn einige Kurfürsten als Gegenkönig zu Ludwig dem Bayern gewählt. Nach dem Tod Ludwigs kämpfte er gegen dessen Nachfolger Günther von Schwarzburg und siegte drei Jahre später. Zu Ostern 1355 krönte ihn der Papst schließlich zum römisch-deutschen Kaiser. Karl förderte die Künste und die Wissenschaft. Er starb 1378.

1360
In England werden Arbeiter, die ihre Arbeitsstelle verlassen, zur Strafe gebrandmarkt

1366
In Italien erscheint das Werk »Canzoniere« des berühmten Dichters Petrarca

1369
In Paris lässt der französische König Karl V. die Festung »Bastille« bauen

Auf diesem Bild ist zu sehen, wie die sieben Kurfürsten über die Wahl eines neues Königs beraten. Hier wird Heinrich VII., einer der Vorgänger Karls IV., zum deutschen König gewählt.

Was ist ein Monarch?

In anderen europäischen Ländern wie Frankreich oder England gab es schon seit längerem einen mächtigen König, der jeweils allein über das ganze Land herrschte. Starb einer dieser Könige, vererbte er seinen Titel und sein Land an seinen Sohn, der dann an seiner Stelle zum König ausgerufen wurde. Nach dem alten griechischen Wort für einen Alleinherrscher nannte man die Könige auch »Monarchen« und dieses Prinzip eine »Erbmonarchie«.

Im Gegensatz zu diesen Königreichen bestand Deutschland jedoch aus vielen Ländern – dort regierten Fürsten, Herzöge oder Grafen. Es gab sogar einige Landstriche, die der Kirche gehörten, und wo Kirchenfürsten, so genannte Erzbischöfe, herrschten. All diese Herrscher walteten in ihrem Land wie kleine Könige. Einige deutsche Länder waren groß und viele Menschen lebten dort. Viele andere waren aber winzig und unbedeutend. Außerdem gab es noch »Freie Reichsstädte«, die nur dem König untertan waren. Wegen ihrer gemeinsamen Sprache fühlten sich trotzdem alle als Deutsche. Darum wählten sie aus ihrer Mitte einen König als Oberhaupt des »Deutschen Reichs«. Deutschland war eine »Wahlmonarchie«.

Streit bei der Königswahl

Bei den Königswahlen ging es oft ziemlich turbulent zu. Mancher Kurfürst wollte gerne einen bestimmten Herrscher zum König wählen, ein Zweiter einen anderen. Oft kam es deshalb zu Streit. Viele blutige Feldzüge wurden wegen der Königswahlen geführt. Mitunter wurden sogar zwei Könige gewählt, die sich erbittert bekämpften und ganze Landstriche mit Krieg überzogen.

1370
Der Städtebund der Hanse gewinnt einen Krieg gegen Dänemark

1373
Kaiser Karl IV. übernimmt die Mark Brandenburg vom Wittelsbacher Otto dem Faulen

1377
In Ulm beginnt der Bau des Münsters, das noch heute den höchsten Kirchturm der Welt hat

Diese Malerei aus der Zeit um 1360 schmückt eine Wand in der Burg Karlstein im heutigen Tschechien. Sie zeigt Kaiser Karl IV. (jeweils links) in drei verschiedenen Szenen.

Der Kaiser sorgt für Ordnung

Karl IV. sagte der Unordnung bei der Königswahl den Kampf an. Ein neues Gesetz sollte endlich für alle Zeiten festlegen, wie der deutsche König gewählt werden musste – und zwar so, dass erst gar kein Streit entstehen konnte. Zu diesem Zweck hatte Karl die deutschen Kurfürsten, aber auch andere Landesherren und Abgesandte von großen Städten, Ende November 1355 nach Nürnberg geladen. Wochenlang verhandelten sie – und feierten auch gehörig. Eine Chronik berichtet, dass die hohen Herren allein auf einem Fest vier Ochsen, sieben Schweine, 18 Ferkel, 13 Kälber und fast 200 Rebhühner verspeisten! Die eigentlichen Verhandlungen gerieten bei all den Feiern immer mehr ins Hintertreffen. So konnte Karl zunächst nur einen Teil seiner Ziele erreichen. Die Lösung der offenen Fragen vertagte man auf den Hoftag in Metz. Dort aber gelang es dem Kaiser und seinen Untertanen, sich endlich zu einigen.

Vier Stimmen für den König

Die wichtigste Neuerung war, dass der König von den sieben Kurfürsten fortan mit einfacher Mehrheit gewählt werden

1377	1378	1391
An der deutschen Nordseeküste verändert eine große Sturmflut die Landschaft und die Küstenlinie	Tod Karls IV. von Luxemburg, der seit 1347 römisch-deutscher Kaiser gewesen war	In Spanien werden Juden getötet, die sich der christlichen Taufe widersetzen

Auf der Rückeite (oben) des Siegels der Goldenen Bulle lesen wir den Spruch »Roma caput mundi regit orbis frena rotundi«, auf Deutsch: »Rom, das Haupt der Welt, lenkt die Geschicke des Erdkreises«.

Auf der Vorderseite (unten) erscheint Karl IV. auf dem Thron sitzend.

konnte. Wer vier der sieben Stimmen hinter sich bringen konnte, war also neuer deutscher König.

Der Papst dagegen blieb außen vor: Bis zum Inkrafttreten der Neuerung hatte auch er ein Mitspracherecht bei der Wahl gehabt. Wie die Wahl ablaufen sollte, wurde in der Neuregelung ganz genau festgelegt. Der Erzbischof von Mainz war gewissermaßen der Spielleiter. Er musste die übrigen sechs Kurfürsten reihum nach ihrer Wahl befragen. Als Erster war der Erzbischof von Trier dran, danach dessen Mitbruder aus Köln. Als Dritter kam der König von Böhmen an die Reihe, danach der Pfalzgraf vom Rhein. Schließlich durften auch der Herzog von Sachsen und der Markgraf von Brandenburg ihre Stimme abgeben, ehe noch der Mainzer Erzbischof selbst wählte.

In der Neuregelung wurde weiterhin bestimmt, dass der König immer in Frankfurt am Main gewählt und in Aachen gekrönt werden sollte.

Tatsächlich war der Erlass des Kaisers erfolgreich. In den Jahrzehnten vorher hatte es oft Zwist und Hader bei der Königswahl gegeben. Nach 1356 war das vorbei – und zwar für lange Zeit. Karls Gesetz blieb nämlich fast ein halbes Jahrtausend lang in Kraft – bis zum Jahr 1806, als als das Heilige Römische Reich aufgelöst wurde.

Kapsel mit Siegel

Doch warum nennt man das Gesetzbuch eigentlich die Goldene Bulle? Der Kaiser ließ den Text auf eine prunkvolle Urkunde niederschreiben und, wie damals üblich, mit einem prächtigen kaiserlichen Siegel versehen. Dieses Siegel wiederum wurde in eine goldene Hülle gesteckt. Nach dem lateinischen Wort »bulla« bezeichnete man eine solche Kapsel auf Deutsch auch als »Bulle«. Weil diese Kapsel so aufwändig und wertvoll war, übernahm man diesen Begriff im Lauf der Jahre und Jahrhunderte für die gesamte Urkunde.

Rechte und Pflichten

Die Goldene Bulle regelte aber nicht allein die Wahl des Königs. Auch die Rechte und

Ende 14. Jahrhundert
In Deutschland verdrängt Bier den Wein als häufigstes alkoholisches Getränk

1431
Jeanne d'Arc, die Heilige Johanna von Orléans, wird als Hexe verbrannt

1492
Christoph Kolumbus sucht einen westlichen Seeweg nach Indien und entdeckt dabei Amerika

Pflichten der Kurfürsten wurden neu festgelegt. Hier musste Karl zunächst einmal Zugeständnisse machen: Als Gegenleistung für die Zustimmung zu seinem Gesetz räumte der König den Kurfürsten zahlreiche Vorrechte ein.

Doch Karl war nicht nur an einer gut funktionierenden Königswahl und einem friedlichen Miteinander der Kurfürsten, sondern dem aller Menschen gelegen. Deshalb enthielt das Gesetzbuch auch Artikel, die einen dauerhaften Frieden im Deutschen Reich sichern sollten. Damit jedoch hatte Karl nicht so viel Erfolg – wie die folgenden Jahre zeigen sollten.

Nach seiner Wahl durch die Kurfürsten wurde Karl IV. am 25. Juli 1349 in Aachen zum deutschen König gekrönt und feierte danach sein Krönungsmahl.

Kurfürsten

Starb ein deutscher König, kamen alle Landesfürsten aus dem ganzen Reich zusammen und wählten einen neuen. Diejenigen Herrscher, die größere Länder regierten, waren damit nicht mehr einverstanden. Warum sollte mit ihnen auch jeder kleine Graf den König wählen dürfen? Nach und nach bürgerte es sich deshalb ein, dass nur noch bestimmte Fürsten zur Wahl zugelassen waren – bis nur noch sieben so genannte »Kurfürsten« übrig blieben: Die Erzbischöfe von Mainz, Köln und Trier, der Pfalzgraf vom Rhein, der Markgraf von Brandenburg, der Herzog von Sachsen und der König von Böhmen. Im Wort Kurfürst ist »küren« enthalten, ein anderes Wort für »wählen«. Die Kurfürsten waren also diejenigen Herrscher, die den König wählen durften.

Deutschland vom 15. bis 18. Jahrhundert

Die Welt des Mittelalters war eine Zeit ständiger Machtkämpfe: zwischen Kaiser und Fürsten, zwischen Kaiser und Papst, zwischen den Fürsten untereinander. Doch dass die grundsätzliche Ordnung aus Kaiser und Reich, Papst und Kirche, aus wenigen Herrschenden und vielen Unfreien und Untertanen »gottgewollt« und damit unveränderlich war – daran hatte es im Mittelalter wenig Zweifel gegeben.

Martin Luther löste mit seiner Kirchenkritik einen Umbruch aus.

Mit einem deutschen Mönch namens Martin Luther begann eine Epoche, die das Weltbild und die Ordnung Mitteleuropas ins Wanken brachte. Luther wollte ursprünglich Missstände in der Kirche abschaffen. Doch seine »Reformation« stellte die Macht der Kirche infrage. Manche Mächtige verteidigten Luther – auch weil die Entmachtung der Kirche einen Machtzuwachs für sie selbst bedeutete. So gelang es Papst und Kirche nicht, Luther auszuschalten. Am Ende stand deshalb die Spaltung der Kirche: Fortan gab es Katholiken und Protestanten. Im Augsburger Religionsfrieden von 1555 wurde die Existenz beider »Konfessionen«, wie man sagt, anerkannt. Der Landesherr eines jeden Territoriums legte fest, ob seine Landeskinder katholisch oder evangelisch sein sollten.

Luther hatte erfolgreich den alleinigen Herrschaftsanspruch des Papstes und der Kirche gebrochen. Wenn der Mensch frei vor Gott war, warum war er es dann nicht auch vor den Fürsten und Gutsherren? Diese Frage stellten sich leibeigene Bauern im süddeutschen Raum – und rebellierten 1525 mit Gewalt gegen ihre Herren. Dieser »Bauernkrieg«, wie er später genannt wurde, war die erste große Revolution der deutschen Geschichte – und sie scheiterte.

Mehr als sechs Jahrzehnte nach dem Augsburger Religionsfrieden wollte Kaiser Ferdinand II. die Reformation rückgängig machen, die Macht der katholischen Kirche wiederherstellen und damit auch seine eigene Position stärken. Das führte zum längsten und fürchterlichsten Blutvergießen in Deutschland vor Beginn des 20. Jahrhunderts: dem Dreißigjährigen Krieg 1618–1648. In diesem Krieg stritten sich Katholiken und Protestanten, Kaiser und Fürsten, das Deutsche Reich und seine Nachbarn. Der Krieg endete mit dem Westfälischen Frieden von 1648. Die Mächte Deutschlands und Europas einigten sich auf gegenseitige Achtung und religiöse Toleranz. Faktisch gingen jedoch Kaiser und Reich geschwächt aus dem Krieg hervor, während die Fürsten immer selbstbewusster wurden und ihre Territorien – mit mehr oder weniger Erfolg – modernisierten.

Unter Friedrich dem Großen entwickelte sich Preußen zur führenden Macht in Deutschland.

So ließ sich der brandenburgische Kurfürst aus dem Hause der Hohenzollern im Jahre 1701 zum König von Preußen krönen. Die brandenburgisch-preußische Hauptstadt Berlin wurde zum protestantischen Gegenpol des österreichisch-katholischen Kaiserhauses der Habsburger in Wien. Schon bald entwickelte sich ein handfestes Konkurrenzverhältnis, das man als »preußisch-österreichischen Dualismus« bezeichnet. Unter Friedrich dem Großen auf preußischer und Maria Theresia auf österreichischer Seite mündete der Konflikt schließlich in drei Kriege, darunter den »Siebenjährigen Krieg«. Der »Newcomer« Preußen konnte sich behaupten, die alte Reichsidee war faktisch gescheitert. Fortan lautete deshalb die Frage, ob es in Deutschland je mehr als einen losen Zusammenschluss unabhängiger Staaten, wie ihn das Reich nun darstellte, geben würde. Und falls ja, ob das Schicksal der Deutschen dann im protestantisch-preußischen Berlin oder im katholisch-österreichischen Wien entschieden werden würde.

1492
Die »Katholischen Könige« von Kastilien und Aragonien erobern Granada und vertreiben die Araber aus Spanien

1493
Durch einen Schiedsspruch Papst Alexanders VI. wird die »Neue Welt« zwischen Spanien und Portugal aufgeteilt

1505
Der Student Martin Luther beschließt, sein Leben Gott zu weihen, und wird Mönch

»Hier stehe ich, ich kann nicht anders.«

Luther und die Kirche

Er wollte kein Rebell sein, doch sein Wirken veränderte die Welt: Martin Luther. Die Reformation ist untrennbar mit seinem Namen verbunden – und damit auch die Spaltung der Kirche. Doch Luther war nicht allein Theologe. Seine Bibelübertragung setzte bleibende Maßstäbe für die Entwicklung einer einheitlichen deutschen Sprache.

Das ist das berühmteste und bekannteste Gemälde, das es von Martin Luther gibt. Der Künstler Lucas Cranach der Ältere malte es im 16. Jahrhundert.

1506
Tod von Kolumbus, dem »Entdecker« Amerikas. Er glaubte bis zuletzt, den Seeweg nach Indien gefunden zu haben

1509
Der Handel mit schwarzen Sklaven nach Amerika beginnt

1512
Martin Luther erhält den Titel eines Doktors der Theologie

Ein Mönch erschüttert die Macht der Kirche

Das Gewitter kam ganz plötzlich. Eben noch war der Himmel strahlend blau, da zogen schon dunkle Wolken heran. Blitze zuckten am Himmel, Regen prasselte nieder, gewaltige Donnerschläge hallten über das Land. Und mittendrin lief auf freiem Feld ein junger Mann, den Naturgewalten schutzlos ausgeliefert. Plötzlich gab es einen gewaltigen Knall, Holz splitterte, Funken stoben durch die Luft: Ein Blitz hatte direkt neben ihm in einen Baum eingeschlagen. Er warf sich auf die Erde und betete in höchster Verzweiflung: »Hilf, heilige Anna – dann will ich Mönch werden!«

Hätte an diesem 2. Juli 1505 den ganzen Tag die Sonne geschienen – die Weltgeschichte wäre vielleicht anders verlaufen. Denn der junge, 21 Jahre alte Mann, hielt Wort. Ein paar Wochen später trat Martin Luther in das Erfurter Augustiner-Kloster ein. Immer wieder studierte er die Bibel und dachte er darüber nach, wie er ein gottgefälliges Leben führen könnte. Er merkte freilich immer wieder, dass ihm und seinen Mitmenschen das einfach nicht gelingen wollte, soviel sie auch dafür taten. Der Mensch, so Luther, sei auf die Gnade des gütigen Gottes angewiesen, und diese Gnade werde ihm allein aufgrund seines Glaubens geschenkt.

Luther schlägt seine 95 Thesen an die Wittenberger Schlosskirche an. Es ist umstritten, ob es wirklich so war.

Ein zorniger Gott

Der Papst und die Kirche verkündeten zu dieser Zeit aber etwas ganz anderes. Sie schürten die Angst der Menschen vor einem zornigen und strafenden Gott. Und diese Angst reichte sogar über den Tod

1512
In Rom vollendet der Maler Michelangelo die berühmten Deckengemälde in der Sixtinischen Kapelle

1514
Luther wird Professor für Theologie an der Universität Wittenberg und Prediger an der Wittenberger Stadtkirche

1517
Am 31. Oktober soll Luther seine 95 Thesen an die Tür der Wittenberger Schlosskirche genagelt haben

Wer einen päpstlichen Ablassbrief erwarb, kaufte seine Seele so von Sünden frei. Der Holzschnitt aus der Zeit um 1530 zeigt einen Ablassprediger auf dem Markt.

hinaus: Wer starb, so die Lehre, dessen Seele würde zwar in den Himmel kommen. Vorher erwartete ihn aber noch das so genannte Fegefeuer, in dem er für die Sünden büßen müsse, die er auf Erden begangen habe. Doch dafür hatte die Kirche eine Lösung parat: Gegen Geld konnte man sich von seinen Sünden freikaufen – mit Hilfe von so genannten Ablassbriefen.

95 Thesen gegen den Ablasshandel

Martin Luther war dieser Ablasshandel ein Gräuel. Im Oktober 1517 verfasste er ein Flugblatt mit 95 Thesen (Lehrsätzen) und sandte sie an Kollegen und Bischöfe. Er erklärte, dass sich die Ablassprediger entweder irrten oder aber bewusst das Volk beschwindelten. Jedem Christen, der seine Sünden wirk-

Rechts: Kurfürst Friedrich III., »der Weise«, von Sachsen, gewährte dem verfolgten Reformator Zuflucht in seinem Land.

1519
Tod des römisch-deutschen Kaisers Maximilian I. König Karl I. von Spanien wird als Karl V. neuer Kaiser

1520/1521
Luther verbrennt die Bannandrohungsbulle des Papstes. Am 3. Januar 1521 verhängt der Papst den Bannfluch

1521
Auf dem Wormser Reichstag wird über Luther die Reichsacht ausgesprochen

lich bereue, würden diese von Gott vergeben – kostenlos. Unsicher ist, ob Luther seine Thesen auch an die Tür der Wittenberger Schlosskirche genagelt hat, so dass sie das ganze Volk bestaunen konnte. Luthers Thesen waren in lateinischer Sprache geschrieben – und die hätte das gemeine Volk gar nicht lesen können.

Der Papst wird unruhig

Schnell wurde Luthers Flugblatt jedoch ins Deutsche übersetzt und in hohen Auflagen gedruckt. Es verbreitete sich wie ein Lauffeuer. Kein Wunder, dass der Papst darüber sehr beunruhigt war. Mehrmals forderte er Luther auf, seine Bekenntnisse zu widerrufen, doch der ließ sich nicht beirren. Da war für Papst Leo das Maß voll: Im Januar 1521 sprach er über Luther den »Kirchenbann« aus. Der galt damit als »Ketzer«, als jemand, der sich gegen die Lehren der Kirche derart versündigt hatte, dass ihm die Todesstrafe drohte.

Vorladung vom Kaiser

Doch Luther konnte weiter predigen und Mitstreiter um sich sammeln. Er hatte einen mächtigen Beschützer – seinen Landesherrn, den sächsischen Kurfürsten Friedrich den Weisen. Ihm gefielen Luthers Thesen vor allem, weil der Gelehrte den Einfluss des Papstes auf alle weltlichen Angelegenheiten begrenzen wollte. Der deutsche Kaiser Karl V. – ein enger Verbündeter des Papstes – war auf Friedrich angewiesen und wagte es nicht, gegen ihn vorzugehen. Karl lud Luther im April 1521 auch vor die Versammlung der deutschen Fürsten, den Reichstag, nach Worms. Natürlich erwartete der Kaiser, dass Luther jetzt endlich seine umstrittenen Thesen widerrufen würde, doch genau das verweigerte der »widerspenstige Mönch« abermals. »Hier stehe ich, ich kann nicht anders«, soll er ausgerufen haben.

Martin Luther

Martin Luther wurde 1483 in Eisleben geboren. Sein Vater wollte, dass er Rechtsgelehrter wird, doch er ging ins Kloster. 1507 wurde er zum Priester geweiht und lehrte später als Theologieprofessor an der Universität in Wittenberg. Die Veröffentlichung seiner 95 Thesen im Jahr 1517 machte ihn schlagartig bekannt. Den Bruch mit der katholischen Kirche vollzog er 1525 auch äußerlich: Der Mönch heiratete die Nonne Katharina von Bora. 1546 starb er während einer Reise in seiner Geburtsstadt.

1522–1525	1525	1525
Martin Luther unternimmt Predigtreisen in ganz Mitteldeutschland und verfasst reformatorische Schriften	Luther heiratet die Nonne Katharina von Bora	Kaiser Karl V. besiegt bei Pavia Frankreich und beendet so die französische Vorherrschaft in Italien

Als »Junker Jörg« versteckte sich Luther auf der Wartburg und übersetzte dort die Bibel ins Deutsche.

Zwar ließ ihn Karl zunächst ziehen, doch dann verhängte er über Luther die »Reichsacht«. Das bedeutete, dass jetzt nicht nur der römische Papst, sondern auch der deutsche Kaiser nach seinem Leben trachtete.

Versteck auf der Wartburg

Tatsächlich war Luther wenig später wie vom Erdboden verschluckt. Es war jedoch erneut Kurfürst Friedrich, der Luther zu Hilfe gekommen war. Er hatte ihn auf dem Rückweg von Worms entführen lassen. Luther lebte in den folgenden Monaten unter falschem Namen auf der Wartburg bei Eisenach, wo er die Bibel ins Deutsche übersetzte. Vorher gab es das wichtigste Buch der Christen nur in lateinischer Sprache, doch das konnten die allermeisten Gläubigen nicht verstehen. Luther wollte aber gerade, dass alle Christen selbst in der Bibel lesen konnten. Deshalb hatte er auch für seine Übersetzung »dem Volk aufs Maul geschaut«. Das bedeutete, dass er zum besseren Verständnis eine einfache und volksnahe Sprache wählte.

Mit seiner Übertragung der Bibel in die deutsche Sprache machte Luther die Heilige Schrift vielen zugänglich. Vorher konnten nur gelehrte Theologen die lateinischen, hebräischen und griechischen Texte lesen.

Abspaltung statt Reform

1522 kehrte Luther nach Wittenberg zurück. Er reformierte, das heißt veränderte, zahlreiche Vorschriften der katholischen Kirche. Luthers Wirken nennt man deshalb auch die »Reformation«. So wurde im Gottesdienst jetzt in deutscher Sprache gepredigt. Die Reformation fand immer mehr Anhänger. Auch einige Fürsten traten auf Luthers Seite über. Viele andere jedoch blieben treue Katholiken. Die Veränderung innerhalb der Kirche, die

1529
Türkische Heere stehen vor Wien und belagern die Stadt

1545
Das erste Konzil in Trient erneuert die katholische Kirche

1546
Tod Martin Luthers in Eisleben

Luther eigentlich wollte, führte immer mehr zu einer Abspaltung seiner Anhänger von der katholischen Kirche.

Religionsfrieden

1529 wollte Karl V. Luthers Lehre verbieten. Dagegen protestierten die lutherischen Fürsten. Seitdem nennt man Luthers Anhänger auch »Protestanten«. 1546 begann sogar ein Krieg zwischen beiden Lagern, der schließlich mit einem Kompromiss endete: dem Augsburger Religionsfrieden von 1555. Dic katholische und die protestantische Kirche galten fortan in Deutschland als gleichberechtigt. Die Spaltung der Christenheit verbreitete sich in den folgenden Jahren von Deutschland ausgehend über die ganze Welt.

Vor dem Reichstag in Worms sprach Luther seine berühmten Worte: »Hier stehe ich, ich kann nicht anders.«

Ablasshandel

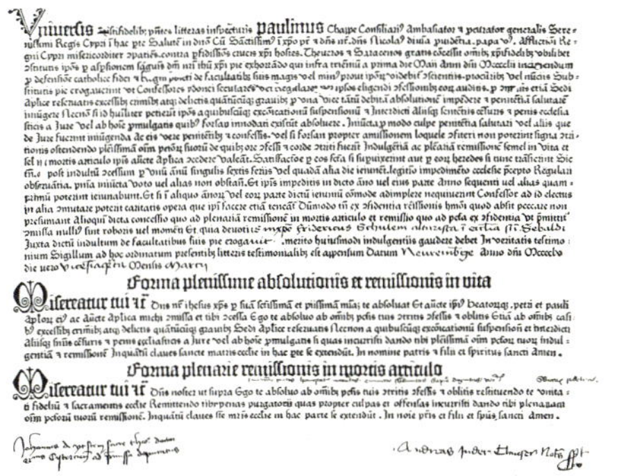
Vniuersis ... Paulinus ...

Forma plenissime absolutionis et remissionis in vita

Forma plenarie remissionis in mortis articulo

Dieser Ablassbrief wurde 1455 in der Werkstatt Johannes Gutenbergs gedruckt.

Wer Ablassbriefe erwarb, dem würden seine Sünden ganz oder zum Teil »abgelassen«, also vergeben – so lehrte die Kirche. Scharenweise zogen Ablasshändler übers Land, die den Menschen ihre »Ware« feilboten. Einer der schlimmsten Händler, Johannes Tetzel, prägte den Spruch »Wenn das Geld im Kasten klingt, die Seele in den Himmel springt«. In Wahrheit war die Kirche aber gar nicht am Seelenheil der Gläubigen interessiert, sondern nur an ihrem Geld. Papst Leo genügte die alte Peterskirche in Rom nicht mehr, er wollte eine größere und prächtigere bauen lassen. Es sollte ein Gotteshaus werden, wie es die Welt noch nicht gesehen hatte. Und dafür brauchte er sehr viel Geld.

1520
Der Reformator Martin Luther veröffentlicht die Schrift »Von der Freiheit eines Christenmenschen«

1521–1522
Der Seefahrer Magellan führt eine Weltumsegelung durch und beweist die Kugelgestalt der Erde

1524
Bei Forchheim, Erfurt und im Schwarzwald erheben sich Bauern gegen die Willkür der Fürsten

Aufstand gegen Fürstenwillkür und Ausbeutung

Der Bauernkrieg

Die Bauern waren die Sklaven der mittelalterlichen Gesellschaft. Als »Leibeigene« waren sie keine freien Bürger, sondern ihren Herren persönlich untertan. Immer wieder kam es zu Revolten gegen diese Unterdrückung. Doch kein Aufstand war so umfassend und heftig wie der Bauernkrieg der Jahre 1524 und 1525.

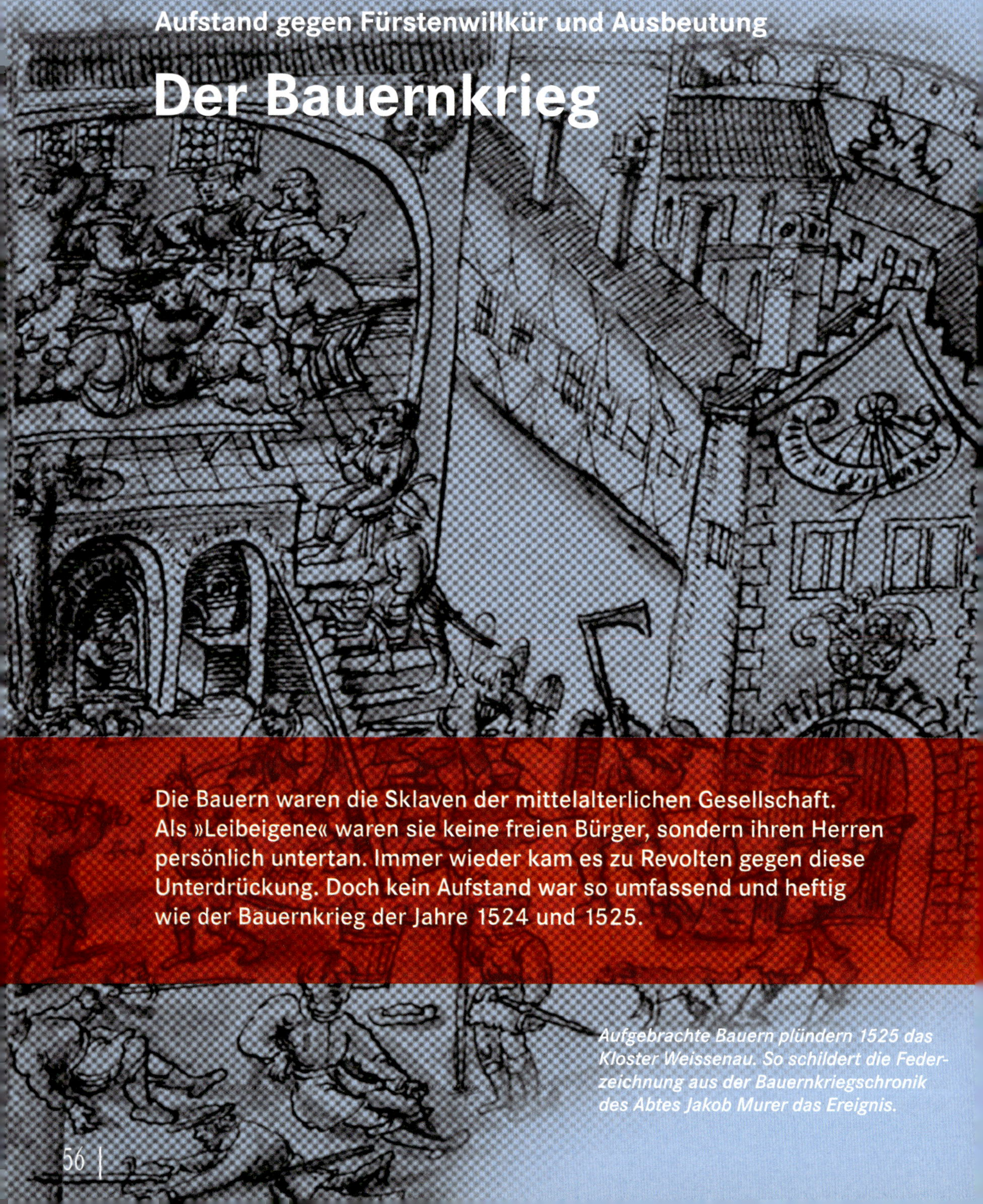

Aufgebrachte Bauern plündern 1525 das Kloster Weissenau. So schildert die Federzeichnung aus der Bauernkriegschronik des Abtes Jakob Murer das Ereignis.

1524
Tod von Vasco da Gama, dem portugiesischen Seefahrer, der den Seeweg nach Indien entdeckt hatte

1525
Am Ostertag bringen aufständische Bauern bei Weinsberg den Grafen von Helfenstein durch Spießrutenlaufen zu Tode. Dieses »Weinsberger Blut-Ostern« veranlasste Luther zu seiner Schrift »Wider die mörderischen Bauern«

Die Bauern kämpfen für ein besseres Leben

Die Bauern aus dem kleinen Städtchen Stühlingen im Schwarzwald waren wütend. Seit Wochen schufteten sie von früh bis spät auf den Feldern, um rechtzeitig die Ernte einzubringen. Da wurden sie zum Schloss des Grafen von Lupfen befohlen. Murrend machten sie sich auf den Weg. Was konnte es so wichtiges geben, dass sie gerade jetzt ihre schwere Arbeit unterbrechen mussten? Als sie am Schloss ankamen, erwartete sie die Gattin des Hausherren, Gräfin Helena von Lupfen. Alle Bauern, so verkündete die Gräfin, sollten sofort damit beginnen, auf den Wiesen Schneckenhäuser zu sammeln. Sie bräuchte diese, um von ihren Dienstmädchen Garn daran aufwickeln zu lassen. Die Bauern trauten ihren Ohren nicht: Die Gräfin musste verrückt geworden sein! Doch an diesem 24. Juni 1524 blieb es nicht beim Murren. Die Bauern widersetzten sich und riefen zum Aufstand auf.

Wider die Mordischen
vnd Reubischen Rotten der
Bawren.

Psalm. vij.
Seyne tück werden jn selbs treffen/
Vnd seyn mutwill/ wirdt vber jn außgeen.
1 5 2 5.
Martinus Luther. Wittemberg.

1525 erschien Martin Luthers Schrift »Wider die mordischen und reubischen Rotten der Bawren«.

Leibeigenschaft

Ein Bauer liefert seinen Tribut – Brot, Eier, Geflügel – an ein Kloster.

Bauern waren »leibeigen«, das heißt sie gehörten in der Regel zu einer Herrschaft oder einem Kloster. Damit hatten sie den Anweisungen dieses Herrn zu folgen. Auch hatten die Bauern viele Abgaben zu leisten: Geld, aber auch einen Teil ihrer Ernte mussten sie abführen. Außerdem hatten sie ihrer Obrigkeit zu Diensten zu sein, wann immer diese das befahl – und seien die Anordnungen noch so widersinnig wie im Falle der Gräfin von Lupfen. Die Bauern wurden auch gezwungen, ohne Bezahlung auf den Feldern ihres Herrn zu arbeiten oder Brücken und Wege zu bauen. Aus dieser Leibeigenschaft gab es kein Entrinnen – auch alle Kinder dieser Bauern blieben immer Untertanen ihres Herrn.

1527
Der Landgraf Philipp von Hessen gründet in Marburg die erste protestantische Universität Deutschlands

1527
Rom wird von kaiserlichen Söldnertruppen erobert und geplündert: der »Sacco di Roma«

1528
Tod des großen deutschen Malers und Grafikers Albrecht Dürer

Die Sichel als Waffe: Die Bauern zogen, mit ihren landwirtschaftlichen Geräten ausgerüstet, gegen die Fürsten.

Missverstandener Luther

Das war ein unerhörter Vorgang: Nach der damals herrschenden Ordnung hätten sich die Bauern eigentlich den Anordnungen der Gräfin fügen müssen. Denn die allermeisten Bauern waren damals keine freien Bürger, sondern »Leibeigene«. Kein Wunder, dass sich unter den Bauern immer wieder Unmut regte, zumal ihre Abgaben und Fronleistungen immer umfassender wurden.

Die Reformation wirkte in dieser Situation als zündender Funke. Luther hatte von der »Freiheit des Christenmenschen« geschrieben. Die Bauern verstanden das so, dass die Reformation sie auch von der Leibeigenschaft befreien würde. Das hatte Luther aber gar nicht gemeint, sondern nur, dass Christen frei von Bevormundung durch die päpstliche Kirche leben sollen. Die bestehende weltliche Ordnung wollte der Reformator dagegen gar nicht antasten. Doch die Reformation hatte sich längst im ganzen Land verbreitet. Andere, radikale Prediger unterstützten die Bauern in ihrem Kampf.

In einer Flugschrift von 1525 mit den »zwölf Artikeln« der Bauern ist dieser Holzschnitt zu sehen.

Die zwölf Artikel

Die Stühlinger waren die ersten, die den Aufstand wagten. Doch bald rumorte es in ganz Süddeutschland. In Schwaben und am Bodensee bildeten sich »Bauernhaufen«. Das waren Vereinigungen von Bauern, die ihre Rechte durchsetzen wollten. In Memmingen verfassten die versammelten Bauern im Februar 1525 sogar ein eigenes Programm – die »Zwölf Artikel«. Darin listeten sie die Ziele ihres Kampfes auf: Die Leibeigenschaft sollte abgeschafft werden, Steuern und

1530
In Bologna lässt sich Karl V. vom Papst zum Kaiser krönen. Es ist die letzte Kaiserkrönung durch einen Papst

1530
Auf dem Augsburger Reichstag legen die protestantischen Reichsstände Kaiser Karl V. das grundlegende Bekenntnis »Confessio Augustana« vor, das aber vom Kaiser abgelehnt wird

Abgaben sollten auf alle Schultern – auch auf Priester und Adlige – verteilt werden. Außerdem forderten die Bauern, ihre Pfarrer frei wählen zu dürfen und die Wiederherstellung alter Rechte: Sie wollten ohne Beschränkungen jagen und fischen, so wie es einst ihren Vorfahren erlaubt war.

Das Flugblatt präsentiert eine Liste der von Schwarzwälder Bauern geplünderten Klöster und Schlösser.

Bund gegen die Bauern

Natürlich gefielen der Obrigkeit solche Forderungen überhaupt nicht. Verschiedene mächtige Fürsten, Ritter und Städte schlossen sich deshalb zum »Schwäbischen Bund« zusammen und sammelten Soldaten für den Kampf gegen die Aufständischen. Als im März 1525 einige Bauern Burgen und Klöster plünderten und in Brand steckten, schlugen die Truppen des »Schwäbischen Bundes« los. Der Bauernkrieg hatte begonnen. Aber schon die erste Schlacht am 4. April 1525 bei Leipheim zeigte, dass die im Krieg unerfahrenen Bauern gegen die kampferprobten Truppen der Fürsten keine Chance hatten. Während die Soldaten des Schwäbischen Bundes moderne Waffen und sogar Kanonen aufbieten konnten, hatten die Bauern des »Baltringer Haufens« nur ihre normalen Arbeitsgeräte zur Verfügung: Mistgabeln, Spieße, Sensen oder Keulen. Die Truppen des Bunds siegten deshalb schnell auf der ganzen Linie. Mehr als 1000 Bauern verloren allein an diesem Tag ihr Leben auf dem Schlachtfeld.

Die Flamme des Aufstands lodert weiter

Manche der süddeutschen Bauernhaufen lösten sich angesichts dieser abschreckenden Nachrichten selbst wieder auf. Doch in anderen Regionen loderte die Flamme des Aufstands weiter, wie in der Pfalz oder in Franken. Aber die Truppen des

1531
Der später als »Halley'scher« bezeichnete Komet wird am Himmel sichtbar und löst bei den Menschen Ängste aus

1532
Kaiser Karl V. hebt das protestantenfeindliche »Wormser Edikt« zunächst vorläufig auf

1534
Der Spanier Ignatius von Loyola gründet die gegen die Reformation gerichtete »Gesellschaft Jesu« (Jesuiten)

»Schwäbischen Bundes« beendeten auch die Freiheitsträume der dortigen Bauern in blutigen Schlachten.

Ein neuer Anführer

Ganz besonders heftig wüteten die Kämpfe aber noch einmal in Thüringen. Dort hatte der wortgewaltige Prediger Thomas Müntzer die Führung der Bauern übernommen. Er schreckte auch vor hemmungsloser Gewalt nicht zurück. Seine Anhänger zogen durch Thüringen, stürmen die Klöster und zerstörten Herrensitze sowie katholische Kirchen. Das ging jedoch Luther endgültig zu weit. Anfangs hatte er viele Forderungen der Bauern durchaus mit Wohlwollen gesehen. Mit zunehmender Gewalt jedoch wandte sich der Reformator aus Wittenberg immer mehr gegen die Aufständischen. Auf dem Höhepunkt der

Philipp I., »der Großmütige«, Landgraf von Hessen, zog mit seinen Soldaten gegen die Bauern unter Anführer Thomas Müntzer zu Felde.

1547
Kaiser Karl V. besiegt in der Schlacht bei Mühlberg den protestantischen Schmalkaldener Bund

um 1550
Die Abgaben, die die Bauern in Deutschland leisten müssen, umfassen etwa zwei Drittel ihrer Erträge

1572
In der Nacht zum 24. August, der Bartholomäusnacht, werden in Frankreich tausende Hugenotten (Protestanten) ermordet

Thomas Müntzer

Bauernführer Thomas Müntzer

Er verstand sich als von Gott gesandter Prophet: Thomas Müntzer, der um 1489 in Stolberg am Harz geboren wurde. 1514 wurde er zum Priester geweiht. Zunächst war er Freund und Anhänger Luthers. Doch die Reformation ging ihm nicht weit genug. Müntzer wollte die Veränderungen aus den Kirchen heraustragen und verkündete die vollständige Gleichheit der Menschen als sein Kampfziel. Nach der Schlacht von Frankenhausen wurde er gefangen genommen, grausam gefoltert und schließlich hingerichtet.

Kämpfe veröffentlichte er sogar eine Schrift mit dem Titel (in heutigem Deutsch) »Wider die räuberischen und mörderischen Rotten der Bauern«, in der er die Bauern beschuldigte, eine schwere Sünde zu begehen. Den Fürsten aber gab er den Rat, erbarmungslos gegen die Bauern vorzugehen: »Man soll sie zerschmeißen, würgen, stechen, heimlich und öffentlich, wie man einen tollen Hund erschlagen muss.«

Ende der Freiheitsträume

Nach ihrer Niederlage in der Schlacht von Frankenhausen werden gefangene Bauern fortgeführt

Dies ließen sich die Fürsten nicht zweimal sagen. Unter Führung des Landgrafen Philipp von Hessen zogen 5000 Soldaten gegen den mindestens 8000 Mann starken Bauernhaufen Müntzers ins Feld. Am 15. Mai 1525 trafen die beiden Heere bei Frankenhausen aufeinander. Dort kam es zu einem unbeschreiblichen Blutbad, 5000 Bauern wurden getötet. Die Schlacht von Frankenhausen markierte das Ende des Bauernkrieges, der auf Seiten der Bauern etwa 100 000 Tote gefordert hatte. Dabei hatten die Aufständischen nichts gewonnen. Ihre Situation verschlechterte sich sogar noch. Die Abhängigkeit der leibeigenen Bauern von ihren Herren bestand noch fast 300 Jahre.

1588
England besiegt die spanische Flotte, die »Armada«, und bricht damit die spanische Vorherrschaft auf See

1608
Bildung der »Protestantischen Union« als Zusammenschluss verschiedener protestantischer Fürsten und Städte

1618
Mit dem Prager Fenstersturz beginnt ein 30 Jahre dauernder Kampf um Religion und Macht in Europa

Das Reich versinkt in Schrecken und Elend

Der Dreißigjährige Krieg

Tatort: Prager Burg, 23. Mai 1618. Tathergang: Drei Beamte des Kaisers werden von böhmischen Adligen aus dem Fenster geworfen, stürzen 17 Meter tief – und überleben. Dank eines Misthaufens im Schlossgraben. Was als missglückter Mordversuch in die Geschichte hätte eingehen können, wurde der Zündfunke für einen 30 Jahre dauernden Krieg.

Große Aufregung herrschte am 23. Mai 1618 in der Prager Burg, als die kaiserlichen Gesandten aus dem Fenster gestürzt wurden.

1619
Der katholische König von Böhmen und Ungarn, Ferdinand II., wird römisch-deutscher Kaiser

1620
Englische Puritaner, die »Pilgerväter«, fahren mit dem Schiff »Mayflower« nach Amerika und gründen eine Kolonie

1620
In der Schlacht am Weißen Berg besiegt die katholische Liga unter Feldherr Tilly die protestantische Union

Kampf um Macht und Glauben in Europa

Es waren Todesängste, die die beiden kaiserlichen Statthalter Jaroslaw von Martinitz und Wilhelm von Slawata und ihr Sekretär Philipp Fabricius ausstanden, als sie sich hilflos einem ganzen Dutzend böhmischer Adliger ausgeliefert sahen, die nur eines im Sinn hatten: sie aus dem Fenster zu werfen. Denn »Fensterstürze« waren in Böhmen keine Seltenheit und endeten in aller Regel tödlich.

Direkt nach den Ereignissen berichtete die »Warhaftige Zeitung« über den Prager Fenstersturz vom Mai 1618.

Dass die drei Männer des Kaisers überlebten, änderte nichts an der Botschaft, die die böhmischen Adligen damit an ihren Herrscher richteten: Sie würden sich nichts mehr sagen lassen. Der Wiener Ferdinand II. von Habsburg war König von Böhmen und vorgesehen als neuer Kaiser des Heiligen Römischen Reiches Deutscher Nation. Er war katholisch – die meisten böhmischen Adligen waren Protestanten. Neun Jahre zuvor hatte Kaiser Rudolf II. in einem Majestätsbrief den Böhmen zugesichert, dass sie ihre Religion frei ausüben könnten. Nun wollte Ferdinand diese Großzügigkeit seines Vorgängers rückgängig machen – und am liebsten gleich

Endlich Frieden! Nach Abschluss der Verhandlungen in Münster und Osnabrück reitet ein Friedensbote mit der frohen Botschaft durch das Land.

Westfälischer Friede

Der Dreißigjährige Krieg ging 1648 mit dem Westfälischen Frieden von Münster und Osnabrück zu Ende. Selten hatten so viele unterschiedliche Konflikte einen Friedensschluss erschwert: zwischen Katholiken und Protestanten, Kaiser und Reichsfürsten, fremden Mächten und Deutschen. Dennoch gelang es in sich über vier Jahre hinziehenden Verhandlungen, alle diese Konflikte durch das Prinzip der Gleichberechtigung und des Ausgleichs beizulegen. So wurde der Westfälische Friede Vorbild für viele spätere Friedensschlüsse.

1621
Im hessischen Herborn wird die erste Kartoffel Deutschlands gepflanzt

1623
In England wird ein Patentgesetz erlassen, das Erfinder schützen soll

1625
Der protestantische König Christian IV. von Dänemark greift in den Krieg ein und wird von Tilly 1626 besiegt

Verteilung der Konfessionen nach dem Dreißigjährigen Krieg

Nach dem Ende des Dreißigjährigen Krieges waren die Konfessionsgrenzen in Deutschland festgelegt. Die Aufteilung in einen überwiegend protestantischen Norden und einen eher katholischen Süden hat sich bis heute gehalten.

die ganze Reformation. Der Abriss einer evangelischen Kirche war der Anlass des »Prager Fenstersturzes«.

Unerhörte Königsabsetzung

Damit ging erst der Streit – und bald der Krieg – los: Die böhmischen Adligen beriefen sich auf ihr Recht, ihren König selbst zu wählen; sie erklärten Ferdinand II. kurzerhand für abgesetzt. So etwas hatte es noch nicht gegeben. Im Herbst 1619 machten die Böhmen Friedrich V. von der Pfalz zum neuen König. Er war Protestant und Kurfürst, also einer der sieben vornehmsten Fürsten im Reich, die den Kaiser wählen durften.

Kurz zuvor war Ferdinand II. zum Kaiser gewählt worden und wollte seine Absetzung als König von Böhmen natürlich nicht auf sich sitzen lassen. Es ging hier nicht nur um Religion. Hier

In der Schlacht am Weißen Berg am 8. November 1620 siegte die Katholische Liga (Bayern und Österreicher) unter Graf Tilly über die böhmischen Truppen.

1626
In Rom wird der 1506 begonnene Bau des Petersdoms beendet

1627
In der westfranzösischen Hafenstadt La Rochelle wird eine Erhebung von Protestanten niedergeschlagen

1630
Der Kaiser entlässt seinen Feldherrn Wallenstein und nimmt ihn1632 wieder in Dienst

Links: Kurfürst Friedrich V. von der Pfalz, der »Winterkönig«, zusammen mit Moritz und Heinrich von Nassau.

stand auch viel Macht auf dem Spiel: Dürfen die Adligen einen König absetzen? Wie unabhängig sind die Fürsten und Könige vom Kaiser? Hilfe erhielt Ferdinand von seinem Cousin Maximilian. Der war Herzog von Bayern, Katholik und entstammte dem Adelsgeschlecht der Wittelsbacher, genau wie der neue böhmische König Friedrich von der Pfalz. Als Belohnung für einen Sieg über die rebellischen Böhmen hatte Kaiser Ferdinand ihm deshalb die Kurwürde seines Widersachers Friedrich versprochen.

Sieg am Weißen Berg

Maximilian von Bayern siegte bei der Schlacht am Weißen Berg 1620 in der Nähe von Prag, die Prager Rebellen wurden hingerichtet, Böhmen mit Gewalt wieder katholisch gemacht. Friedrich – bald nur noch als »Winterkönig« verspottet, weil er nur einen Winter lang regierte – musste fliehen. Auch in seinem Heimatland, der Pfalz, unterlagen die Protestanten.

Doch mit dem neuen Kurfürsten Maximilian von Bayern geriet das Kräfteverhältnis zwischen katholischen und protestantischen Kurfürsten im Reich aus dem Gleichgewicht. Wieder vermischte sich die Frage der Religion mit der Machtfrage: Würde es dem Kaiser gelingen, die uneingeschränkte Macht im Reich, in der Mitte Europas zu erlangen? Das europäische Gleichgewicht war in Gefahr.

Der Krieg weitet sich aus

Die protestantischen Dänen griffen in den Krieg ein. Nun wurde der Norden Deutschlands zum Schlachtfeld. Doch wiederum unterlagen die Protestanten, im Reich schien ihre Sache verloren zu gehen. Kaiser Ferdinand erließ 1629 das »Restitutionsedikt«, mit dem er die Reformation endgültig zurückdrängen wollte. Jetzt begannen selbst die katholischen Fürsten im Reich zu murren, weil sie befürchteten, der Kaiser könne zu viel Macht gewinnen. In diesem

Der Kupferstich von Egidius Sadeler aus dem 17. Jahrhundert zeigt den Erzherzog von Österreich und deutschen Kaiser Ferdinand II.

1632
Der kaiserliche Feldherr Johann Tilly fällt in der Schlacht gegen die Schweden bei Rain am Lech

1634
Der Kaiser lässt den Feldherrn Wallenstein wegen dessen geheimen Verhandlungen mit den Protestanten ermorden

1637
In Frankreich scheitert ein Aufstand der Bauern

Mit dem Dreißigjährigen Krieg kamen Schrecken und Elend über das Land. Soldaten und unkontrollierte Banden zogen plündernd und mordend durch die Dörfer. So zeigt es der Künstler Jacques Callo schon 1633 in seiner Reihe von Stichen »Die Schrecken des Krieges«.

Moment traten die protestantischen Schweden auf den Plan und schickten eigene Truppen.

Plündern und morden

Da dauerte der Krieg, der endgültig zum europäischen Krieg geworden war, nun schon mehr als zehn Jahre. Und wieder zogen riesige Armeen wie Lindwürmer durchs Land. Im Schlepptau hatten sie einen gewaltigen Tross von Zivilisten: Soldatenfrauen, Händler und Handwerker, die dem Krieg folgten. Die Schweden richteten sogar »Lagerschulen« für die vielen Kinder im Tross ein, die zumeist doch nicht mehr lernten als das »Kriegshandwerk«. Es gab keinen geregelten Nachschub. Die Soldaten – und der Tross – nahmen sich einfach, was sie brauchten: Auf dem Land raubten sie Vieh und Brot, ermordeten Bauern, vergewaltigten Frauen. Städte plünderten sie. Es war eine Orgie der Gewalt, die sich selbstständig fortpflanzte: Je mehr Menschen ihre Existenz verloren hatten und sich dem Tross anschlossen, desto schlimmer traf es die Gebiete, durch die die Armeen zogen.

Hunger und Seuchen

Weil Bauern die Felder nicht mehr bestellen konnten und es keine geregelte Hygiene mehr gab, waren Hunger und Seuchen längst zu den schlimmsten Plagen des Krieges geworden. Sie forderten weit mehr Todesopfer als die Kampfhandlungen. Zurück blieb meist nur ein entvölkertes, verwüstetes Land. Dabei wurde der Krieg mehr und mehr Selbstzweck: Manche Soldaten kämpften – je nach Lage – mal auf dieser, mal auf jener Seite. Für sie spielte die Religion keine Rolle.

Verpasstes Kriegsende

1635 hätte der Krieg zu Ende sein können. Da schlossen der Kaiser und die protestanti-

1649
In England wird nach Revolution und Bürgerkrieg der absolutistische König Karl I. enthauptet

1663
In Regensburg wird ein ständiger deutscher Reichstag eingerichtet: »Immerwährender Reichstag«, bis 1806

1669
»Der abenteuerliche Simplizissimus«, ein Roman aus dem Dreißigjährigen Krieg, erscheint

schen Reichsfürsten den »Prager Frieden« und das Restitutionsedikt wurde ausgesetzt. Die fremden Truppen sollten jetzt Deutschland verlassen. Doch da trat Frankreich auf Seiten Schwedens in den Krieg ein. Längst ging es nicht mehr um »Katholisch oder Evangelisch«, sondern allein um die Macht in Mitteleuropa.

Nach dem Kriegseintritt Frankreichs drangen französische Truppen bis nach Böhmen vor: 1648 kam es zur Belagerung Prags.

Am Ende hatte der Krieg zwei von fünf Deutschen das Leben gekostet. Erst 1648 ging er zu Ende. Nach 30 langen Jahren voll Hunger, Leid und Tod.

Wallenstein

Auf Befehl des Kaisers wird Wallenstein ermordet.

Albrecht Wenzel Eusebius von Wallenstein (1583–1634) war der berühmteste Heerführer des Kaisers. Mit elf Jahren wurde er Vollwaise, trat zehn Jahre später in kaiserliche Dienste ein und wurde katholisch. Durch eine Heirat reich geworden, stellte er sich nach dem Fenstersturz mit eigenen Truppen in den Dienst Ferdinands II. Wallenstein verband großes militärisches Geschick mit dem Willen zur Macht und zur persönlichen Bereicherung. Als er die Ausweglosigkeit des Krieges begriff und den Verlust seiner Kriegsgewinne befürchtete, führte er heimlich Friedensverhandlungen mit Schweden. Daraufhin wurde er entlassen und auf kaiserlichen Befehl hin ermordet.

1689
In England werden mit der »Bill of Rights« die Rechte des Parlaments gegenüber dem Monarchen gestärkt

um 1700
Der französische Hof von Versailles gilt den europäischen Fürsten als Vorbild für die Hofhaltung

1740
Friedrich II. wird preußischer König. Maria Theresia wird Königin von Ungarn und Erzherzogin von Österreich

Preußen und Österreich – zwei deutsche Konkurrenten

Friedrich der Große und Maria Theresia

Im Jahr 1740 betraten zwei Herrschergestalten die Weltbühne, die unterschiedlicher kaum hätten sein können: Der asketische preußische König Friedrich II. und die lebenslustige österreichische Monarchin Maria Theresia. Doch beide legten die Fundamente für die Entwicklung ihrer Länder zu modernen Staaten.

Friedrich der Große, ein Mann mit schwerer Kindheit, der als König sein Land an die Spitze Europas führte.

1740	1741	1744
In Preußen wird religiöse Toleranz verkündet und die Folter abgeschafft	Österreichischer Erbfolgekrieg gegen Spanien, Frankreich, Bayern und Preußen	Zweiter Schlesischer Krieg: Preußen und Frankreich gegen Österreich

Der Aufstieg Preußens unter Friedrich II.

Dumpf klangen die Trommeln über den Hof der Festung Küstrin. Sie zeigten an, dass an diesem trüben Novembertag des Jahres 1730 eine Hinrichtung bevorstand. Der Verurteilte wurde von Soldaten herangeführt und ein Richter verlas ihm noch einmal seine Strafe: Tod durch das Schwert! Plötzlich gab es Unruhe – ein Fenster wurde aufgerissen, und das vom Schmerz verzerrte Gesicht des 18 Jahre alten preußischen Kronprinzen Friedrich erschien. Dieser war nicht freiwillig in Küstrin. Sein Vater, König Friedrich Wilhelm, hatte ihn dazu gezwungen. Denn der junge Mann, dem seine letzte Stunde drohte, war Hans Hermann von Katte, der beste Freund des Kronprinzen.

Friedrichs Vater scheute vor drastischen Erziehungsmaßnahmen nicht zurück – und ließ Friedrichs besten Freund vor seinen Augen hinrichten. Hier wird Katte zum Henker geführt.

Leiden unter dem strengen Vater

Solange er sich erinnern konnte, hatte Friedrich unter seinem Vater gelitten: Der Kronprinz galt als künstlerisch begabt,

Maria Theresia

Als Maria Theresia im Jahr 1717 geboren wurde, deutete nichts darauf hin, dass sie einmal die Herrscherin über ein gewaltiges Reich werden sollte – eigentlich war der österreichische Thron den männlichen Erben vorbehalten. Doch eine Gesetzesänderung ihres Vaters, des Kaisers Karl VI., die so genannte Pragmatische Sanktion, ermöglichte auch Frauen die Thronfolge. Anders als Friedrich heiratete Maria Theresia aus Liebe, und nicht, weil es ihr Vater vorschrieb. Mit ihrem Mann, Franz I. Stephan von Lothringen, hatte sie 16 Kinder.

Maria Theresia als junges Mädchen, um 1727.

1745
Maria Theresias Gatte Franz I. wird zum römisch-deutschen Kaiser gekrönt und von Preußen anerkannt

1748
Durch den Aachener Frieden endet der österreichische Erbfolgekrieg

1749
In Preußen gilt als Strafe für Desertion (unerlaubtes Verlassen des Heeres) das Abschneiden von Nase und Ohren

Das Schloss Rheinsberg heute – hier lebte Friedrich von Preußen viele Jahre mit seiner Frau.

spielte gerne Flöte und tanzte oft ganze Nächte durch. Dagegen war sein Vater ein strenger und unerbittlicher Herrscher, der das einfache, militärisch strenge Leben bevorzugte. Doch nicht allein das: Der preußische König war ein grausamer Despot. Immer wieder traktierte er seinen Sohn mit Hieben und Stockschlägen. Außerdem bedachte er ihn vor Generälen, Ministern oder den Dienern regelmäßig mit wüsten Beschimpfungen. Irgendwann war deshalb in Friedrich der Plan gereift, vor seinem Vater zu fliehen. Seinen Freund Katte hatte er dazu überredet, ihn zu begleiten. Doch der Fluchtplan flog auf, und die beiden jungen Männer wurden verhaftet. Der König persönlich bestimmte, dass Katte vor den Augen Friedrichs hingerichtet werden sollte. Als in Küstrin der Henker das Richtschwert erhob, sank Friedrich ohnmächtig zu Boden.

Friedrich war kunstverständig und liebte die Philosophie. Mit dem großen französischen Philosophen Voltaire führte er lange und intensive Gespräche.

Die Lektion wirkt

Danach fügte sich der Kronprinz den Anweisungen des Vaters. Er begann eine Lehrzeit in Armee und Verwaltung – und heiratete eine Prinzessin, die sein Vater für ihn ausgesucht hatte. Mit seiner Frau lebte Friedrich auf Schloss Rheinsberg, wo er sich – weit weg von den Augen und Ohren des Vaters – nach einigen Jahren auch wieder mit Musik und Literatur beschäftigte. Er korrespondierte mit dem französischen Denker Voltaire und schrieb

1755
Ein großes Erdbeben zerstört die Stadt Lissabon. Mehr als 30 000 Menschen kommen ums Leben

1756
Friedrich II. beginnt den »Siebenjährigen Krieg«

1759
In England stirbt Georg Friedrich Händel, der große deutsche Barockkomponist

sogar ein Buch, in dem er das Bild einer weisen und vernunftgemäßen Herrschaft zeichnete.

Der König zeigt ein neues Gesicht

Als er nach dem Tod seines Vaters im Jahr 1740 als Friedrich II. den Thron bestieg, hofften deshalb viele, dass nun eine Zeit des Friedens und der Vernunft anbrechen würde. Doch schon nach wenigen Monaten zeigte der neue preußische Regent ein ganz anderes Gesicht. Im Oktober desselben Jahres starb nämlich auch der österreichische Erzherzog und deutsche Kaiser Karl VI. Ihm folgte seine Tochter Maria Theresia auf den österreichischen Thron. Während andere europäische Herrscher noch ihre eigenen Ansprüche anmeldeten, reagierte Friedrich blitzschnell. Er ließ die Armee mobilisieren und marschierte wenige Wochen später in die reiche Provinz Schlesien ein, die zu Österreich gehörte. Es kam zum Krieg, doch Preußen war schnell auf der Siegerstraße – Friedrich profitierte von der Arbeit seines Vaters, der die Armee stark ausgebaut hatte. Im Frieden von Breslau musste Maria Theresia ihm schweren Herzens große Teile Schlesiens überlassen.

Eine stattliche Frau: Maria Theresia, ab 1745 Kaiserin des Heiligen Römischen Reiches; Druck nach einem Gemälde von Martin van Meytens.

Tauschgeschäft

Doch der Machthunger des preußischen Königs war noch nicht gestillt. Er führte weitere Feldzüge, um Schlesien endgültig in seine Hände zu bekommen. Auch der zweite schlesische Krieg endete mit einem Kompromiss: Friedrich erhielt 1745 ganz Schlesien – und unterstützte dafür die Wahl von Maria Theresias Mann Franz I. Stephan zum deutschen Kaiser. Der Siebenjährige Krieg von 1756 bis 1763 brachte Preußen schließlich an den Rand der Katastrophe. Wieder marschierten Friedrichs Truppen, doch diesmal hatte er nahezu alle europä-

1760
Russische Truppen besetzen Berlin

1765
Tod Franz I., Gemahl Maria Theresias und römisch-deutscher Kaiser. Nachfolger wird sein Sohn Jospeh II.

1766
Der Naturforscher Linné definiert den Menschen als »Homo sapiens« in der Reihe hoch entwickelter Säugetiere

In der Schlacht bei Hohenfriedberg am 4. Juni 1745 während des zweiten Schlesischen Kriegs siegte Friedrichs Preußen über die gegnerischen Österreicher und Sachsen.

ischen Mächte von Österreich über Russland bis Frankreich gegen sich. Nach der vernichtenden Schlacht bei Kunersdorf im Jahre 1759 wollte er schon aufgeben. Doch ein scheinbares Wunder rettete ihn: Die Gegner waren sich plötzlich uneins, die Russen zogen ab. Zweieinhalb Jahre später starb seine gefährlichste Gegnerin, die russische Zarin Elisabeth. Ihr Thronfolger, Peter III., war ein Verehrer König Friedrichs und machte den Weg für Verhandlungen frei. Nach sieben Jahren Krieg konnte schließlich keine Seite nennenswerte Erfolge verbuchen.

Bei einer Inspektion im Oderbruch prüft Friedrich II., ob sein Befehl, Kartoffeln anzubauen, auch ordentlich ausgeführt wird.

1769
In England erhält der Erfinder James Watt ein Patent für eine stark verbesserte Dampfmaschine

1780
Tod Friedrichs II. von Preußen

1786
Tod Maria Theresias von Österreich

Der König als Diener des Staates

Der preußische König sah sich hauptsächlich als »ersten Diener« seines Volkes und kümmerte sich persönlich um sämtliche Angelegenheiten des Staates. Er schaffte die Folter ab, reformierte das Rechtssystem und tolerierte alle Religionen, sofern sie ihm nutzten. »Jeder soll nach seiner Fasson selig werden«, war sein Motto – Hauptsache, das dünn besiedelte Preußen wurde bevölkert. Außerdem setzte er auf die wirtschaftliche Unabhängigkeit Preußens und führte die Kartoffel als Grundnahrungsmittel ein. Seine Untertanen nannten ihn nach einigen Jahren voller Hochachtung den »Alten Fritz«.

Die Karte zeigt, wie Preußen im Lauf der Jahrhunderte ständig wuchs. Die kleineren, der besseren Übersichtlichkeit halber nicht beschrifteten Farbflecken stellen verschiedene Bistümer oder Fürstentümer dar.

Aufblühen Österreichs

Auch Maria Theresia reformierte ihr Reich: Sie ließ die Steuerfreiheit für Adel und Geistlichkeit aufheben und sorgte so für solide Staatsfinanzen. Die allgemeine Schulpflicht wurde eingeführt. Österreich blühte unter der Regentschaft Maria Theresias auf. Als sie 1780 starb, zollte auch Friedrich der Rivalin Bewunderung: »Sie hat ihrem Thron und ihrem Geschlecht Ehre gemacht.« Die Konkurrenz der Regenten kam letztlich ihren Ländern zugute: Sie mussten sich von innen heraus erneuern, um bestehen zu können. So wurden die Grundlagen für eine neue Stärke von Preußen und Österreich geschaffen. Die Rivalität beider Großmächte sollte die deutsche Politik für mehr als 100 Jahre prägen.

Preußen

1417 gelangten die Hohenzollern in den Besitz des Kurfürstentums Brandenburg. Nach und nach erwarben sie weitere Territorien – unter anderem das Herzogtum Preußen, das später dem gesamten Staat seinen Namen gab. Der Aufstieg zur Großmacht begann nach dem Dreißigjährigen Krieg. Der »Große Kurfürst« Friedrich Wilhelm (regierte von 1640 bis 1688) förderte die Wirtschaft und lockte Arbeiter ins Land. Sein Sohn krönte sich im Jahr 1701 als Friedrich I. selbst zum König.

Vom besetzen Land bis zum Zweiten Reich

Deutschland im 19. Jahrhundert

Das 19. Jahrhundert gilt den Historikern als ein »langes Jahrhundert«. Denn die Eckdaten, die den Anfang und das Ende seiner Epoche beschreiben, reichen über das kalendarische Jahrhundert hinaus: 1776 erklärten die Vereinigten Staaten von Amerika ihre Unabhängigkeit von Großbritannien – und wurden zu einem demokratischen Staat. 1789 stürzte in Frankreich mit der Revolution die absolutistische Monarchie.

Damit begann das Zeitalter von Freiheit und Gleichheit – und mit ihm die Epoche der Nationalstaaten: Als Preußen und Österreich die Französische Revolution militärisch bekämpfen wollten, besiegten die französischen Revolutionssoldaten, beseelt vom Willen, die neuen Errungenschaften zu verteidigen, die Berufsheere der Monarchen. Unter dem französischen Feldherrn und Kaiser Napoleon wurde Deutschland dann zu Beginn des 19. Jahrhunderts teilweise besetzt, Preußen wurde gedemütigt, das Heilige Römische Reich Deutscher Nation wurde unter dem Druck der Ereignisse aufgelöst, ebenso wie hunderte Kleinstaaten.

In der Revolution von 1848 forderten die Menschen ein einiges und freies Deutschland.

Napoleon brachte die Ideen der Revolution nach Deutschland und viele deutsche Staaten modernisierten sich. Unter dem Druck der französischen Besatzung und Übermacht entdeckten Preußen, Österreicher, Bayern, Sachsen, Badener und Württemberger ihr Nationalgefühl. Aufgrund ihrer gemeinsamen Sprache, Geschichte und Kultur empfanden sie sich als eine Gemeinschaft, eine Nation – über die bestehenden Staatsgrenzen hinweg. 1813/1815 besiegten die deutschen Armeen Napoleon, doch die Fürsten wollten nun die Zeit zurückdrehen: Es sollte kein geeintes Deutschland geben, keine neuen Freiheiten, keine Wahlen. Die Ideen aber waren nicht mehr aus den Köpfen zu verbannen. So kam es im März 1848 in Deutschland zur Revolution.

Die Industrialisierung zog die Menschen in die Fabriken der Städte.

Deutschlands Gesicht hatte sich seit Napoleon verändert: Die ersten Eisenbahnen waren gebaut worden. Kohleförderung und Stahlerzeugung wurden zu den blühendsten Wirtschaftszweigen. Reiche Bürger regierten plötzlich über mächtige Industrie- und Handelsimperien. An Geld und Macht stellten manche gar Adlige in den Schatten – und hatten doch im Staat wenig mitzureden. Bauern zogen vom Land in die Städte und wurden zu Arbeitern. Die Gesellschaft war in Bewegung geraten. Und in den unteren Bevölkerungsschichten herrschte Not. Die Revolutionäre von 1848/1849 wollten Freiheit und eine Verfassung einführen – und ein geeintes Deutschland schaffen. Doch schließlich besiegten die Fürsten die Revolution. Die Gründung eines deutschen Staates war wiederum vertagt.

Zwei Jahrzehnte später gelang es dem preußischen Ministerpräsidenten Otto von Bismarck durch mehrere Kriege, ein geeintes Deutschland unter preußischer Führung zu schaffen. Der preußische König Wilhelm I. wurde deutscher Kaiser. Staatlich war die Mitte Europas nun geeint, doch die innere Stabilität und die äußere Sicherheit wurden immer mehr zum Problem.

Nach dem Krieg gegen Frankreich 1870/1871 wurde das Deutsche Reich gegründet.

Nicht nur in Deutschland übersteigerte man die Nation nun zu einem Heiligtum. Immer stärker wurde die Feindschaft gegenüber anderen Nationen propagiert, vor allem dem »Erbfeind« Frankreich. Am Ende des »langen« 19. Jahrhunderts stand der Erste Weltkrieg 1914-1918. Der entfesselte Hass der Nationen und die moderne Industrietechnik führten in den blutigsten aller bis dahin geführten Kriege.

1769
Auf der Insel Korsika wird der spätere französische Heerführer und Kaiser Napoelon Bonaparte geboren

1789
In Paris erstürmt das Volk die Gefängnisfestung Bastille: Beginn der Französischen Revolution

1806
Frankreichs Truppen unter Napoleon schlagen Russland und Preußen in der Schlacht bei Jena und Auerstädt

Kriege und Reformen für Europa

Napoleon und die Deutschen

Ausgerechnet ein Franzose gab den Anstoß, dass die jahrhundertelang in Deutschland bestehende Ordnung hinweggefegt wurde: Napoleon eroberte 1806 große Teile des Reiches. Seine Regentschaft wurde von vielen Deutschen zunächst begrüßt, doch bald erweckte der Widerstand gegen die Besatzung ein neues Nationalgefühl in allen Teilen des Landes.

Der Maler Jean Auguste Dominique Ingres verewigte Napoleon I. 1804 auf der Leinwand. Das Originalbild kann man im Kunstmuseum von Lüttich anschauen.

1806	1806	1807
Bayern wird auf Veranlassung Napoleons zum Königreich erhoben	Kaiser Franz II. legt die Krone des Heiligen Römischen Reiches Deutscher Nation nieder	Napoleon gründet das Königreich Westfalen

Das Heilige Römische Reich Deutscher Nation geht unter

»Frisch auf, Kameraden«, schallte es durch die Reihen der Soldaten des preußischen Generals Ernst von Rüchel, als sie am 14. Oktober 1806 auf das Schlachtfeld nahe der thüringischen Stadt Jena marschierten. Doch schon wenig später erstickte das Donnern der Kanonen den Gesang – im Hinterhalt verborgene Gewehrschützen mähten die preußischen Soldaten zu tausenden nieder. Doch die Kommandos der Vorgesetzten dröhnten weiter: »Marsch! Marsch!« Schnell war es mit der Ordnung vorbei. Wer konnte, floh. Bald gellten nur noch die Schreie der Sterbenden über das Schlachtfeld.

»Trinke, Kaiser«, soll der Grenadier im Feld zu Napoleon gesagt haben. So will es zumindest diese volkstümliche Darstellung nach einer Lithographie von Nicolas-Tousaint Charlet um 1840.

So wie Rüchels Soldaten erging es an diesem Tag der gesamten preußischen Armee. In der Schlacht bei Jena und Auerstedt wurde sie vernichtend geschlagen – von französischen Truppen unter dem Heerführer Napoleon. Wenige Tage später ritt der Kaiser der Franzosen in Berlin ein.

Der Freiherr vom Stein verantwortete als Leitender Minister in Preußen wichtige Reformen.

Freiherr vom Stein

Karl Reichsfreiherr vom Stein war der geheime Gegenspieler Napoleons. Er sah sich zuerst als Deutscher und erst dann als Diener irgendeiner Macht. Der Freiherr wurde preußischer Minister und rettete die Staatskasse vor den französischen Truppen.
Nachdem seine Pläne für einen Volksaufstand gegen Napoleon öffentlich gemacht wurden, musste er 1809 aus Preußen fliehen und beriet schließlich den russischen Zaren Alexander. Später kehrte er zurück und widmete sich der Geschichtsforschung.

1808
Aufstand in Spanien gegen die napoleonische Herrschaft

1808
Der deutsche Dichter Johann Wolfgang von Goethe trifft sich in Erfurt mit Napoleon

1808
Der Naturforscher und Entdeckungsreisende Alexander von Humboldt veröffentlicht »Ansichten der Natur«

Triumph über Deutschland: Napoleon zieht durch das Brandenburger Tor in der preußischen Hauptstadt Berlin ein.

Herrscher Europas

Napoleon war der Mann der Stunde. Erst wenige Jahre zuvor hatte sich der General zum Alleinherrscher in Frankreich aufgeschwungen. Nun machte er sich daran, ganz Europa zu erobern. Bereits im Herbst 1805 hatten seine Soldaten ein österreichisch-russisches Heer geschlagen. Als er nach dem Erfolg von Jena und Auerstedt weiter nach Osten marschierte und im Juni 1807 erneut über russische und preußische Truppen siegte, hatte er endgültig den Gipfel seiner Macht erreicht. Ganz Deutschland stand jetzt unter seiner Kontrolle.

Zwar ließ er Österreich und Preußen als selbstständige Staaten bestehen, doch waren diese vollständig von ihm abhängig. Als Puffer zwischen diesen Ländern und Frankreich schuf Napoleon den so genannten Rheinbund mit mittelgroßen Ländern wie Württemberg oder Bayern. Diese riefen Napoleon zu ihrem Schutzherrn aus und schlossen mit ihm Militärbündnisse. Viele der deutschen Kleinstaaten – hunderte Reichsabteien, Reichsstädte oder Reichsritterschaften – verschwanden damals je-

1809
Andreas Hofer führt in Tirol einen Aufstand gegen Franzosen und Bayern an

1810
Napoleon heiratet Marie-Louise, die Tochter des letzten deutsch-römischen Kaisers Franz II.

1812
Napoleon scheitert bei seinem Versuch, Russland zu erobern

doch mit einem Federstrich des Franzosen von der Landkarte und wurden in größeren Einheiten zusammengefasst. Der Abschluss dieser gewaltigen Umwälzung: Von Napoleon unter Druck gesetzt, legte der deutsch-römische Kaiser Franz II. am 6. August 1806 seine Krone nieder. Das »Heilige Römische Reich Deutscher Nation« hörte damit auf zu bestehen – nach mehr als 800 Jahren!

Der Feldherr als Reformer

Napoleon war aber nicht nur ein genialer Heerführer und rücksichtsloser Eroberer, sondern auch ein Erbe der französischen Revolution. Im Jahr 1789 hatten die französischen Bürger den König gestürzt und in Frankreich eine Republik errichtet. Die Schlagworte dieser Revolution – Freiheit, Gleichheit, Brüderlichkeit – fanden damals in ganz Europa starken Widerhall. Deshalb begrüßte auch ein großer Teil der deutschen Bevölkerung den Einmarsch Napoleons – wenn auch mit gemischten Gefühlen. Viele Bewohner der Rheinbundstaaten hofften, dass die Ideale der französischen Revolution nun auch bei ihnen verwirklicht würden. Anfangs sah es so aus, als sollte Napoleon halten, was sich die Deutschen von ihm versprachen: Der Adel verlor viele seiner Privilegien, die Gleichheit aller Bürger vor dem Gesetz wurde festgeschrieben und die Leibeigenschaft abgeschafft. Außerdem wurde Religionsfreiheit garantiert und die Gewerbefreiheit eingeführt. Napoleon war deshalb beim Volk anfangs durchaus beliebt.

Franz II. war der letzte Kaiser des Heiligen Römischen Reiches Deutscher Nation.

Modernisierung

In Österreich und Preußen blieb dagegen zunächst alles beim Alten. Zumindest in Preußen erkannten weitsichtige Staatsmänner jedoch, dass auch ihr Land modernisiert werden musste, wenn man den Anschluss an die Entwicklung nicht verlieren wollte. Vor

Links: Die Schlacht bei Waterloo am 18. Juni 1815 leitete den Untergang des großen französischen Feldherrn ein.

1813
Im deutschen Befreiungskrieg gegen Frankreich unterliegt Napoleon in der Völkerschlacht bei Leipzig

1814
Napoleon dankt als französischer Kaiser ab und tritt seine Verbannung auf der Insel Elba an

1814/1815
Auf dem Wiener Kongress wird nach der Niederlage Napoleons Europa neu geordnet

Das Völkerschlachtdenkmal bei Leipzig erinnert an den Sieg der vereinigten Preußen, Österreicher, Russen und Schweden über Napoleon von 1813.

Karl August Freiherr von Hardenberg führte als preußischer Staatskanzler wichtige Neuerungen im Lande ein.

allem die Freiherren vom Stein und von Hardenberg forderten Veränderungen – und fanden schließlich bei König Friedrich Wilhelm III. Gehör. Auch Preußen wurde nun nach dem Vorbild der Reformen Napoleons umgestaltet: Die Bauern wurden freie Bürger und konnten ihren Wohnsitz und Beruf frei wählen. Die Bürger der Städte durften ihre Verwaltung selbst bestimmen. Eine Staatsregierung mit Fachministern löste die alte, allein vom König dominierte Regierung ab. Auch das Militär und das Schulwesen wurden modernisiert.

Schwelender Unmut

All diese Maßnahmen führten dazu, dass sich die preußischen Bürger wieder mehr mit ihrem Staat identifizierten. Es entstand ein ganz neuartiges nationales Wir-Gefühl, das auch über die Grenzen Preußens ausstrahlte. Gleichzeitig regte sich in den Ländern des Rheinbundes verstärkt Unmut über die französische Besatzung, die viele zunehmend als Fremdherrschaft und Unfreiheit empfanden – nicht zuletzt auch deshalb, weil junge Deutsche zu hunderttausenden gezwungen wurden, in der Armee Napoleons zu kämpfen. Der französische Kaiser hatte es sich inzwischen nämlich zum Ziel gesetzt, auch noch Russland zu erobern. Als im Jahr 1812 bekannt wurde, dass Napoleons Heer vor Moskau vernichtend geschlagen wurde, war dies der zündende Funke zum Aufstand. Hochschullehrer wie Johann Gottlob Fichte forderten die Deutschen auf, sich

1815	1817	1821
Napoleon sammelt nach seiner Rückkehr von Elba eine neue Armee und wird bei Waterloo endgültig geschlagen	Auf dem »Wartburgfest« forden deutsche Studenten die Einheit Deutschlands	Napoleon stirbt auf der Insel St. Helena im Südatlantik, auf die er verbannt war

zum Kampf gegen die Fremdherrschaft zusammenzufinden. Dichter wie Ernst Moritz Arndt veröffentlichten flammende Appelle zum Aufruhr. Schließlich wurde sogar der preußische König von der nationalen Welle mitgerissen. Im März 1813 rief er alle Deutschen auf, gegen Napoleon zu kämpfen.

Das Ende

Dazu war die Mehrheit der Bevölkerung bereit – auch ohne den königlichen Aufruf. Viele junge Männer schlossen sich den »Freikorps« an. Höhepunkt der »Befreiungskriege« war die Völkerschlacht bei Leipzig im Oktober 1813. Preußen, Österreicher, Russen und Schweden brachten Napoleons Truppen eine gewaltige Niederlage bei. Ein halbes Jahr später standen die Verbündeten vor Paris. Napoleon musste abdanken. Die französische Herrschaft über Deutschland und Europa war zu Ende.

Napoleon

Eine Atempause zwischen den zahlreichen Kriegen: Der Friede von Tilsit. Wir sehen Napoleon zwischen Zar Alexander I. und Friedrich Wilhelm III. von Preußen.

Der 1769 auf Korsika geborene Napoleon Bonaparte war ein General der französischen Revolutionsarmee. 1799 gelangte er durch einen Putsch an die Spitze der französischen Regierung. Obwohl das Land seit 1789 eine - Republik war, krönte er sich 1804 selbst zum Kaiser der Franzosen. Sein Anspruch auf uneingeschränkte Macht in ganz Europa führte ab 1803 zu zahlreichen Kriegen. Nach der Niederlage in der Völkerschlacht bei Leipzig 1813 und dem Einmarsch der preußischen Truppen in Paris 1814 musste er abdanken und wurde auf die Insel Elba verbannt. Ein Jahr später kehrte er zurück und sammelte erneut Truppen, doch im Juni 1815 wurde er bei Waterloo in Belgien endgültig besiegt.

1830
In Paris kommt es zu einer Revolution. König Karl X. muss abdanken. Nachfolger wird der »Bürgerkönig« Louis-Philippe

1848
Februarrevolution in Frankreich. König Louis-Philippe dankt ab. Frankreich wird Republik

1848
In der Paulskirche in Frankfurt am Main tritt die erste deutsche Nationalversammlung zusammen

Kampf für ein freies und vereintes Deutschland

Die verpasste Revolution

1848 forderten deutsche Bürger von ihren Herrschern die Presse- und Meinungsfreiheit, freie Wahlen sowie das Recht, sich politisch zu organisieren. Eine Verfassung sollte festschreiben, welchen Einfluss der König und welche Macht die Bürger in einem vereinigten Deutschen Reich hatten. Doch die Revolution wurde blutig niedergeschlagen.

18. März 1848 in Berlin. Revolution. Bürger bauen an der Ecke Kronenstraße/Friedrichstraße eine Barrikade auf.

1848
Maximilian II. Joseph wird König von Bayern

1848
Die Astronomen Bond und Lassell entdecken den achten Mond des Planeten Saturn

1848
Hungersnot in Irland infolge eines Befalls der Kartoffelernte mit Schädlingen

Der Aufstand des deutschen Bürgertums

Es sollte eine Jubelfeier werden – vor dem Stadtschloss in Berlin hatten sich am 18. März 1848 tausende versammelt. Sie wollten König Friedrich Wilhelm IV. danken: Nach zwölftägigen Demonstrationen hatte er dem Volk umfassende Freiheitsrechte und eine Verfassung zugesichert. Doch die Menge wurde unruhig – unzählige Soldaten waren an diesem Tage aufmarschiert. Als die Masse den Abzug des Militärs forderte, befahl der verärgerte Preußenkönig, den Platz zu »säubern«. Die Soldaten gingen vor, plötzlich fielen aus ihren Reihen Schüsse. Arbeiter und Handwerker bauten daraufhin in den Straßen Berlins Barrikaden, den Soldaten gelang es nicht, die Kontrolle über die Stadt zu erkämpfen. Am nächsten Tag gab der König nach, seine Truppen zogen nach Potsdam ab. 254 Tote hatte es auf Seiten des Volkes gegeben. Um die Stimmung zu beruhigen, zwang sich der König zu einer ungewöhnlichen Geste – er zog den Hut und verbeugte sich vor den »Märzgefallenen«. Die Revolution begann mit einer Demütigung, die der König nie vergessen sollte.

Ein unnötiges Gemetzel: Die Soldaten des preußischen Königs gehen am 18. März 1848 vor dem Berliner Schloss mit Gewalt gegen die Menschenmenge vor.

1848	1849	1849
In Bad Wörishofen wird das Wasserheilverfahren des Pfarrers Sebastian Kneipp eingeführt	Der preußische König Friedrich-Wilhelm IV. lehnt die ihm angebotene Kaiserkrone ab	Der britische Forscher David Livingstone erforscht den Fluss Sambesi im südlichen Afrika

Der preußische König Friedrich Wilhelm IV. in seinem Arbeitszimmer: Er sollte die Schmach der Märztage des Jahres 1848 nicht vergessen.

Das Volk fordert Freiheit

Im Königreich Preußen war die Revolution von Köln ausgegangen. Am 3. März 1848 war der Armenarzt Andreas Gottschalk an der Spitze von 5000 Menschen zum Kölner Rathaus gezogen. Dort hatte er an den Stadtrat eine Liste mit den »Forderungen des Volkes« übergeben. Zum ersten Mal wurden in Preußen öffentlich Demokratie und Freiheit eingefordert: Es ging vor allem um das allgemeine Wahlrecht, Presse- und Redefreiheit. Als Kämpfer für die Armen forderte Gottschalk die Sicherstellung der Grundbedürfnisse und kostenlose Schulbildung. Köln lag damals, wie fast die ganze rheinisch-westfälische Region, in der »preußischen Rheinprovinz«. Hier entstanden wichtige Industriezentren – begünstigt durch die Kohleförderung, die Stahlherstellung, den Bau von Eisenbahnen. So galt das rheinisch-westfälische Gebiet neben Berlin und Breslau als der modernste Teil Preußens.

Es beginnt in Paris

Als in Paris im Februar 1848 ein Aufstand ausbrach, der französische König davongejagt und eine Republik ausgerufen wurde, sprang der Funke auch ins preußische Rheinland über. Auch in Mannheim, Karlsruhe, Dresden und Wien waren die Bürger unzufrieden. Viele waren wohlhabend und erfolgreich – hatten aber politisch keine

Die Februarrevolution in Frankreich ermunterte auch die Deutschen, sich gegen Fürstenwillkür und Kleinstaaterei zu erheben: Erstürmung des Tuilerien-Schlosses in Paris am 14. Februar 1848.

1851
Der amerikanische Schriftsteller Herman Melville veröffentlicht seinen großen Walfänger-Roman »Moby Dick«

1851
In London findet die erste Weltausstellung statt, dazu wird der berühmte Kristallpalast gebaut

1854
Im Deutschen Bund werden alle Arbeitervereine verboten, das so genannte Koalitionsverbot

Stimme. In ganz Deutschland begehrten die Menschen auf. Die Könige und Fürsten in den vielen deutschen Staaten gaben schnell nach und erfüllten alle Forderungen. Im Gegenzug durften sie weiter an der Spitze ihrer Staaten stehen, auch wenn sie ihre politische Vormacht eingebüßt hatten.

Das erste Parlament

Die Revolutionäre forderten auch ein geeintes Deutschland – mit einer starken Regierung an der Spitze. In allen Staaten des Deutschen Bundes gab es erstmals freie Wahlen, 822 Abgeordnete wurden so bestimmt. Weil es kein geeignetes Parlamentsgebäude gab, versammelten sie sich am 18. Mai 1848 zum ersten Mal in der Frankfurter Paulskirche. Dort sollten sie gemeinsam an einer Verfassung für das geeinte Deutschland arbeiten. Lange wurde gestritten, ob Österreich zu diesem geeinten Deutschland gehören solle – eine schwierige Frage, denn zum Habsburger Reich gehörten auch Ungarn, Böhmen und Teile Italiens. Diese Völker kämpften 1848 für eigene Staaten; im geeinten Deutschen Reich hätte das viele Probleme verursacht.

Auf dem Wiener Kongress 1815 wurde, nach dem Ende Napoleons, eine Neuordnung der Staaten beschlossen. Die lilafarbene Linie zeigt die Grenzen des Deutschen Bundes 1815. Die kleineren farbigen Flächen stellen verschiedene Fürstentümer dar.

Die Idee der Nation

Ein vereinigtes Deutschland gab es nicht, dafür 41 deutsche Staaten, die von Fürsten und Königen regiert wurden. Diese Staaten waren im »Deutschen Bund« locker zusammengeschlossen; die mächtigsten Staaten in diesem Bund waren Österreich und Preußen. Sie gehörten in der Friedensordnung, die nach der Niederlage Napoleons geschaffen worden war, zu den europäischen Großmächten. Wirklich mächtig aber waren Staaten wie England, Frankreich und Russland. Deutschland als Ganzes spielte keine Rolle im Machtgefüge. Das ärgerte viele Deutsche – ein großes Ziel vieler gebildeter Bürger war es, einen einheitlichen deutschen Staat zu gründen.

1855
Der britische Naturforscher David Livingstone entdeckt die Victoria-Fälle des Sambesi

1855
In Paris wird das erste Kaufhaus eröffnet

1859
Der spätere Reichskanzler Bismarck geht als preußischer Gesandter ins russische St. Petersburg

Die Paulskirche in Frankfurt diente 1848/1849 als Sitzungssaal der Reichsversammlung. Hier tagte das erste deutsche Parlament und arbeitete an einer Verfasssung für ein zukünftiges geeintes Deutschland.

Soldaten gegen Demokraten

Im Herbst 1848 war es eben dieses Österreich, das der Revolution den Schwung nahm und eine Wende einleitete. In Wien ging das Militär eigenmächtig vor – es war gegen jede Veränderung und beendete im Oktober 1848 die Herrschaft der Demokraten. Auch Friedrich Wilhelm, der König von Preußen, hatte nach der Demütigung, die er ein halbes Jahr zuvor in Berlin erlitten hatte, wieder an Macht gewonnen. Seine Armee war – neben der österreichischen – die stärkste im Deutschen Bund. Preußische Soldaten wurden gebraucht, um die Ordnung dort wiederherzustellen, wo unzufriedene Revolutionäre ihrem Unmut Luft machten. Unmut gab es genug: Die Arbeiter und ihre politischen Vertreter sahen, dass die Mehrheit in der

1861
Im bayerischen Solnhofen wird der versteinerte Urvogel »Archäopteryx« entdeckt

1864
Ludwig II. (der »Märchenkönig«) wird König von Bayern

1865
Lewis Carroll veröffentlicht den Kinderbuchklassiker »Alice im Wunderland«

Paulskirche eine Einigung mit den Monarchen suchte – die grundlegenden Rechte, die der »Pöbel« der arbeitenden Klassen wollte, gingen den gebildeten Bürgern zu weit. Die Arbeiter ihrerseits, die der Revolution erst den Schwung der Masse verliehen, litten weiter Not. Die Streitigkeiten zwischen Bürgern und Arbeitern nahm das preußische Militär als Vorwand, überall brutal für »Ruhe und Ordnung« zu sorgen. »Gegen Demokraten helfen nur Soldaten« hieß es. Am 10. November 1848 rückte die Armee in Berlin ein und übernahm die Macht.

Das Elend der Menschen wurde immer schlimmer: Hungertyphus bei schlesischen Webern um 1840.

Das Elend der Massen

Seit 1815 hatte sich die Bevölkerungszahl im Deutschen Bund auf 35 Millionen verdoppelt. Die Massen waren arm, Missernten verschärften die Lage. Auf dem Land gab es immer weniger Arbeit, da sich moderne Maschinen und Methoden in der Landwirtschaft durchsetzten. Immer mehr Menschen zogen in die Elendsviertel der wachsenden Städte. Dort hofften sie auf – schlecht bezahlte – Arbeit in Fabriken. Von 1846 bis 1855 wanderten 1,1 Millionen Menschen aus, besonders nach Amerika.

Kaiserkrone vom Parlament?

Doch in der Paulskirche wurde weiter diskutiert – nach zwölf Monaten entschied die große Mehrheit sich für eine »konstitutionelle Monarchie«. Die Versammlung fragte im März 1849 den König von Preußen, Friedrich Wilhelm IV., ob er nicht Kaiser des geeinten Deutschlands werden wolle. Friedrich Wilhelm lehnte die Krone ab – damit war das Verfassungswerk der Paulskirche gescheitert. Der preußische König hatte es nicht nötig, sich von der Paulskirche eine Krone aufsetzen zu lassen – er hatte seine alte Macht militärisch wiedererobert. Einige Abgeordnete der Paulskirche kämpften weiterhin für die Rechte der armen Massen – sie wollten eine zweite Revolution. Im Frühjahr 1849 beendete preußisches Militär in den Rheinprovinzen und in Baden die Aufstände von Arbeitern und Revolutionstruppen. Die Revolution war endgültig und blutig gescheitert.

1866
Im preußisch-österreichischen Krieg unterliegt Österreich

1867
Bismarck wird erster Kanzler des 1867 gegründeten Norddeutschen Bundes

1870 – 1871
Im Deutsch-Französischen Krieg unterliegt Frankreich; das deutsche Kaiserreich wird gegründet

Das zweite Deutsche Reich: Aufbruch in die Gründerzeit

Bismarck und die Reichsgründung

Bismarck vollbrachte die Einigung aller Deutschen in einem gemeinsamen Staat. Im Deutsch-Französischen Krieg ließ er die Waffen sprechen und das Blut der Soldaten fließen – auf »Blut und Eisen« war das zweite deutsche Kaiserreich gegründet. Den neuen Staat wollte Bismarck durch seine Sozialgesetzgebung auch im Inneren stabilisieren.

Stählerner Blick, eindrucksvoller Schnauzbart: Der Reichskanzler Otto von Bismarck formte aus vielen Kleinstaaten ein einheitliches Deutschland.

1870
Auf dem Vatikanischen Konzil wird am 18. Juli 1870 das Dogma von der Unfehlbarkeit des Papstes verkündet

1870
Frankreich verliert die Schlacht von Sedan, am 2. September wird Kaiser Napoleon III. gefangen genommen

1871
Nach dem Sieg über Frankreich wird am 18. Januar in Versailles das deutsche Kaiserreich begründet

Neues deutsches Kaiserreich unter Führung des »Eisernen Kanzlers«

Vor den Toren von Paris, im Schloss von Versailles, jubelten deutsche Fürsten, Minister und Militärs dem preußischen König Wilhelm I. zu. Während noch deutsche Geschütze die französische Hauptstadt beschossen, feierten sie am 18. Januar 1871 im prunkvollen Spiegelsaal die Geburtsstunde des zweiten »Deutschen Reiches«. Hier in Frankreich krönten sie den preußischen König zum deutschen Kaiser.

Bismarck, der Preuße

Ein geeinigtes deutsches Reich mit einem Kaiser an der Spitze – das hatte Bismarck noch im Jahre 1849 strikt abgelehnt. Es war ein königstreuer Preuße – und als solcher wollte er die politische Macht seines Herrschers bewahren. Deswegen hatte er die demokratische Revolution von 1848 bekämpft. Im Auftrag seines Königs, Wilhelm I., regierte er ab 1862 Preußen als Ministerpräsident, gleichzeitig wurde er auch Außenminister des preußischen Staates. Das protestantische Preußen hatte die Vormachtstel-

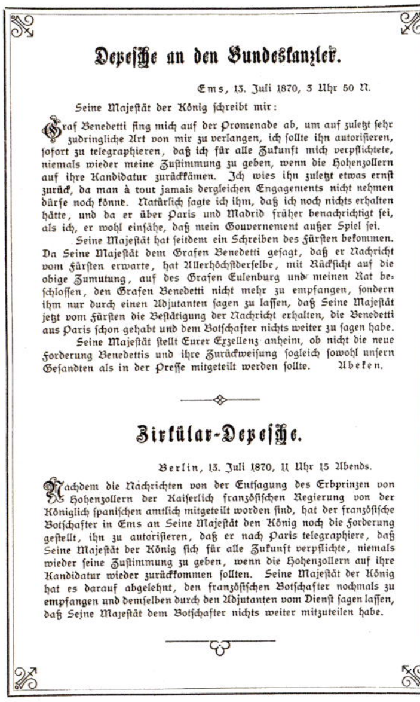

Depesche an den Bundeskanzler.

Ems, 13. Juli 1870, 3 Uhr 50 N.

Seine Majestät der König schreibt mir:

Graf Benedetti fing mich auf der Promenade ab, um auf zuletzt sehr zudringliche Art von mir zu verlangen, ich sollte ihn autorisieren, sofort zu telegraphieren, daß ich für alle Zukunft mich verpflichtete, niemals wieder meine Zustimmung zu geben, wenn die Hohenzollern auf ihre Kandidatur zurückkämen. Ich wies ihn zuletzt etwas ernst zurück, da man à tout jamais dergleichen Engagements nicht nehmen dürfe noch könne. Natürlich sagte ich ihm, daß ich noch nichts erhalten hätte, und da er über Paris und Madrid früher benachrichtigt sei, als ich, er wohl einsähe, daß mein Gouvernement außer Spiel sei.

Seine Majestät hat seitdem ein Schreiben des Fürsten bekommen. Da Seine Majestät dem Grafen Benedetti gesagt, daß er Nachricht vom Fürsten erwarte, hat Allerhöchstderselbe, mit Rücksicht auf die obige Zumutung, auf des Grafen Eulenburg und meinen Rat beschlossen, den Grafen Benedetti nicht mehr zu empfangen, sondern ihm nur durch einen Adjutanten sagen zu lassen, daß Seine Majestät jetzt vom Fürsten die Bestätigung der Nachricht erhalten, die Benedetti aus Paris schon gehabt und dem Botschafter nichts weiter zu sagen habe.

Seine Majestät stellt Eurer Exzellenz anheim, ob nicht die neue Forderung Benedettis und ihre Zurückweisung sogleich sowohl unsern Gesandten als in der Presse mitgeteilt werden sollte. Abeken.

Zirkular-Depesche.

Berlin, 13. Juli 1870, 11 Uhr 15 Abends.

Nachdem die Nachrichten von der Entsagung des Erbprinzen von Hohenzollern der Kaiserlich französischen Regierung von der Königlich spanischen amtlich mitgeteilt worden sind, hat der französische Botschafter in Ems an Seine Majestät den König noch die Forderung gestellt, ihn zu autorisieren, daß er nach Paris telegraphiere, daß Seine Majestät der König sich für alle Zukunft verpflichte, niemals wieder seine Zustimmung zu geben, wenn die Hohenzollern auf ihre Kandidatur wieder zurückkommen sollten. Seine Majestät der König hat es darauf abgelehnt, den französischen Botschafter nochmals zu empfangen und demselben durch den Adjutanten vom Dienst sagen lassen, daß Seine Majestät dem Botschafter nichts weiter mitzuteilen habe.

Mit der manipulierten »Emser Depesche« erzeugte Bismarck bei den Deutschen Stimmung gegen Frankreich.

In der Schlacht bei Königgrätz kämpfte die preußische Armee gegen die Österreicher.

Der deutsch-österreichische Krieg

Bismarcks Machtfülle erlaubte ihm, den Kräftevergleich Preußens mit Österreich um die Vorherrschaft im Deutschen Bund zu suchen. 1866 begann Bismarck den deutsch-österreichischen Krieg, der mit der Schlacht bei Königgrätz für Preußen entschieden wurde. Österreichs Verbündete – darunter das Königreich Hannover und das Kurfürstentum Hessen – wurden bestraft; Preußen löste diese Staaten auf, übernahm die Herrschaft über deren Gebiete und wuchs damit zum größten deutschen Flächenstaat an.

1871
Am 4. Februar wird Friedrich Ebert, der spätere sozialdemokratische deutsche Reichspräsident, geboren

1871
Im März wird die »Pariser Kommune«, der sozialistisch ausgerichtete Stadtrat, blutig vertrieben

1871
Das neue Deutsche Reich hat 41 Millionen Einwohner (Vergleich Deutschland heute: 82 Millionen)

So machte sich ein französischer Karikaturist über den preußischen König und späteren deutschen Kaiser Wilhelm I. lustig.

Ein britischer Zeichner spottete dagegen über den französischen Kaiser Napoleon III.

lung im Deutschen Bund, der nach der gescheiterten Einigung von 1849 nur ein lockerer Zusammenschluss der zahlreichen deutschen Kleinstaaten war. Nach dem Sieg gegen Österreich gründete Bismarck 1867 den »Norddeutschen Bund«, der fast alle Gebiete nördlich des Mains umfasste. In diesem Bund war Preußen die stärkste Macht, Bismarck wurde zum Kanzler des Bundes. Mit den süddeutschen Staaten – die stärkste Kraft war das Königreich Bayern – schloss er Verträge zum gegenseitigen Beistand im Kriegsfall ab.

Angst vor Umklammerung

Eine andere europäische Großmacht, Frankreich, sah diese Entwicklung mit wachsender Sorge um den eigenen Einfluss. Gemeinsam mit den Österreichern wollte der französische Kaiser Napoleon III. die Macht der Preußen einschränken. Doch dann verschärfte eine neue Entwicklung die Lage: Als 1869 der spanische Thron frei wurde, schlugen spanische Politiker den deutschen Prinzen Leopold aus der schwäbisch-katholischen Familie Hohenzollern-Sigmaringen als König vor. Sein Verwandter, König Wilhelm I., und Bismarck waren dafür – so konnte Frankreich von Preußen und Spanien »eingekreist« und in Schach gehalten werden. Am 12. Juli 1870 aber verzichtete Leopold auf den spanischen Thron – unter dem Druck französischer Drohungen.

Bismarcks Trick

Nun verlangte Frankreich die Garantie von den Preußen, für immer auf den spanischen Thron zu verzichten. Dies erfuhr König Wilhelm I., der gerade in Bad Ems Urlaub machte, vom französischen Botschafter, der ihn dort aufsuchte. Bismarck erhielt diese Informationen in einem Telegramm aus Bad Ems (früher »Depesche« genannt, d.h. »Eilbrief«). Er entschied, diese Neuigkeit an die Presse zu geben, veränderte und verkürzte aber zuvor den Inhalt der »Emser Depesche«: Für die Deutschen sah es so aus, als hätte Frankreich unverschämte und vollkommen überzogene Forderungen gestellt.

Die deutsche Öffentlichkeit war empört, die Franzosen fühlten sich getäuscht – der Trick Bismarcks machte aus

1871
Am 3. März finden im neuen Deutschen Reich die ersten Reichstagswahlen statt

1871
Mit dem Frieden von Frankfurt, unterzeichnet am 10. Mai, endete offiziell der Deutsch-Französische Krieg

1871
Das Reichsmünzgesetz tritt am 4. Dezember in Kraft. Damit wird die Mark einheitliche deutsche Währung

Im Spiegelsaal des französischen Königsschlosses Versailles wird der preußische König Wilhelm I. am 18. Januar 1871 zum deutschen Kaiser ausgerufen.

dem Streit für beide Völker eine Frage der Ehre. In dieser Stimmung erklärte Frankreich am 19. Juli 1870 Preußen den Krieg. Da Preußen mit den anderen deutschen Staaten Beistandsverträge hatte, stand Frankreich plötzlich mit allen Deutschen im Krieg. Überall in Deutschland fühlte man sich als Nation einig – man war überzeugt, im Recht zu sein.

Schnelle deutsche Truppen

Weil die deutschen Truppen schnell angriffen, wurden die Schlachten auf französischem Boden geschlagen. Bei Sedan kapitulierte der Hauptteil der französischen Armee am 2. September 1870; Kaiser Napoleon III. wurde gefangen genommen. Daraufhin rief man in Frankreich die Republik aus und kündigte an, den Kampf fortzusetzen. Monatelang wurden französische Städte von den Deutschen belagert. Als Paris von deutschen Geschützen beschossen wurde, willigten die Franzosen Ende Januar 1871 in einen Waffenstillstand ein. Im Kapitulationsvertrag mussten sie die grenznahen französischen Gebiete Elsass und Lothringen an Preußen abtreten. Dazu mussten sie eine Kriegsentschädigung von fünf Milliarden Francs zahlen – das

1871	1872	1873
Am 24. Dezember wird Giuseppe Verdis berühmte Oper »Aida« in Kairo zum ersten Mal aufgeführt	Im Deutschen Reich beginnt Kanzler von Bismarck den »Kulturkampf« gegen die katholische Kirche	Das Drei-Kaiser-Bündnis zwischen Deutschland, Russland und Österreich wird geschlossen

Im Deutsch-Französischen Krieg kämpften bayerische Truppen am 1. September 1870 während der Schlacht bei Sedan in den Straßen des Ortes Bazeilles.

war mehr Geld, als damals in allen deutschen Staaten im Umlauf war. Diese bittere Niederlage, besonders der Gebietsverlust, sollte die deutsch-französischen Beziehungen noch lange belasten.

Das Reich ensteht

Noch unter dem Eindruck des erfolgreichen Krieges beschlossen die süddeutschen Staaten, Verhandlungen über einen Beitritt zum »Norddeutschen Bund« aufzunehmen. Bismarck verhandelte geschickt – die Einigung ganz Deutschlands schien plötzlich nahe. Schließlich trug der König von Bayern einen Vorschlag an den König von Preußen heran: In einem geeinten Deutschland solle es ein gekröntes Staatsoberhaupt geben – einen Kaiser. Die Kaiserkrone möge der König von Preußen übernehmen. Die Krönungszeremonie im Spiegel-

Sozialgesetzgebung und »Sozialistengesetze«

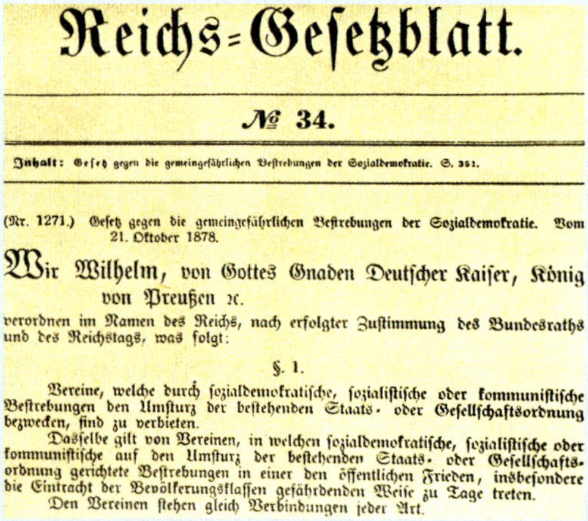

Reichs-Gesetzblatt.

№ 34.

Inhalt: Gesetz gegen die gemeingefährlichen Bestrebungen der Sozialdemokratie. S. 351.

(Nr. 1271.) Gesetz gegen die gemeingefährlichen Bestrebungen der Sozialdemokratie. Vom 21. Oktober 1878.

Wir Wilhelm, von Gottes Gnaden Deutscher Kaiser, König von Preußen rc.

verordnen im Namen des Reichs, nach erfolgter Zustimmung des Bundesraths und des Reichstags, was folgt:

§. 1.

Vereine, welche durch sozialdemokratische, sozialistische oder kommunistische Bestrebungen den Umsturz der bestehenden Staats- oder Gesellschaftsordnung bezwecken, sind zu verbieten.

Dasselbe gilt von Vereinen, in welchen sozialdemokratische, sozialistische oder kommunistische auf den Umsturz der bestehenden Staats- oder Gesellschaftsordnung gerichtete Bestrebungen in einer den öffentlichen Frieden, insbesondere die Eintracht der Bevölkerungsklassen gefährdenden Weise zu Tage treten.

Den Vereinen stehen gleich Verbindungen jeder Art.

Im Reichsgesetzblatt wurden auch Bismarcks Gesetze gegen die Sozialdemokraten verkündet.

Die Armut der Arbeiterschaft bekämpfte Bismarck mit Gesetzen – er führte die weltweit erste allgemeine staatliche Kranken- und Rentenversicherung ein. Dabei ging es ihm weniger um das Wohl der Arbeiter, sondern darum, sie ruhigzustellen und an den monarchischen Staat zu binden. Doch das gelang ihm nicht – seine Sozialversicherungen konnten den Aufstieg der Sozialdemokratischen Partei Deutschlands (SPD), der einflussreichsten Partei der Arbeiterbewegung, nicht aufhalten. Bis zu seinem Rücktritt 1890 bekämpfte Bismarck darum die SPD mit strengen »Sozialistengesetzen« und verunglimpfte die Sozialdemokraten als schlechte Deutsche und »vaterlandslose Gesellen«.

1876
Am 5. Januar wird Konrad Adenauer, der spätere erste Kanzler der Bundesrepublik Deutschland, geboren

1879
Am 21. Dezember wird Josef Stalin, der spätere sowjetische Diktator, geboren

1890
Der neue deutsche Kaiser Wilhelm II. entlässt am 20. März den Reichskanzler Otto von Bismarck

saal von Versailles am 18. Januar 1871 wurde der Gründungstag des »zweiten deutschen Reiches«, Wilhelm I. zum deutschen Kaiser.

Die »Gründerzeit«

Das neue Kaiserreich hatte gute Startchancen: Die hohen Kriegsentschädigungen aus Frankreich brachten viel Geld ins Land, eine einheitliche Währung und die Abschaffung der Zollschranken zwischen den verschiedenen deutschen Staaten machten den Handel leichter und schufen neue Absatzmärkte. Unzählige Firmen wurden gegründet, die Industrie entwickelte sich, die Städte wuchsen und es wurde viel gebaut – seitdem gelten die ersten Jahre des »Bismarck-Reiches« als »Gründerzeit«. Doch das Kaiserreich war keine moderne Demokratie. Das Parlament, der Reichstag in Berlin, hatte wenig Einfluss – Reichskanzler Bismarck regierte als »eiserner Kanzler«.

Auch im neuen Deutschen Reich gab es noch eine Vielzahl von Einzelstaaten, die zum Teil, wie zum Beispiel Bayern, noch eigene Könige hatten. Preußen war aber das stärkste Land im von Bismarck geschaffenen neuen Deutschen Reich.

Die erste Hälfte des 20. Jahrhunderts

Vom Großen Krieg bis zur bedingungslosen Kapitulation

Das 20. Jahrhundert war ein Jahrhundert der Kontraste, das den Menschen, und insbesondere den Deutschen, mehr vom Guten und vom Bösen auferlegt und mehr geschenkt hat als jedes Jahrhundert zuvor: mehr Leid und Tod, aber auch mehr Wohlstand und mehr Fortschritt, mehr Kriege und Verbrechen, aber auch eine lange Friedenszeit. Es war das Jahrhundert der Ideologien – jener politischen Weltanschauungen, die die ganze Welt beglücken wollten, ob die es wollte oder nicht, und die sie nur ins Unglück stürzten: vom Faschismus bis zum Kommunismus.

Die erste Hälfte dieses Jahrhunderts war die Zeit der Katastrophen: 1914 bis 1945. In dieser Zeit tobte ein Weltbürgerkrieg – 31 Jahre lang, der Dreißigjährige Krieg des 20. Jahrhunderts sozusagen. Der Zweite Weltkrieg entstand nämlich aus dem Ersten. Dazwischen gab es keinen echten Frieden, nur eine »Zwischenkriegszeit«.

Erster Weltkrieg: Die Soldaten werden mit Blumen beschenkt.

Am Anfang dieses Jahrhunderts stand der Erste Weltkrieg – ein Krieg, von dem noch niemand ahnte, wie mörderisch er werden sollte. In Berlin, Wien, Paris und anderswo begrüßten die naiven Massen jubelnd den ersehnten Weltenbrand als Ausbruch aus den Zwängen eines als lähmend empfundenen Zustands. Der Krieg sollte die Erlösung bringen – doch er wurde zur Ursünde des 20. Jahrhunderts. Die Politik hatte ausgespielt, das Militär übernahm die Macht. Der Krieg übertraf an Grausamkeit und menschlicher Verrohung selbst die schlimmsten Ahnungen. In den Schützengräben wurde die Saat gelegt für eine Zeit, in der der Mensch nicht mehr als Einzelner zählte, sondern als »Material« galt.

Sowjetische Soldaten hissen 1945 auf dem Reichstag die rote Fahne.

Bis zum Sommer 1918 hielt sich in Deutschland die Illusion des Sieges. Doch in Wahrheit war das deutsche Heer am Ende, und die Generäle des Kaisers wussten das. Die Verantwortung aber wollten sie nicht übernehmen. Und nachdem die Novemberrevolution Deutschland zur Republik gemacht hatte, logen die kaiserlichen Militärs, der Umsturz hätte das tapfere, im Felde unbesiegte Heer hinterrücks gemeuchelt – die »Dolchstoßlegende«.

So stand die erste deutsche Republik, die Weimarer Republik, unter keinem guten Stern. Die bösartige Verleumdung sowie innere Zerrissenheit und wirtschaftliche Krisen brachten die junge Republik rasch ins Wanken. Am Ende, im Januar 1933, fiel sie einem Mann in die Hände, der sie zur Diktatur umformte: Adolf Hitler.

In der Zwischenkriegszeit herrschte auch pure Lebensfreude: die Comedian Harmonists.

Nun begann das dunkelste Kapitel der deutschen Geschichte: Größenwahn, Judenmord, Vernichtungskrieg. Wieder folgte die Niederlage – 1945 so total, wie nie zuvor in der deutschen Geschichte. »Fünf Minuten nach zwölf« entzog sich der »Führer« durch Selbstmord seiner Verantwortung. Da war halb Europa zerstört, Deutschland lag in Trümmern, sah sich moralisch diskreditiert durch den Mord an sechs Millionen Juden und war vollständig besetzt von Amerikanern, Russen, Briten und Franzosen. Keine 75 Jahre nach Bismarcks Reichsgründung war sein Werk völlig am Ende, stand die Zukunft der deutschen Nation in Frage.

Mehr noch: Der Zweite Weltkrieg wurde zum tiefen Einschnitt in der gesamten Menschheitsgeschichte. Seitdem 1945 über Hiroshima die erste Atombombe explodiert war, wusste man, dass die Menschheit inzwischen technisch und materiell imstande war, sich selbst zu vernichten. Und seit dem fabrikmäßigen Mord an den Juden in den Konzentrationslagern weiß man, dass sie auch moralisch dazu fähig ist.

1904
In der Kolonie Deutsch-Südwestafrika wird ein Aufstand der einheimischen Hereros blutig niedergeschlagen

1911
In China beendet eine Revolution die jahrtausendealte Kaiserherrschaft

1914
Am 28. Juni wird in Sarajevo der österreichische Thronfolger ermordet

Ein Attentat führt zum Weltenbrand

Wilhelm II. und die Augusttage 1914

Die Ermordung des österreichischen Thronfolgers Franz Ferdinand war 1914 der Anlass für den Ausbruch des Ersten Weltkriegs. Es war eine Auseinandersetzung, die in Europa niemand wirklich gewollt hatte, von der sich aber viele Staatsmänner Vorteile für ihr eigenes Land versprachen. Es folgte ein Krieg, in dem das alte Europa zu Grabe getragen wurde.

Ludwig Noster heißt der Künstler, der Wilhelm II. 1906 mit diesem Gemälde verewigte. Es zeigt den Kaiser in voller Montur mit Orden behängt, mit Marschallstab und Schärpe ausgestattet.

5. und 6. Juli 1914
Deutschland sichert Österreich-Ungarn uneingeschränkte Bündnistreue zu (»Blankovollmacht«)

6. Juli 1914
Kaiser Wilhelm beginnt seine traditionelle Nordlandreise in der Annahme, es würde zu keinem großen Krieg kommen

30. Juli 1914
In Russland erfolgt die Generalmobilmachung

Interessenspiel der Mächte und mörderischer Krieg

Im Lustgarten des Berliner Stadtschlosses drängten sich am Nachmittag des 1. August 1914 die Menschenmassen. Als die Glocke des nahegelegenen Domes fünf Uhr schlug, kam ein hochrangiger Armeeoffizier im offenen Automobil herangefahren. Er schwenkte sein Taschentuch und verkündete die Mobilmachung der Armee – das heißt die Vorbereitung der Streitkräfte auf einen bevorstehenden Einsatz. Das Deutsche Reich stand im Krieg mit Russland. Doch von Bestürzung oder Angst war unter den wartenden Menschen nichts zu spüren, vielmehr herrschten Zuversicht, Ergriffenheit oder Begeisterung. Die Menge stimmte spontan sogar ein Kirchenlied an: »Nun danket alle Gott!« Dabei hatte soeben ein Krieg begonnen!

Mit Jubel an die Front

In den anderen europäischen Hauptstädten gab es ähnliche Bilder. Die Menschen auf dem ganzen Kontinent waren wie berauscht und bejubelten den Beginn eines Kampfes, von dem niemand ahnte, wie mörderisch und grausam er werden würde. Und alle fühlten sich als Angegriffene, keiner als Angreifer. »Mit reinem Gewissen und mit reiner Hand ergreifen wir das Schwert«, verkündete auch der deutsche Kaiser Wilhelm II. Außerdem erklärte er vor dem Reichstag, dass er nun keine verschiedenen Partei-

Kaiser Wilhelm II.

Der Kaiser als junger Mann, um 1890.

1888 hatte Wilhelm II. mit 29 Jahren den Thron bestiegen. Eine schwere Kindheit lag hinter ihm. Er war mit einem verkrüppelten linken Arm zur Welt gekommen und litt schwer unter der Behinderung. Schon als Kronprinz versuchte er, sein Manko durch übertrieben soldatisches Auftreten zu kompensieren. Wilhelm liebte es, mit dem Säbel zu rasseln – auch mit Worten. Er hielt markige Reden, die andere Völker verhöhnten. Er war zudem verantwortlich für eine maßlose Aufrüstung Deutschlands, vor allem der Kriegsmarine. Diese Aufrüstung brachte das Gleichgewicht in Europa durcheinander und war einer der Gründe für den Ausbruch des Ersten Weltkriegs.

1914	1. August 1914	3. August 1914
In England kämpfen die »Suffragetten« um das Wahlrecht für Frauen	Kaiser Wilhelm II. hält vom Balkon des Berliner Schlosses aus eine Rede zum Beginn des Krieges	Deutsche Truppen marschieren im Rahmen des »Schlieffen-Plans« in das neutrale Belgien ein

Groß war die Begeisterung der Menschen zu Beginn des Ersten Weltkriegs. Mit strahlenden Gesichtern bestiegen die Soldaten die Eisenbahnzüge an die Front. Von den Schrecken und dem Elend, die dieser Krieg bringen würde, ahnten sie wenig.

en mehr kenne, sondern nur noch Deutsche. Die Abgeordneten jubelten ihm freudetrunken zu und beschlossen einen »Burgfrieden«. Das bedeutete, dass alle üblichen politischen Streitigkeiten für die Dauer des Krieges ruhen sollten. Zeitgenossen nannten die Hochstimmung dieser Tage auch das »Augusterlebnis«. Nie zuvor schienen die Deutschen so einig im Glauben, von missgünstigen Feinden in den Krieg gezwungen worden zu sein. Spontan meldeten sich hunderttausende freiwillig zu den Waffen, um für ihr Vaterland zu kämpfen. In den Straßen deutscher Städte schmückten Frauen die in den Krieg ziehenden Männer mit Blumen. »Ehe noch die Blätter fallen, seid Ihr wieder zu Hause!«, rief Wilhelm II. den Soldaten zu. Doch das war eine fatale Fehleinschätzung.

EXTRA=AUSGABE.

Wiener Montag

Montag-Frühblatt.

Nr. 23 — Wien, Montag, 29. Juni 1914 — 3. Jahrgang

Der Thronfolger ermordet.

Eine furchtbar entsetzliche Trauerbotschaft kommt uns aus Sarajevo. Der Thronfolger Erzherzog Franz Ferdinand und dessen Gemahlin Fürstin Hohenberg sind einem verruchten Mordattentate zum Opfer gefallen. Trauernd steht das Kaiserhaus an der Bahre des künftigen Herrschers, mit ihm trauernd und weinend das stets mit Ehrfurcht und kindlicher Liebe aufblickende Bevölkerung der ganzen Monarchie. Der Monarch der bekanntlich erst gestern seinen Aufenthalt in Ischl genommen hat, trifft wie uns eben berichtet wird, morgen Montag bereits wieder in Wien ein. Gäbe Gott, daß er diesen Schlag mit Fassung ertrage. Das Volk hat in dieser schweren Stunde nur noch ein Gebet, das von bitteren Tränen begleitet sich aus dem Munde jedes einzelnen drängt:

„Gott erhalte, Gott beschütze unsern Kaiser"

Sarajevo 28. Juni. Als Erzherzog Franz Ferdinand und Gemahlin Herzogin Hohenberg sich heute vormittag zum Empfange im Rathause begab, wurde gegen das Automobil eine Bombe geschleudert, die der Erzherzog mit dem Arme zurückstieß. Die Bombe explodierte, nachdem das Automobil passiert war. Die in dem nachfolgenden Wagen befindlichen Adjutanten wurden leicht verletzt. Der Attentäter ist ein Schriftsetzer aus Trebinje. Er wurde verhaftet.

Nach dem Empfang im Rathause setzte das hohe Paar die Rundfahrt fort. Ein Gymnasiast der achten Klasse namens Prinzip aus Grahovo feuerte aus einer Browningpistole mehrere Schüsse auf das Erzherzogspaar. Der Erzherzog wurde im Gesicht getroffen. Herzogin Hohenberg wurde in den Unterleib getroffen.

Der Thronfolger und Gemahlin wurden in den Konak überführt, wo sie den Verletzungen erlagen. Die erbitterte Menge hat beide Attentäter nahezu gelyncht.

Herausgeber Brakl. — Verantwortlicher Redakteur: Karl Einfodec. — Druck von Karl Brakl, Wien 7 Bez., Halbgasse 9.

Eine Wiener Zeitung meldet die Ermordung des österreichischen Thronfolgers – dieses Attentat wurde zum Auslöser des Kriegs.

Das Attentat von Sarajevo

Begonnen hatte die Krise wenige Wochen vorher auf dem Balkan. Am 28. Juni 1914 besuchte der österreichische Thronfolger Franz Ferdinand die bosnische Stadt Sarajewo. Bosnien war erst wenige Jahre zuvor von Österreich besetzt worden – sehr zum Unwillen der dort lebenden serbischen Bevölkerung, die es lieber gesehen hätte, wenn sie zum Königreich Serbien gehört hätte. Mehrere junge

4. August 1914
Das deutsche Parlament genehmigt einstimmig die von der Regierung verlangten Kriegskredite

11. August 1914
Frankreich erklärt Österreich-Ungarn den Krieg

12. August 1914
England erkärt Österreich-Ungarn den Krieg

Bevor die Fotografie das Bild der Zeitungen bestimmte, gaben Zeichner die Ereignisse wieder: Die Pressezeichnung von 1914 zeigt die Ermordung des österreichischen Thronfolgers Franz Ferdinand durch den serbischen Studenten Gavrilo Princip.

Männer planten deshalb die Ermordung des Thronfolgers. Einer von ihnen, der 17-jährige Schüler Gavrilo Princip, feuerte mit einer Pistole auf Franz Ferdinand – und tötete ihn und seine Frau.

Unselige Kettenreaktion

Das Attentat setzte eine verhängnisvolle Kettenreaktion in Gang. Denn Österreich gab Serbien eine Mitschuld an der Ermordung Franz Ferdinands und erklärte dem Balkanstaat den Krieg. Die Serben jedoch hatten einen Bündnisvertrag mit Russland abgeschlossen – wer Serbien angriff, musste es auch mit dem Zarenreich aufnehmen. Folgerichtig verkündete Russland die Mobilmachung seiner Armee. Der deutsche Reichskanzler Bethmann-Hollweg versuchte zwar noch, die Österreicher zum Stillhalten zu überreden, doch Kaiser Wilhelm und die deutschen Militärs wollten davon nichts wissen. Sie sicherten den Österreichern alle erdenkliche Unterstützung zu – Zeitgenossen sprachen auch von einer »Blankovollmacht«.

Mobilmachung

Der Grund dafür war, dass die Deutschen sich von einem Krieg gegen Russland eigene Vorteile versprachen. Am 31. Juli 1914 verkündete auch Österreich die Mobilmachung. Einen Tag später mobilisierte das Deutsche Reich seine Truppen und Wilhelm II. erklärte dem russischen Zaren Nikolaus II. – seinem Cousin – den Krieg.

Zweifrontenkrieg

Der Kampf begann jedoch nicht im Osten, sondern im Westen. Russland war nämlich wiederum mit Frankreich verbündet. Das bedeutete, dass Deutschland nicht nur gegen die Russen, sondern

Nikolaus II., russischer Zar – Cousin und Kriegsgegner Kaiser Wilhelms II.

26.–30. August 1914	Mitte September 1914	Oktober/November 1914
Bei Tannenberg (Ostfront) siegt die deutsche Armee und nimmt 96 000 Russen gefangen	Der »Schlieffen-Plan« war gescheitert, der deutsche Vormarsch gestoppt, der Stellungskrieg beginnt	Ein deutscher Durchbruchsversuch bei Langemarck (Flandern) scheitert unter hohen Verlusten

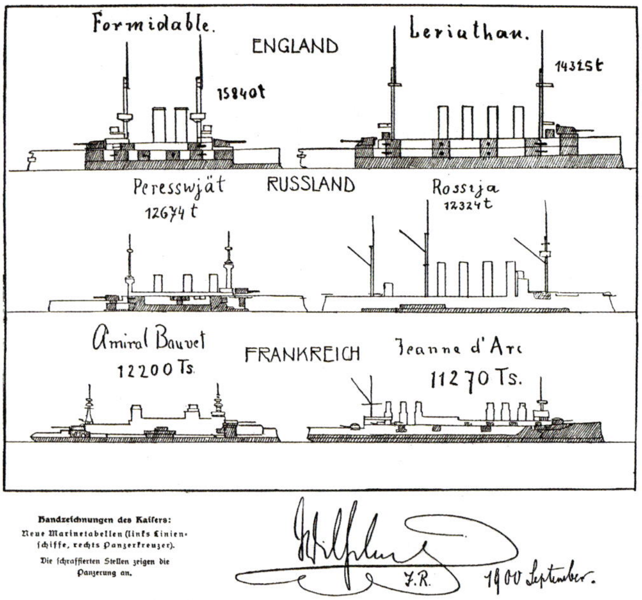

Die deutsche Kriegsflotte lag dem Kaiser besonders am Herzen. Eigenhändig fertigte er – zum Vergleich – Zeichnungen der Schiffe anderer Länder an.

auch gegen die Franzosen kämpfen musste. Die Militärs fürchteten diesen »Zweifrontenkrieg«, denn sie ahnten, dass er die Kräfte der deutschen Armee übersteigen würde. Weil sie dem riesigen russischen Reich einen schnellen Aufmarsch seiner Armee nicht zutrauten, ließen sie deshalb zunächst im Westen angreifen – nach einem Plan, den General von Schlieffen schon 1905 ausgearbeitet hatte. Am 3. August 1914 marschierten deutsche Truppen auf dem Weg nach Frankreich in den neutralen Nachbarstaat Belgien ein. Diese Verletzung des Völkerrechts wiederum rief auch noch Großbritannien auf den Plan. Die britische Weltmacht hatte sich verpflichtet, dem kleineren Belgien im Falle eines Angriffs beizustehen. Deshalb erklärte London nun seinerseits Deutschland den Krieg. Der Konflikt um Serbien war damit endgültig zu einem großen europäischen Krieg geworden.

Schlieffen-Plan

Der Schlieffen-Plan sah vor, Frankreich nicht dort anzugreifen, wo es die Franzosen erwarteten, und wo sie sich mit einer ganzen Reihe von Festungen gesichert hatten – an der Ostgrenze. Vielmehr sollten die französischen Verteidigungsbauwerke von Norden her umgangen werden, indem man in einem großen Bogen durch Belgien hindurch rasch auf Paris zumarschierte. Dann sollte die französisch Armee nach Osten getrieben und schließlich geschlagen werden. Der Plan erwies sich in der Praxis als nicht durchführbar.

Alfred Graf von Schlieffen, Generalstabschef des deutschen Heeres, hatte den nach ihm benannten Plan entworfen.

1915
Die Fronten bewegen sich kaum, der Krieg wird zum reinen Stellungskrieg

Februar 1915
Die deutsche Armee vernichtet in Masuren (Ostfront) eine russische Armee und macht 100 000 Gefangene

7. Mai 1915
Ein deutsches U-Boot versenkt das britische Passagierschiff »Lusitania«, das auch Waffen geladen hatte. 1198 Tote

Die Kriegsschuldfrage

Wer war Schuld an dieser dramatischen Entwicklung? Alle großen Mächte in Europa hatten mit einem Krieg gerechnet, alle hatten sich gegenseitig belauert. Jeder wollte sich ein Scheibchen vom Kuchen abschneiden. Niemanden traf die alleinige Schuld, niemand war ganz schuldlos. Das Deutsche Reich aber spielte eine verhängnisvolle Schlüsselrolle. Durch seine militärische Stärke, seine politische Ungeduld und sein fatales Taktieren trieb es die Ereignisse unheilvoll voran.

Ein Flugzeug der kaiserlichen Luftwaffe bei einem Erkundungsflug über den Fluss Marne: Feldpostkarte von 1915.

Blutiger Grabenkrieg

In den ersten Wochen des Krieges sah es zwar so aus, als hätten die Deutschen alles richtig gemacht: Der Vormarsch im Westen ging rasch voran. Doch schneller als erwartet griffen im Osten russische Truppen an – Deutschland musste nun an beiden Fronten kämpfen. Anfang September 1914 wurden die deutschen Armeen im Westen dann am Fluss Marne gestoppt. Die Kämpfe erstarrten zu einem mörderischen Grabenkrieg, der in seiner Grausamkeit bald die schlimmsten Ahnungen übertraf.

Auf der Fotopostkarte sieht der Bau eines Unterstandes an der Westfront noch wie ein abenteuerliches Erlebnis aus. Tatsächlich war der Grabenkrieg blutig und grausam.

1915
Im April erster großer deutscher Gasangriff mit Chlorgas in Flandern

1915
Im September und Oktober für Briten und Franzosen verlustreiche Herbstschlacht im Artois und der Champagne

1916
Im Februar beginnt bei Verdun eine der größten und verlustreichsten Schlachten des Ersten Weltkriegs

Krieg in einer völlig neuen Dimension

Die Schlacht von Verdun

Wer dort kämpfte, kannte sie nur als die »Hölle von Verdun«: Die Schlacht um die nordfranzösische Stadt Verdun (Februar bis Dezember 1916) wurde zum Symbol für die menschenverachtende Tötungsmaschinerie eines modernen Materialkriegs. Innerhalb von 300 Tagen wurden hier fast eine Million Soldaten getötet, verstümmelt oder vermisst.

Angriff mit Flammenwerfer und Handgranaten – auf dem Schlachtfeld von Verdun war für die meisten Kämpfer nur eines sicher: Schrecken, Elend und oft genug der Tod.

1916
Nach erfolgreichem Balkanfeldzug besetzt das österreichisch-ungarische Heer Montenegro und Albanien

Januar 1916
Deutschland bringt 1300 Geschütze und sechs Armee-Einheiten bei Verdun in Stellung

21. Februar 1916
Die deutsche Offensive beginnt mit einem neun Stunden andauernden Trommelfeuer

Ein Schlachtfeld wird zum Grab von hunderttausenden Soldaten

1914 waren die Franzosen noch in bunten Uniformen, die Deutschen mit ledernen Pickelhauben in den Krieg gezogen, ähnlich wie sie ihre Väter und Großväter 1870/71 getragen hatten. Zwei Jahre später trugen die Männer Feldgrau – und der Stahlhelm war ihr wichtigster Ausrüstungsgegenstand. Womit bei Kriegsausbruch noch niemand gerechnet hatte: Neue Waffen und die immensen Möglichkeiten der industriemäßigen Rüstungsproduktion hatten das Gesicht des Krieges völlig verändert. Das Maschinengewehr war die bestimmende neue Waffe des Ersten Weltkriegs. Damals noch schwer zu transportieren, bot es vor allem Vorteile für die Verteidiger: Stand es sicher in Deckung, konnte eine Hand voll Soldaten einen ganzen Sturmangriff niederschießen. Auch die Artillerie war schwerfällig in der Bewegung, aber Kanonen, Mörser und Haubitzen konnten dank technischer Entwicklungen weiter, schneller und vor allem verheerender schießen als jemals zuvor – während die hochmoderne Rüstungsproduktion für einen nie da gewesenen Nachschub an Munition und Granaten sorgte.

Krieg im Graben

Bewegliche Waffen wie Panzer (damals als »Tanks« bezeichnet) oder Jagdbomber befanden sich erst in der Entwicklung. So war es nur logisch, dass die Soldaten sich tief in ihren Stellungen eingruben, die Fronten sich festfraßen und der Krieg zum Stellungskrieg geriet, dessen Kennzeichen tausende Kilometer von Schützengräben waren.

Deutscher Angriff um 1916/1917: Aus Zylindern wird tödliches Gas in Richtung der feindlichen Stellungen abgelassen.

Der Gaskrieg

Der Erste Weltkrieg war der erste Krieg, in dem Massenvernichtungswaffen verwendet wurden. Ab 1915 kam eine der fürchterlichsten Waffen überhaupt zum Einsatz: Giftgas. Chlor und Senfgas wurden zunächst von den Deutschen, dann auch von der Gegenseite auf die Stellungen des Gegners geschossen. Gas tötete und verstümmelte die Soldaten auf bestialische Weise.

25. Februar 1916
Ein brandenburgisches Regiment unter Hauptmann Haupt nimmt die Festung Douaumont ein

4. März 1916
Deutsche Truppen halten auch das Dorf Douaumont

Anfang April 1916
Auf beiden Seiten des Flusses Maas laufen Großoffensiven, die aber keiner Seite entscheidende Erfolge bringen

Die Bedienungsmannschaft an der »Dicken Bertha«, einer von den deutschen Stahlwerken Krupp entwickelten und gefertigten Artillerie-Haubitze.

Der Plan

Im Ergebnis war ein militärisches Patt entstanden. Das aber wollten beide Seite nicht akzeptieren, denn dann – so hielt man den Kritikern des Kriegs entgegen – seien ja die bisherigen, großen Opfer des Krieges sinnlos gewesen. Also entwickelte der deutsche Generalstabschef Erich von Falkenhayn einen neuen, riskanten Plan: Durch einen deutschen Überraschungsangriff auf die Höhenzüge vor Verdun sollte ein Durchbruch erzwungen werden. Denn wären die Deutschen erst einmal auf diesen Höhenzügen, dann war Verdun von drei Seiten eingekesselt und der deutschen Artillerie schutzlos ausgeliefert. Als der Durchbruch scheiterte, blies Falkenhayn den Angriff nicht ab, sondern erwartete zu Recht, dass die Franzosen die Deutschen zu vertreiben versuchten – um jeden Preis. Die Deutschen hatten den Vorteil der Defensive für sich verbucht, die Franzosen mussten aus unvorteilhafter Position gegen die deutschen Stellungen anrennen und bluteten allmählich aus.

General von Falkenhayn ersann den Angriffsplan.

Kanonenfutter

Das Wort von der »Blutpumpe« machte im deutschen Generalstab die Runde: Hier ging es längst nicht mehr um Geländegewinne oder strategische Vorteile, sondern um eine Todesfabrik für die französische Armee. Die Männer an der Front waren in dieser Schlacht keine Kämpfer mehr, die durch Können, Einsatz und Tapferkeit den Kriegsverlauf – oder auch nur ihre eigenen Überlebenschance – beeinflussen konnten und für Heldenmythen taugten. In den Augen ihrer Generäle waren sie nur noch »Kanonenfutter«, das »verheizt« werden konnte. Die Operation trug den zynischen Namen »Gericht«.

8. Mai 1916
In der Festung Douaumont ereignet sich eine Explosion, 679 deutsche Soldaten kommen ums Leben

1. Juli 1916
Am Fluss Somme startet eine gemeinsame französisch-britische Großoffensive

12. Juli 1916
Vergeblicher deutscher Versuch, bei einem Großangriff die Festung Souville zu erobern

Links: Wer nur kurz den Kopf aus dem Schützengraben steckte, konnte schnell tot sein: französische Soldaten mit Handgranate und Schutzschild auf dem Schlachtfeld von Verdun (März 1916).

Die Hölle auf Erden wurde am 21. Februar 1916 Wirklichkeit: Auf zwölf Kilometern Frontabschnitt hatte Falkenhayn 1300 Geschütze zusammengezogen. Die Schlacht begann mit zwei Tagen »Trommelfeuer«: Ununterbrochen schoss die Artillerie auf die Franzosen ein. Quadratmeter um Quadratmeter pflügte die mächtige »Feuerwalze« den Boden um, zerriss Stellungslinien, zerfleischte die Verteidiger. Überleben verdankten sie dem puren Zufall.

»Ich lösche die Lampe meiner Existenz«

Dann folgte der deutsche Sturmangriff. Am Abend des 20. Februar hatte der Berliner Student Otto Heinebach an seine Eltern geschrieben: »Wenn ich falle, bitte ich euch

Nach dem deutschen Artilleriebeschuss blieb von der alten Stadt Verdun nur ein Ruinenfeld.

Verdun

Die Bischofsstadt Verdun hatte einen hohen symbolischen Wert für beide Seiten: Hier wurde 843 ein Vertrag geschlossen, der das Frankenreich aufteilte. Die Stadt selbst wurde zum Zankapfel: Vom 10. Jahrhundert an gehörte sie zum Heiligen Römischen Reich Deutscher Nation. 1552 wurde sie französisches Protektorat, 1648 kam sie endgültig an Frankreich. 1792 hatte es in den Revolutionskriegen hier schon einmal eine Schlacht gegeben zwischen Frankreich und Preußen. Die Preußen siegten. Nach dem Deutsch-Französischen Krieg 1870/1871 wurde Verdun zur französischen Festung ausgebaut.

29. August 1916	2. September 1916	24. Oktober 1916
Die Generale Hindenburg und Ludendorff übernehmen von General Falkenhayn die Oberste Heeresleitung	Der deutsche Angriff auf Verdun wird eingestellt	Die Franzosen erobern die Festung Douaumont zurück

Das Ausmaß der Zerstörungen spiegelt die Brutalität und Gewalt wider, die die Schlacht bei Verdun bestimmten: Französische Soldaten im vollständig zerstörten Fort Souville bei Verdun, Oktober 1916.

von ganzem Herzen, es mit Fassung zu tragen. Und so, im Gedanken, lösche ich die Lampe meiner Existenz am Vorabend dieser furchtbaren Schlacht.« Am Tag darauf war Otto Heinebach tot.

Nach kurzen Anfangserfolgen scheiterte die deutsche Offensive, weil die Franzosen sehr entschlossen reagiert hatten. Die Deutschen lagen zwischen Ausgangs- und Zielstellungen fest, als nun die Todesfabrik über sie genauso hereinbrach wie über die Franzosen. Offensiven, die wenige Meter Boden einbrachten, kosteten Hunderte das Leben.

Endloses Leid

Für die einfachen Soldaten brachte diese Schlacht nichts als Leid. Ein französischer Hauptmann schrieb auf dem Rückweg von der Front: »Ich komme zurück von der schrecklichsten Tortur meines Lebens. Vier Tage, vier Nächte, 96 Stunden, die letzten zwei Tage in eiskaltem Matsch, ständig unter härtestem Feuer, ohne jeden Schutz

15. Dezember 1916
Französischer Großangriff. Die deutsche Armee zieht sich fast auf die Position ihrer Ausgangsstellung zurück

22. bis 24. August 1917
Die Franzosen erobern weitere von Deutschen besetzte Stellungen zurück

25 September 1918
Verdun wird Ausgangspunkt einer französisch-amerikanischen Offensive

außer einem schmalen Schützengraben, der doch noch zu breit ist. Mit 175 Mann kam ich dorthin, mit 34 kehre ich zurück. Die meisten sind halb verrückt geworden.«

Gibt es Sieger?

Als Sieger gehen die Franzosen vom Schlachtfeld bei Verdun. Doch bei einer Bilanz von fast 800 000 Toten, Vermissten und Verstümmelten spielt das wohl keine Rolle. Nach der Schlacht bleibt eine Mondlandschaft – zerfurcht durch Schützengräben, gespickt mit liegen gelassenen Toten.

Noch heute finden sich überall Granatsplitter und Blindgänger im Boden bei Verdun. Schlichte Stein- und Metallkreuze, zu tausenden aufgestellt in Reih und Glied, und ein monströses Beinhaus mit den Gebeinen der Zigtausenden, die nicht mehr identifiziert werden konnten, erinnern an jene Schlacht, die wie keine vor ihr die Sinnlosigkeit und Unmenschlichkeit des Krieges vor Augen führte.

In endlos scheinenden Reihen gemahnen die Erinnerungskreuze beim Schlachtfeld von Verdun an die fast 800 000 Menschen, die in einer ebenso sinnlosen wie verlustreichen Schlacht ihr Leben ließen oder verwundet wurden.

Oktober 1917
In Russland übernehmen in der Oktoberrevolution die kommunistischen Bolschewiken die Macht

20. November 1917
Bei der ersten Panzerschlacht des Krieges, in Cambrai (Flandern), überrennen Briten deutsche Stellungen

1918
Im Herbst steht Deutschland vor der militärischen Niederlage an der Westfront

Das Ende des Kaiserreichs

Die Novemberrevolution

1918 übernahmen Demokraten die Verantwortung für eine Lage, die andere verursacht hatten. Im Chaos der letzten Kriegswochen gelang es besonnenen Männern, die Abdankung des Kaisers zu erreichen, den verlorenen Krieg zu beenden und einen blutigen Umsturz in Deutschland zu verhindern – so entstand die »Weimarer Republik«.

Am Ende des militärisch bereits verlorenen Ersten Weltkriegs verweigerten die Matrosen die Durchführung eines völlig unsinnigen Befehls – es kam zum Aufstand.

29. Oktober 1918
Die Besatzung der beiden Kriegsschiffe »Thüringen« und »Helgoland« in Wilhelmshaven weigert sich auszulaufen

4. November 1918
In Kiel erheben sich Matrosen gegen Offiziere und befreien gefangene Meuterer

7. November 1918
Die Revolution greift um sich. In Bayern wird der letzte deutsche König, Ludwig III., zum Abdanken gezwungen

Die Geburtsstunde einer demokratischen Republik

Die Matrosen waren entsetzt – der Krieg schien Ende Oktober 1918 verloren, doch ihre Offiziere befahlen, die Schiffe der kaiserlichen Kriegsflotte zum Auslaufen bereit zu machen. In den Stützpunkten Wilhelmshaven und Kiel weigerten sich die Männer zu gehorchen. Denn die Marineführung wollte der überlegenen britischen Flotte eine letzte Schlacht liefern – den Befehlshabern ging es nicht mehr um den Sieg, sondern um die Ehre. Als tausende meuternde Matrosen verhaftet wurden, kam es zum Aufstand.

2. Extraausgabe Sonnabend, den 9. November 1918.

Vorwärts

Berliner Volksblatt.

Zentralorgan der sozialdemokratischen Partei Deutschlands.

Der Kaiser hat abgedankt!

Der Reichskanzler hat folgenden Erlaß herausgegeben:

Seine Majestät der Kaiser und König haben sich entschlossen, dem Throne zu entsagen.

Der Reichskanzler bleibt noch so lange im Amte, bis die mit der Abdankung Seiner Majestät, dem Thronverzichte Seiner Kaiserlichen und Königlichen Hoheit des Kronprinzen des Deutschen Reichs und von Preußen und der Einsetzung der Regentschaft verbundenen Fragen geregelt sind. Er beabsichtigt, dem Regenten die Ernennung des Abgeordneten Ebert zum Reichskanzler und die Vorlage eines Gesetzentwurfs wegen der Ausschreibung allgemeiner Wahlen für eine verfassungsgebende deutsche Nationalversammlung vorzuschlagen, der es obliegen würde, die künftige Staatsform des deutschen Volk, einschließlich der Volksteile, die ihren Eintritt in die Reichsgrenzen wünschen sollten, endgültig festzustellen.

Berlin, den 9. November 1918. **Der Reichskanzler.**
Prinz Max von Baden.

Es wird nicht geschossen!

Der Reichskanzler hat angeordnet, daß seitens des Militärs von der Waffe kein Gebrauch gemacht werde.

Parteigenossen! Arbeiter! Soldaten!

Soeben sind das Alexanderregiment und die vierten Jäger geschlossen zum Volke übergegangen. Der sozialdemokratische Reichstagsabgeordnete Wels u. a. haben zu den Truppen gesprochen. Offiziere haben sich den Soldaten angeschlossen.

Der sozialdemokratische Arbeiter- und Soldatenrat.

Im »Vorwärts«, der Zeitung der Sozialdemokratischen Partei Deutschlands, erschien am 9. November 1918 ein Erlass des Reichskanzlers Prinz Max von Baden. Er informiert über das weitere Vorgehen nach dem Thronverzicht des Kaisers.

Der Krieg ist verloren

Nach vier Jahren Krieg war Deutschland militärisch geschwächt, die letzten deutschen Großangriffe an der Westfront im Frühjahr 1918 hatten keine wirklichen Erfolge gebracht. Dagegen trafen immer mehr frische amerikanische Truppen in Frankreich ein und verstärkten Briten und Franzosen. Im Sommer begannen die Gegenangriffe der Westmächte. Besonders die Briten setzten hunderte von Panzern ein – eine damals neue Waffe – und zwangen die Deutschen zum Rückzug. Ende September 1918 erklärte der Chef der Obersten Heeresleitung, General Ludendorff, dass der Krieg für Deutschland nicht mehr zu gewinnen sei. Das war ein Schock für viele Deutsche - plötzlich musste ihr Land um Friedensverhandlungen bitten. Um die Gegner zu einer milden Haltung zu bewegen, wurde Anfang Oktober 1918 im Kaiserreich eine liberalere Regierung unter Prinz Max von Baden berufen, an der zum ersten Mal auch die Sozialdemokraten beteiligt waren. Diese Regierung sandte ein Waffenstillstandsangebot an den amerikanischen Präsidenten Wilson.

1918
Zwei deutsche Wissenschaftler erhalten Nobelpreise: Max Planck (Physik) und Fritz Haber (Chemie)

1918
Die deutschen Kriegskosten betragen 165 Milliarden Mark

9. November 1918
Unruhen in Berlin. Demonstranten fordern »Einigkeit, Recht und Freiheit«. Der Kaiser dankt ab

Der Einsatz von Panzern, damals eine völlig neue Waffe, auf Seiten der Kriegsgegner Deutschlands, beschleunigte 1918 die Niederlage des Deutschen Reichs im Ersten Weltkrieg.

Die Revolution beginnt

In dieser Lage war der Befehl, die Flotte in See stechen zu lassen, sinnlos. Die Matrosen wollten sich nicht mehr opfern lassen und protestierten. Der Aufstand weitete sich Anfang November von Kiel rasch aus. In vielen Großstädten demonstrierten Soldaten und Arbeiter für Frieden und eine neue Machtverteilung im Staate – und sie wollten, dass der Kaiser abdankte. Am 9. November beherrschten auch in Berlin Arbeiter und Soldaten die Straße. Würden kaisertreue Armee-Einheiten auf sie schießen? Auf dem Brandenburger Tor wehte

Am 9. November 1918 verkündet Philipp Scheidemann, erster Kanzler der Weimarer Republik, der Menschenmenge aus einem Fenster der Berliner Reichskanzlei das Ende des Kaiserreichs und die Einführung der Republik als neuer Staatsform in Deutschland.

9. November 1918
Der stellvertretende SPD-Vorsitzende Philipp Scheidemann verkündet das Ende der Monarchie

10. November 1918
Als neue Regierung wird ein »Rat der Volksbeauftragten« gewählt

11. November 1918
Der deutsche Politiker Matthias Erzberger und der französische Marschall Foch unterzeichnen den Waffenstillstand

Deutschland war nach dem verlorenen Ersten Weltkrieg kleiner geworden. Die gestrichelte rote Linie zeigt die verlorenen Gebiete: im Westen Elsass-Lothringen, im Osten Westpreußen und Posen. Die verschiedenen Farbflächen markieren die Länder des Deutschen Reichs.

schon die rote Fahne der Revolution; Aufständische belagerten das Stadtschloss des Kaisers – doch der war nicht in Berlin, sondern im Hauptquartier hinter der Westfront, in Belgien. Um die Massen zu beruhigen, erklärte Regierungschef Prinz Max von Baden an diesem Tage eigenmächtig, dass der Kaiser auf den Thron verzichten werde. Dann übergab er die Regierungsgeschäfte an den Sozialdemokraten Friedrich Ebert. Er und seine Partei, die SPD, sollten für einen ruhigen Machtwechsel sorgen. Die SPD wollte keine weiter gehende Revolution – doch genau dafür kämpften viele Arbeiter und Soldaten, die sich in Räten politisch organisiert hatten. Viele von ihnen forderten einen Staat nach kommunistischem Vorbild – genau so ein Staat entstand gerade in Russland.

»Es lebe die Republik!«

Um diesen Gruppen den Wind aus den Segeln zu nehmen, verkündete der SPD-Politiker Philipp Scheidemann am 9. November vor einer großen Menschenmenge am Reichstag:

Der Versailler Vertrag

Nach dem Waffenstillstand tagte in Versailles eine Friedenskonferenz, zu der die Deutschen nicht eingeladen waren. Die Siegermächte erklärten, dass Deutschland allein am Krieg schuld war. Das Deutsche Reich musste extrem hohe Wiedergutmachungszahlungen leisten, verlor Gebiete im Osten und Westen und durfte fortan nur eine kleine Armee haben. Die Deutschen waren empört über die harten Bedingungen, sahen sich aber gezwungen, den Versailler Vertrag im Juni 1919 zu unterzeichnen.

Der Sozialdemokrat Friedrich Ebert war seit 1919 Präsident der Weimarer Republik.

12. November 1918
Der »Rat der Volksbeauftragten« hebt die Zensur auf und führt das allgemeine Wahlrecht, auch für Frauen, ein

5. bis 12. Januar 1919
In Berlin Massendemonstrationen und linksgerichteter Aufstand gegen die Regierung von Friedrich Ebert

19. Januar 1919
Erste Wahlen in der neuen deutschen Republik

Rosa Luxemburg, große deutsche Kämpferin für die Rechte der Arbeiterschaft, hier bei einer Rede 1907 in Stuttgart.

»Das deutsche Volk hat auf der ganzen Linie gesiegt. Das Alte und Morsche, die Monarchie, ist zusammengebrochen. Es lebe das Neue. Es lebe die deutsche Republik!« Damit hatte sich die SPD an die Spitze der Revolution gesetzt – das Kaiserreich war fast ohne Widerstand zusammengebrochen, Deutschland war nun eine Republik. Nun ging es Schlag auf Schlag: Am Morgen des 10. November fügte sich der Kaiser in sein Schicksal – er beschloss, ins Exil nach Holland zu gehen. Und am 11. November unterzeichnete der deutsche Politiker Matthias Erzberger in Frankreich im Namen der neuen deutschen Republik den Waffenstillstandsvertrag. In einem Wald bei Compiègne besiegelte er die Niederlage seines Landes.

Millionen Kriegsopfer

Der Erste Weltkrieg war vorüber – über acht Millionen Tote waren weltweit zu beklagen. Das Eingeständnis der Niederlage war bitter für die Deutschen – viele von ihnen sahen nicht, dass die Oberste Heeresleitung sie während des Krieges falsch über die Schwäche der Armee informiert hatte. Nun hieß es plötzlich, Demokraten wie Ebert und Erzberger seien schuld an der Niederlage – der abgesetzte Heerführer Ludendorff behauptete sogar, die Armee habe den Krieg verloren, weil aus der Heimat nicht genug Unterstützung gekommen sei, ja man habe den siegreichen Truppen einen gemeinen Dolchstoß in den Rücken versetzt – eine dreiste Lüge, die als »Dolchstoßlegende« in die Geschichte einging.

Bürgerkrieg und Mord

Die USPD wollte eine weiter gehende Revolution und verließ im Dezember 1918 die Übergangsregierung. Aus dem linken Flügel der USPD entstand unter der Führung von Rosa Luxemburg und Karl Liebknecht die Kommunistische Partei Deutschlands. Damit war die deutsche Arbeiterbewegung gespalten. Im Januar 1919 rief Karl Liebknecht zum bewaffneten Kampf für die Revolution auf – die Regierung ließ den Aufstand blutig niederschlagen. Dafür nahm sie auch die Hilfe von ehemaligen Frontsoldaten, die sich in Privatarmeen, so genannten Freikorps, zusammengeschlossen hatten, in Anspruch. Freikorpsoffiziere ermordeten am 15. Januar in Berlin Rosa Luxemburg und Karl Liebknecht.

21. Februar 1919
Der sozialistische bayerische Ministerpräsident Kurt Eisner wird vom Studenten Graf Arco-Valley erschossen

7. April 1919
Nach der Ermordung Eisners wird die sozialistische Münchner Räterepublik ausgerufen

2. Mai 1919
Die Münchner Räterepublik wird von nationalistischen Freikorps- und Reichswehrverbänden niedergeschlagen

Unruhe in der Regierung

In Berlin musste Friedrich Ebert sich nicht nur von kaisertreuen Militärs als Verräter beschimpfen lassen – auch die USPD (Unabhängige Sozialdemokraten), eine radikale Gruppe, die sich von der SPD abgespalten hatte, sprach von Verrat. Die SPD habe nur eine halbherzige Revolution zugelassen und die Interessen der Arbeiter nicht genügend beachtet. Um diese Kritik zu entkräften, nahm Ebert auch USPD-Vertreter in die Übergangsregierung auf, die sich »Rat der Volksbeauftragten« nannte. Das war vielen USPD-Leuten nicht genug – ihre Vertreter verließen im Dezember die Übergangsregierung. Der radikale Flügel wollte die Revolution mit Waffen vorantreiben. Ab Januar 1919 kam es in Berlin und einigen Teilen Deutschlands zu bürgerkriegsähnlichen Zuständen.

Die ungeliebte Republik

Wegen der Kämpfe tagte die frei gewählte »Nationalversammlung« in Weimar – dort erarbeitete sie eine neue Verfassung. Diese Verfassung der »Weimarer Republik« war Grundlage für den ersten wirklich demokratischen deutschen Staat. Geliebt wurde er nicht – für die Kommunisten war er zu wenig revolutionär, viele Bürger und Militärs trauerten dem untergegangenen Kaiserreich nach.

Kaiser Wilhelm hatte sich nach dem Thronverzicht ins Exil in die Niederlande zurückgezogen. Auch bei der Gartenarbeit bewahrte er noch seine gewohnte kaiserlich-stramme Haltung.

Diese Männer bemühten sich, nach dem Ende des Kaiserreichs wieder geordnete Verhältnisse herzustellen: Der erste Rat der Volksbeauftragten (10.11.– 28.12.1918). Der Dritte von links ist Reichspräsident Friedrich Ebert.

13. März 1920
Beginn des – gescheiterten – Kapp-Lüttwitz-Putschs, mit dem rechtsradikale Kreise die Republik beseitigen wollen

24. Juni 1922
Offiziere der »Organisation Consul« ermorden Reichsaußenministe Rathenau

1923
Krise der Republik, Hyperinflation, gescheiterter Hitler-Putsch

Die Republik ohne Republikaner

Weimar in der Krise

Die ersten Jahre der Weimarer Republik waren eine Zeit der unablässigen Krise. 1923 mussten die Menschen besonders leiden – vor allem wegen der so genannten Inflation. In diesem turbulenten Jahr betrat auch ein Mann namens Adolf Hitler erstmals die politische Bühne. Doch sein Plan, durch einen Putsch an die Macht zu kommen, scheiterte.

Hitler und seine Anhänger versuchten im November 1923, der jungen Republik mit einem Putsch ein schnelles Ende zu bereiten: Putschisten in Lastwagen am Münchner Marienplatz

9. Januar 1923
Die Reparationskommission behauptet, dass Deutschland seine Reparationsverpflichtungen nicht erfülle

11. Januar 1923
Französische und belgische Truppen beginnen, mit insgesamt 100 000 Mann das Ruhrgebiet zu besetzen

Januar 1923
Der deutsche Reichskanzler Cuno ruft zum passiven Widerstand gegen die Ruhrbesetzung auf

Die erste deutsche Republik zwischen Inflation und Bürgerkrieg

Beim Putschversuch 1923 in München fahren Hitler-Anhänger aus Pfaffenhofen vor dem Münchner Bürgerbräukeller vor.

Die Menschen, die am Abend dieses 8. November 1923 in den Münchener Bürgerbräukeller gekommen waren, trauten ihren Augen nicht: Mitten in einer Rede des bayerischen Regierungschefs Gustav von Kahr stürmte plötzlich ein Mann auf die Bühne und fuchtelte mit einem Revolver herum. In die aufkommende Unruhe hinein schoss er einmal in die Luft und schrie: »Die nationale Revolution ist ausgebrochen!« Viele der Anwesenden kannten den Mann – es war der Anführer der Nationalsozialistischen Deutschen Arbeiterpartei (NSDAP), Adolf Hitler. In einer hitzigen Rede erklärte dieser kurzerhand das bayerische Kabinett für abgesetzt und verkündete die Bildung einer vorläufigen Regierung unter seiner Führung. Dann rief er zu einem Marsch auf Berlin auf, um die Reichsregierung zu stürzen.

Inflation

In der Inflationszeit kam man mit dem Gelddrucken nicht mehr nach: Mit dem neuen Wert überdruckter Tausender.

Inflation ist ein anderes Wort für Geldentwertung. Normalerweise entspricht die in einem Land im Umlauf befindliche Geldmenge – also alle Geldscheine und Münzen – immer tatsächlichen Sachwerten. 1923 wurde jedoch viel mehr Geld gedruckt als wirkliche Werte vorhanden waren. In der Folge stiegen die Preise ins Unermessliche: Für ein Brot, das vor dem Krieg noch 40 Pfennige gekostet hatte, musste man im Januar 1923 280 Mark berappen, im Juli schon 6600, im September 69 000 und Anfang November 1923 1,7 Milliarden Mark.

26. Mai 1923

Der Freikorpskämpfer Albert-Leo Schlageter wird wegen Sabotage gegen die Ruhrbesatzungstruppen von den Franzosen hingerichtet. Die Nazis stilisieren ihn später zum Märtyrer eines »deutschen Freiheitskampfes«

26. September 1923

Der neue Kanzler Gustav Stresemann verkündet den Abbruch des passiven Widerstands gegen die Ruhrbesetzung

Unruhige Republik

Seit ihrer Gründung im Jahr 1919 war die Weimarer Republik nie wirklich zur Ruhe gekommen. Immer wieder beherrschten Putschversuche, Aufstände und politische Attentate die Schlagzeilen. Hunger und Elend bestimmten den Alltag der Menschen. Ein Grund dafür war, dass das Deutsche Reich nach dem Versailler Vertrag an seine ehemaligen Kriegsgegner Reparationen leisten musste, das heißt Geld und Waren für die Wiedergutmachung der Kriegsschäden. Anfang 1923 geriet Deutschland aufgrund der schlechten wirtschaftlichen Lage im Land in Lieferschwierigkeiten. Die Verzögerungen nahmen Frankreich und Belgien zum Anlass, in das Ruhrgebiet im Westen Deutschlands einzumarschieren. Diese Region war ein Zentrum des deutschen Bergbaus und der Schwerindustrie. Ziel der Franzosen und Belgier war es, sich die ausstehenden Reparationen direkt zu holen – in Form der hier geförderten Kohle.

Während der Besetzung des Rheinlandes kam es auch immer wieder zu Spannungen zwischen den Besatzern und der deutschen Bevölkerung: Hier bedroht ein französischer Soldat einen deutschen Zivilisten.

Herbst 1923	9. November 1923	13. November 1923
Die Inflation wird immer dramatischer. Im November liegt der Wechselkurs bei 4,2 Billionen Mark für einen US-Dollar	Eine Gruppe um Adolf Hitler unternimmt in München einen Putschversuch gegen die Republik	Der deutsche Kronprinz Wilhelm kehrt nach Verzicht auf seine Thronrechte nach Deutschland zurück

Streik und Inflation

Die deutsche Öffentlichkeit zeigte sich von diesem Vorgehen empört. Reichskanzler Wilhelm Cuno rief sogar zum »passiven Widerstand« gegen die ungebetenen Gäste auf. Fortan streikten die Arbeiter und Beamten im Ruhrgebiet und arbeiteten nicht mehr für die Besatzer. Das verschärfte die Lage noch einmal, denn die Streikenden erhielten keinen Lohn mehr. Die Reichsregierung beschloss daraufhin, die Löhne der etwa zwei Millionen Ruhrgebietsarbeiter vom Staat bezahlen zu lassen. Weil bald kein Geld mehr verfügbar war, ließ man einfach immer mehr drucken. Dies war jedoch eine fatale Entscheidung: Da immer weniger produziert wurde, gab es keinen Gegenwert mehr für die vielen neuen Geldscheine. Es kam zu einer Inflation.

In der Nachkriegszeit herrschte große Not. Das Propagandaplakat rief die Menschen auf, trotz der schlechten Bedingungen die Arbeit nicht ruhen zu lassen.

Die Not des einfachen Volkes vergrößerte sich dadurch noch einmal. Es war deshalb kein Wunder, dass in dieser Situation vor allem Parteien und Organisationen rasanten Zulauf erhielten, die den Menschen eine radikale Umwälzung der Verhältnisse versprachen. In einigen Regionen waren es die Linken, die den Ton angaben. In Sachsen und Thüringen traten Kommunisten in die Länderregierungen ein, um auf diese Weise eine »proletarische Revolution« in Deutschland auszulösen. In Hamburg kam es zu einem kommunistischen Aufstand, der von der Polizei allerdings blutig niedergeschlagen wurde.

Die Entschädigungszahlungen an die Gewinner des Krieges ließen Deutschland ausbluten. Not war die Folge. Das Propagandaplakat fordert einen »gerechten Frieden«.

Bayern und die Nationalsozialisten

Bayern dagegen war fest in der Hand der Rechten. Der konservative Regierungschef Kahr wollte das Land zu einer – wie er es selbst nannte – »Ordnungszelle« machen, die auf ganz Deutschland ausstrahlen sollte. Das brachte ihn jedoch in Konflikt mit der Reichsregierung in Berlin, zumal er mit rechtsextremen Politikern und Organisationen zusammenarbeitete, auf deren Konto eine ganze Reihe von Attentaten und Anschlägen gingen. Auch Adolf Hitler und seine antidemokratische und judenfeindliche NSDAP wurden von Kahr hofiert. Hitlers Handstreich am 8. November 1923 überraschte jedoch auch den bayerischen Regierungschef, der es im Bürgerbräukeller zunächst ablehnte, mit Hitler gemeinsame Sache zu machen.

15. November 1923
Die neu gegründete Deutsche Rentenbank gibt als Ersatz für die entwertete Papiermark die Rentenmark aus. Der Wechselkurs zur Papiermark beträgt 1:1 Billion. Durch diese Maßnahme stabilisiert sich die Währung.

23. November 1923
Mit dem »MICUM«-Abkommen zwischen einer alliierten Kommission und der Ruhrindustrie endet der Ruhrkampf

Unter der Führung Adolf Hitlers wurde die Nationalsozialistische Partei zum Sammelbecken der immer zahlreicher werdenden Unzufriedenen: Fast ein Jahr vor dem Putschversuch, im Januar 1923, begingen die Nationalsozialisten auf dem Münchner Marsfeld ihren Parteitag.

Erst als der ehemalige Weltkriegsgeneral Ludendorff auftrat und sich für Hitler aussprach, schien der so unsanft kaltgestellte Kahr überzeugt und sicherte Hitler seine Unterstützung zu.

Die Putschisten am Ende

In der Nacht widerrief Kahr seine Zusage jedoch wieder und stellte sich gegen die Putschisten. Am Morgen des 9. November herrschte Verwirrung in der Stadt. Plakate kündeten vom Machtwechsel, und tausende Menschen versammelten sich im Zentrum Münchens. Doch hatten es die Putschisten versäumt, strategisch wichtige Gebäude in ihre Hand zu bekommen. General Ludendorff schlug schließlich einen Marsch durch die Innenstadt vor. Gegen Mittag setzte sich der Zug in Bewegung – mit Ludendorff und Hitler an der Spitze. Mit Widerstand rechnete niemand. Doch am Odeonsplatz stellte sich ihnen plötzlich die Polizei in den Weg. Es folgte eine wilde Schießerei. Hitler stürzte zu Boden, doch sein Leibwächter warf sich schützend auf ihn und wurde von mehreren Kugeln getroffen. Ludendorff schritt unbeirrt weiter – aber niemand beachtete ihn mehr. Adolf Hitler flüchtete leicht verletzt. Wenig später verhaftete ihn die Polizei.

Im Februar 1925, ein gutes Jahr nach dem Putschversuch, ruft Adolf Hitler zur Massenversammlung.

30. November 1923
Die Reparationskommission beauftragt den Finanzexperten Dawes mit der Ausarbeitung eines neuen Reparationsplans

30. August 1924
Ausgabe der Reichsmark als neues gesetzliches Zahlungsmittel und Ersatz für die Übergangswährung Rentenmark

1. September 1924
Der Dawes-Plan zur Reparationszahlung tritt in Kraft und sorgt für eine Stabilisierung der Verhältnisse

Auf dem Weg zur Macht

Drei Monate später wurde ihm und den anderen Putschisten der Prozess gemacht. Die Verhandlung war ein abgekartetes Spiel, denn insgeheim bewunderten die Richter den NSDAP-Führer. Hitler erkannte seine Chance. Er nahm alle Verantwortung auf sich und drängte mit seinen Auftritten vor Gericht sogar den Volkshelden Ludendorff aus der Führungsrolle. Das Urteil für Hitler lautete fünf Jahre Haft, von denen er neun Monate absitzen musste – Zeit genug, um seine politische Taktik zu überdenken. Fortan gelobte er, sein Ziel, in Deutschland an die Macht zu kommen, auf legalem Weg zu erreichen. Gut neun Jahre später war er tatsächlich Reichskanzler – doch da wurde ihm die Macht, wie ein Beobachter schrieb, »auf dem Silbertablett serviert«.

Adolf Hitler und die NSDAP

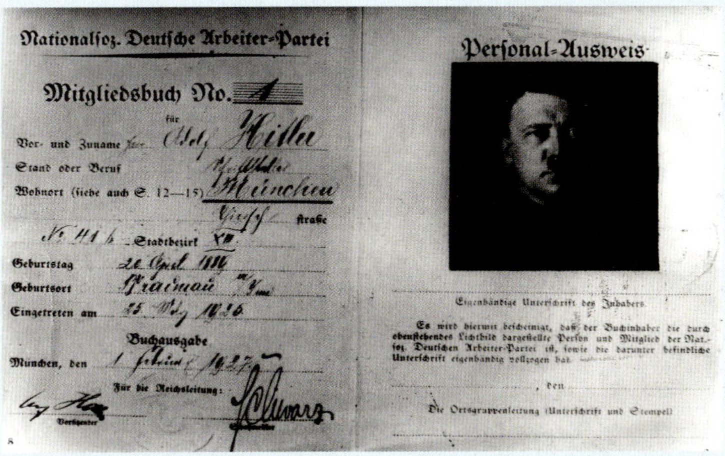

Nationalsoz. Deutsche Arbeiter-Partei

Mitgliedsbuch No. 1

für

Vor- und Zuname

Stand oder Beruf

Wohnort (siehe auch S. 12—15)

straße

Stadtbezirk

Geburtstag

Geburtsort

Eingetreten am

Buchausgabe

München, den

Für die Reichsleitung:

Vorsitzender

8

Personal-Ausweis

Eigenhändige Unterschrift des Inhabers

Es wird hiermit bescheinigt, daß der Buchinhaber die durch obenstehendes Lichtbild dargestellte Person und Mitglied der Nat.-soz. Deutschen Arbeiter-Partei ist, sowie die darunter befindliche Unterschrift eigenhändig vollzogen hat.

, den

Die Ortsgruppenleitung (Unterschrift und Stempel)

Nach dem gescheiterten Putsch wurde die Nationalsozialistische Deutsche Arbeiterpartei (NSDAP) verboten und im Februar 1925 wiedergegründet. Adolf Hitler erhielt ihr erstes Parteibuch.

Der 1889 geborene Adolf Hitler war künstlerisch begabt, hatte aber keinen ordentlichen Schulabschluss. Nachdem er an der Kunstakademie in Wien abgelehnt wurde, lebte er mehr schlecht als recht von Gelegenheitsarbeiten. Im Ersten Weltkrieg kämpfte er als Kriegsfreiwilliger an der Front. Die Revolution 1918 missfiel ihm – er behauptete, die Juden seien schuld an Deutschlands Niederlage. 1919 wurde er Mitglied der rechtsradikalen »Deutschen Arbeiterpartei«. Mit seinem Redetalent zog er zahlreiche neue Mitglieder an und setzte sich bald allein an die Spitze der Partei, die sich nun NSDAP nannte. Seine wichtigsten Ziele waren die Revidierung des Versailler Vertrags und die Vertreibung der Juden aus Deutschland.

21. Januar 1924
In Russland stirbt der Revolutionär Wladimir Iljitsch Uljanow, genannt Lenin

12. Februar 1924
Die »Rhapsody in Blue«, eines der bekanntesten Werke des US-Komponisten George Gershwin, wird in New York uraufgeführt

1924–1929
Nach überwundener Inflation herrscht in Deutschland ein halbes Jahrzehnt lang Lebensfreude

Die Ruhe vor dem Sturm

Die Goldenen Zwanziger

Die Jahre zwischen Inflation und Weltwirtschaftskrise – sie gelten bis heute als die vielleicht interessanteste Zeit in der Geschichte der Weimarer Republik. Nie zuvor und nie danach schien das Leben so modern, so frei und fortschrittlich wie zwischen 1923 und 1929. Doch die fröhlichen Jahre fanden ein jähes Ende.

Nach den Schrecken des Ersten Weltkriegs kannte die Lebensfreude kaum Grenzen. Doch am Ende waren die Goldenen Zwanziger nur das Vorspiel zur größten Katastrophe der Geschichte.

3. März 1924
In der Türkei wird das Kalifat abgeschafft

4. Mai 1924
Bei den Reichstagswahlen erzielen die radikalen Parteien (Kommunisten und Nationalsozialisten) viele Stimmen

8. August 1924
In der Hauptstadt Berlin geht die elektrische S-Bahn in Betrieb

Eine kurze Epoche überschäumender Lebensfreude

Die Zuschauer saßen gespannt in ihren Sitzen. Sie waren an diesem 14. Januar 1926 ins Nelson-Theater am Kurfürstendamm in Berlin gekommen, um ein Programm zu sehen, das als »Revue Nègre« angekündigt war. Der Vorhang hob sich, und ein muskulöser Schwarzer im Lendenschurz trug ein schlankes, dunkelhäutiges Mädchen auf die Bühne. Den Zuschauern stockte der Atem: Das bezaubernde Wesen vor ihnen war ganz nackt – bis auf eine rosa Flamingofeder zwischen den Schenkeln! Bevor die meisten erfassen konnten, was sich da vor ihren Augen abspielte, setzte die Musik ein – und mit ihr ein Tanz, wie ihn Deutschland bis dahin noch nicht gesehen hatte. Zu rhythmischem Trommelklang entfesselten die beiden Tänzer einen wilden Reigen von Erotik und Leidenschaft. Das Publikum war schockiert und bezaubert zugleich.

25. Oktober 1929, vor der Börse von New York. Mit einem Schlag fallen die Aktienkurse, Unruhe erfasst die Wirtschaft auf der ganzen Welt: Der Beginn der Weltwirtschaftskrise.

Der schwarze Freitag

Die Goldenen Zwanziger gab es nicht nur in Deutschland. Auch in den USA spricht man von den »Roaring Twenties« (Wilden Zwanzigern). Die Wirtschaft boomte, und viele Menschen investierten ihr Geld an der Börse. Amerikanische Banken konnten viele Kredite nach Europa vergeben, vor allem nach Deutschland. Doch 1929 zeigte sich, dass die US-Wirtschaft viele Waren produziert hatte, für die gar kein Bedarf bestand. Die Börsenkurse sanken. Am 25. Oktober 1929, dem »Schwarzen Freitag«, fielen die Kurse dann so stark, dass die Börse zusammenbrach. Die Banken verlangten jetzt auf der Stelle ihr Geld samt Zinsen zurück. Diese Forderungen trafen vor allem die deutsche Wirtschaft hart. Die Weltwirtschaftskrise begann.

20. Dezember 1924
Adolf Hitler muss seine Strafe wegen des Putschversuchs von 1923 nicht zu Ende verbüßen und wird freigelassen

27. Februar 1925
Neugründung der Nationalsozialistischen Deutschen Arbeiterpartei (NSDAP), sie hat bald 27 000 Mitglieder

28. Februar 1925
Tod des Reichspräsidenten Friedrich Ebert

Josephine Baker in ihrem legendären knappen Bühnenoutfit. Die amerikanische Tänzerin steht als Symbol für eine ganze Epoche: die Goldenen Zwanziger.

Die Welt steht kopf

Die freizügigen Auftritte von Josephine Baker – so der Name der Tänzerin – gelten bis heute als das Symbol einer Zeit, die man später die Goldenen Zwanziger nannte. Damals schien die ganze Welt kopfzustehen. Nach den entbehrungsreichen Kriegs- und Nachkriegsjahren brach sich eine Vergnügungssucht Bahn, die alte Traditionen über Bord warf. »Hoppla, wir leben«, hieß die populäre Devise. Trotzdem: Wer immer diesen Jahren das Etikett »golden« verpasst hat – er war ein Meister der Verdrängung. Denn die Epoche begann zwielichtig – 1923, in den Wirren der Inflation. Große Teile der Bevölkerung verarmten. Schieber und Spekulanten machten gute Geschäfte. »Raffkes« nannte sie der Volksmund. Die verjubelten ihr heute ergaunertes Geld gern mit vollen Händen – morgen konnte es schon nichts mehr wert sein.

Kampf der Inflation

Dass die Krise der Inflation überhaupt überwunden werden konnte, war vor allem einem Mann zu verdanken: Gustav Stresemann. Der Poli-

»Großstadt« nannte der expressionistische Künstler Otto Dix sein Gemälde. Der Parkettboden kippt nach unten weg, die Menschen haben zum Teil groteske Gesichter – Hinweise auf das herannahende Unheil?

25. April 1925
Paul von Hindenburg wird zum deutschen Reichspräsidenten gewählt

16. Juni 1925
Eine Volkszählung ergibt für Deutschland eine Einwohnerzahl von 62,5 Millionen (ohne das Saarland)

Juli 1925
Der erste Band von Hitlers »Mein Kampf« erscheint

tiker der liberalen Deutschen Volkspartei beendete als Reichskanzler den passiven Widerstand gegen die Ruhrbesetzung und sagte der Inflation den Kampf an. Wenige Tage nach dem Hitlerputsch wurde eine neue Währung eingeführt. Für eine Billion der alten Reichsmark bekam man ab dem 15. November 1923 eine neue Rentenmark – und diese war wieder durch Sachwerte gedeckt. Zwar verloren mit dieser Maßnahme viele Menschen, die Geld auf der Bank gespart hatten, ihr Vermögen. Doch die Wirtschaft stabilisierte sich daraufhin zusehends – auch durch ausländische Kredite, die jetzt wieder nach Deutschland flossen.

Mit der Einführung der »Rentenmark« stabilisierte sich die Wirtschaft

Deutschland gewinnt wieder Ansehen

Auch nach außen hin setzte Stresemann Akzente: Er betrieb eine Politik der Aussöhnung mit dem vormaligen Kriegsgegner Frankreich, um den Versailler Vertrag auf friedlichem Wege zu überwinden. Sein größter Erfolg war es, dass Deutschland Ende 1926 in den Völkerbund aufgenommen wurde. Die Deutschen genossen wieder Ansehen in der Welt – nicht zuletzt auch wegen ihrer Künstler und Wissenschaftler. In der Kinometropole Berlin entstanden damals Filme von Weltruf, Bertolt Brechts »Dreigroschenoper« wurde zu einem grandiosen Theatererfolg. Schriftsteller wie Thomas Mann oder Hermann Hesse veröffentlichten viel beachtete Werke. In der Architektur prägte das »Bauhaus« einen ganz neuen, sachlichen Stil. Deutsche Forscher erhielten zahlreiche Nobelpreise für Physik und Chemie.

Uraufführung von Brechts »Dreigroschenoper« in Berlin: Das Stück mit Musik von Kurt Weill wurde ein Welterfolg.

Kultur für die Massen

Die Goldenen Zwanziger – das waren vor allem aber ganz neue, breit gefächerte kulturelle Angebote für die Masse der Bevölkerung. Die Übergänge von der hohen Kunst zur leichten Muse waren dabei fließend – Revuegirls fegten jetzt über Bühnen, die zuvor nur schwere Kost geboten hatten. Zahlreiche

3./4. Juli 1926
Auf dem NSDAP-Parteitag wird die Hitler-Jugend gegründet

8. September 1926
Deutschland wird in den Völkerbund aufgenommen, die Vorläuferorganisation der Vereinten Nationen (UN)

20. bis 27. Mai 1927
Der amerikanische Flugpionier Charles Lindbergh überfliegt erstmals den Atlantik (New York–Paris)

Das Grammophon, auch ein Symbol der Epoche: Mit diesem Vorläufer des Plattenspielers und CD-Players wurde Musik mobil.

Clubs und Kabaretts warteten auf Kundschaft. Grammophon und Radio machten freche Schlager populär. Überall wurde getanzt: Der Charleston – ein schneller rhythmischer Modetanz aus Amerika – kam nach Deutschland. Zum ersten Mal bewegte man sich nicht nur nach festen Schrittfolgen mit den Beinen, sondern tanzte mit dem ganzen Körper. Sportarten wie Fußball, Boxen oder Motorsport wurden zu einem Massenphänomen. Zu wichtigen Sportereignissen wie den Endspielen um die Deutsche Fußballmeisterschaft strömten schon damals hunderttausende Zuschauer.

Metropole Berlin

Das neue Lebensgefühl dieser Jahre zeigte sich freilich vorwiegend in den Großstädten. In der Provinz und auf dem Land ging das Leben seinen gewohnten Gang. Vor allem die Millionenstadt Berlin war jedoch eine pulsierende Metropole. Besonders die zahlreichen Angestellten amüsierten sich im Nachtleben: Sekretärinnen, Telefonistinnen und Verkäuferinnen, Buchhalter, Handlungsgehilfen oder Vertreter. Sie tanzten im »Haus Vaterland« am Potsdamer Platz, trafen sich in einer der zahlreichen Mokkabars an der Friedrichstraße zum Rendezvous oder bewun-

Auch das war neu in den 1920er-Jahren: Revuegirls in knappen Röckchen.

25. Mai 1928
Bei einem Flug über den Nordpol geht das Luftschiff »Italia« von Umberto Nobile verloren

September 1928
Der britische Forscher Alexander Fleming entdeckt das lebensrettende Antibiotikum Penicillin

25. Oktober 1929
»Schwarzer Freitag« an der New Yorker Börse, Beginn der Weltwirtschaftskrise

derten im Gloria-Palast an der Gedächtniskirche die neuesten Kinofilme.

Die schönen Tage sind zu Ende

Die Ära der Freizügigkeit und Lebenslust war jedoch nur von kurzer Dauer. Am »Schwarzen Freitag« kam es in New York zum großen Knall: Die Börsenkurse fielen ins Bodenlose und stürzten die gesamte Weltwirtschaft in eine dramatische Krise. Deutschland wurde ganz besonders schwer getroffen. Der Wirtschaftsaufschwung war zu Ende, die Arbeitslosigkeit nahm rapide zu. Jetzt schlug wieder die Stunde der radikalen Parteien, vor allem der Kommunisten und der Nationalsozialisten. Sie gewannen in den folgenden Jahren immer neue Anhänger. Besonders die Nazis kamen bei den verunsicherten und bedrückten Menschen an. Bei den Wahlen des Jahres 1932 gaben mehr als ein Drittel der Wähler ihre Stimme der NSDAP, deren »Führer« Adolf Hitler danach immer vernehmlicher die Macht in Deutschland forderte.

Am Ende der Goldenen Zwanziger stand der Aufstieg der Nazis, die Deutschland und die halbe Welt ins Chaos stürzen sollten: Aufmarsch der SA in Bernau, 1927.

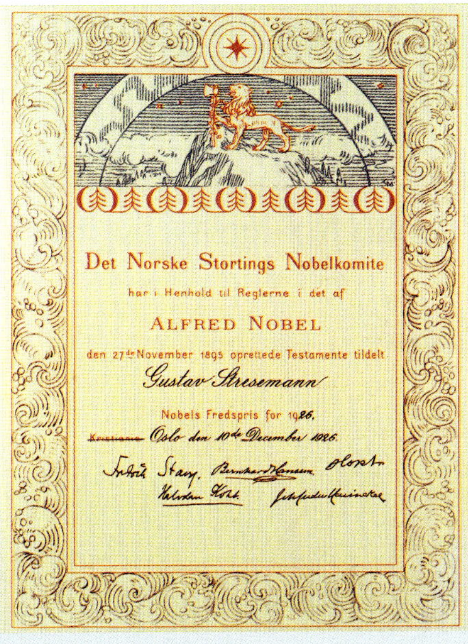

Det Norske Stortings Nobelkomite
har i Henhold til Reglerne i det af
ALFRED NOBEL
den 27de November 1895 oprettede Testamente tildelt
Gustav Stresemann
Nobels Fredspris for 1926.
~~Kristiania~~ Oslo den 10de December 1926.

Gustav Stresemann

Gustav Stresemann war eigentlich ein überzeugter Anhänger des Kaisers und trat für ein starkes Deutsches Reich ein. Doch nach der Niederlage im Ersten Weltkrieg wandelte er sich: Nun verteidigte er die Republik – aus Gründen der politischen Vernunft, wie er selbst sagte. Im August 1923 wurde er Reichskanzler, später amtierte er als deutscher Außenminister. Für seine Politik der Aussöhnung mit Frankreich erhielt er 1926 den Friedensnobelpreis. 1929 starb er im Alter von erst 51 Jahren in Berlin.

Für seine Verdienste um die Völkerverständigung erhielt Gustav Stresemann den Friedensnobelpreis: die Verleihungsurkunde.

14. September 1930
Bei der Reichstagswahl wird die Hitler-Partei NSDAP mit 18,3% der Stimmen zweitstärkste Partei

31. Juli 1932
Mit 37,3% der Stimmen wird die NSDAP bei der Reichstagswahl stärkste Partei

1933
Am 30. Januar ernennt Reichspräsident Hindenburg Adolf Hitler zum Reichskanzler

Der legale Beginn einer Schreckensherrschaft

Die Machterschleichung

Der 30. Januar 1933 gilt als der Schicksalstag deutscher Geschichte: Adolf Hitler wurde Reichskanzler. Danach dauerte es keine 18 Monate, bis Deutschland eine totalitäre Diktatur war, keine sieben Jahre, bis es die Welt in den Krieg stürzte, und nur zwölf Jahre, bis es in Schutt und Asche lag – diskreditiert durch den Mord an Millionen Menschen.

Adolf Hitler, der große Volksverführer, badete gern in der Menge und ließ sich von den Massen bejubeln.

1. Februar 1933
Präsident von Hindenburg löst den Reichstag auf

27.–28. Februar 1933
Der niederländische Anarchist Marinus van der Lubbe setzt das Reichstagsgebäude in Berlin in Brand

28. Februar 1933
Notverordnung »Zum Schutz von Volk und Staat« erlassen

Die Republik weicht der Nazi-Diktatur

Die verheerenden Folgen von Hitlers zwölfjähriger Herrschaft haben immer wieder den Blick auf diesen Tag gelenkt: War der 30. Januar 1933 zu verhindern? Wer hat Fehler gemacht? Hat das Volk dem Reichspräsidenten Paul von Hindenburg und seinen Beratern keine andere Wahl gelassen? Oder ernannte der Reichspräsident Hitler zum Reichskanzler aus Angst vor seinem eigenen Volk?

Hitler selbst und seine Anhänger haben diesen Tag stets als »Machtergreifung« gefeiert. Sie behaupteten, ihre Machtübernahme sei eine »nationale Revolution« gewesen, eine »Volkserhebung«. Nichts von dem stimmt. Durch eine Intrige, durch eiskaltes, machtpolitisches Kalkül kam Hitler an die Macht – es war eine »Machterschleichung«. Was war passiert?

Paul von Hindenburg, deutscher General und Reichspräsident, ernannte den Gefreiten Adolf Hitler zum Reichskanzler – eine der folgenreichsten Entscheidungen der Weltgeschichte.

Arbeitslosigkeit und Straßenkämpfe

Eigentlich war die Weimarer Republik eine Demokratie: Die Regierung war abhängig von der Zustimmung des Parlaments, des Reichstags. Doch noch mächtiger als das Parlament war der Reichspräsident: Er konnte den Regierungschef, den Reichskanzler, ernennen, den Reichstag, wann immer er wollte, auflösen und – in Notfällen – mithilfe so genannter »Notverordnungen« ohne dessen Zustimmung regieren. Das war in Deutschland schon seit 1930 der Fall: Seit dem »Schwarzen Freitag« wütete auch hier die Weltwirtschaftskrise – und binnen kurzer Zeit waren sechs Millionen Menschen arbeitslos. In dieser Situation gab es keine parlamentarischen Mehrheiten mehr: Von links wollte die KPD die Republik beseitigen und durch eine Revolution eine kommunistische Räterepublik wie in Russland schaffen. Von rechts wollte Hitlers NSDAP die Republik beseitigen und einen diktatorischen Führerstaat schaffen. In vielen Städten kam es zu Straßenschlachten. Weil die übri-

5. März 1933
Bei den Reichstagswahlen erhält die NSDAP 43,9% der Stimmen – und verfehlt damit die absolute Mehrheit

21. März 1933
Am »Tag von Potsdam« präsentieren sich die Nationalsozialisten als Fortführer preußisch-deutscher Tradition

21. März 1933
Der SS-Führer Heinrich Himmler gibt die Einrichtung des Konzentrationslagers Dachau bekannt

Straßenkämpfe zwischen rechten und linken Kräften bestimmten das Bild in Deutschland vor der »Machtergreifung« durch Hitler.

gen Parteien zersplittert und zerstritten waren, gab es nur noch Regierungen, die vor allem von der Zustimmung des Reichspräsidenten abhängig waren (so genannte Präsidialkabinette).

Einbruch bei der Wahl

Hitlers NSDAP war im Juli 1932 die stärkste Partei im Reichstag geworden. Doch Reichspräsident Hindenburg weigerte sich, Hitler zum Reichskanzler zu ernennen. Umgekehrt weigerte sich Hitler, sich an einer Regierung zu beteiligen, in der er nicht Reichskanzler war. So blieb die NSDAP außen vor. Als im November 1932 schon wieder gewählt wurde, verlor Hitlers Partei zwei Millionen Stimmen. Unmut machte sich breit. Die Parteikassen waren leer. An Weihnachten mussten frierende Parteigenossen in ihren braunen Hemden auf den Straßen Berlins mit der Sammelbüchse um Spenden betteln. »Die Vergangenheit war schwer, und die Zukunft ist dunkel und trübe«, notierte Joseph Goebbels, Hitlers Propagandachef, als Jahresbilanz.

Kurt von Schleicher war nur knapp zwei Monate lang deutscher Reichskanzler. Er musste seinen Platz für Adolf Hitler räumen.

Ein Antidemokrat als Präsident der Republik

Die NSDAP befand sich im Winter 1932/1933 also keineswegs auf einem Siegeszug. Doch Reichspräsident Paul von Hindenburg war ein alter Mann, 85 Jahre, und er war kein Demokrat: Er hatte dem Kaiser als General ge-

23. März 1933
Mit dem »Ermächtigungsgesetz« erhält die Regierung die Befugnis, Gesetze ohne das Parlament zu beschließen

10. Mai 1933
In Berlin veranstaltet die NSDAP eine öffentliche Verbrennung der Bücher missliebiger Autoren

19. Oktober 1933
Deutschland verlässt den Völkerbund

dient, war im Ersten Weltkrieg Generalstabschef gewesen. Er fühlte sich seinen Standesgenossen verpflichtet, den adligen Großgrundbesitzern östlich der Elbe. Als der amtierende Reichskanzler Kurt von Schleicher diese ostelbischen Junker kritisierte, nahmen ihm das viele von Hindenburgs Freunden übel, unter anderem Franz von Papen, Schleichers Vorgänger als Reichskanzler. Gemeinsam mit anderen sponn er eine Intrige: Schleicher sollte abgelöst werden, ein rückwärtsgewandter, autoritär regierter Ständestaat musste her.

Der starke Mann

Davon träumten auch viele Bürgerliche: Sie hatten Angst vor der radikalen Arbeiterbewegung und der KPD, vor einer linken Revolution und vor dem Verlust von Eigentum und Einfluss. Von der Demokratie hielten viele von ihnen ohnehin wenig. Mancher hatte die Hoffnung, ein starker Mann an der Spitze würde die Probleme des Landes lösen, die linke Gefahr stoppen und den Bürgern wieder zu einer herausgehobenen Stellung gegenüber den Arbeitern verhelfen – so wie sie sie im Kaiserreich gehabt hatten.

Die Brandstiftung im Reichstag durch einen niederländischen Kommunisten nutzten die Nazis für die Einführung diktatorischer Maßnahmen.

Eine Formation der berüchtigten Schutzstaffel (SS) mit Standarten marschiert durch Nürnberg – die Menschen sind begeistert.

Wer waren Hitlers Wähler?

Früher dachte man, vor allem die Arbeitslosen hätten Hitler gewählt. Heute weiß man, das stimmt nicht: Die Wähler kamen aus allen Schichten der Gesellschaft. Die NSDAP war schon eine Volkspartei. Überproportional viele Wähler kamen aus dem bürgerlichen Mittelstand: Handwerker, Händler, Angestellte, Beamte. Sie hatten in der Weltwirtschaftskrise Angst vor sozialem Abstieg. Schwach war Hitlers Partei nur in katholischen Gebieten und im sozialdemokratischen und kommunistischen Arbeitermilieu.

12. November 1933
Volksabstimmung über den Austritt aus dem Völkerbund mit »Reichstagswahl« gekoppelt, 92% für die NSDAP

30. Juni 1934
»Röhm-Putsch«: Hitler entmachtet die zu stark gewordene SA

2. August 1934
Tod des Reichspräsidenten Paul von Hindenburg

1933 sprach Hitler in Dortmund vor den »Sturmabteilungen« (SA). Im Sommer 1934 ließ er den Führer der SA, Ernst Röhm, ermorden. Die Truppe war Hitler zu stark geworden.

Hitler als Marionette? – Eine Illusion

Natürlich fehlte für solche Vorhaben die Zustimmung im Volk. Deshalb entwarf Franz von Papen einen Plan: Hitler, der Blender und Volksverführer, sollte die Massenbasis liefern, die konservative Elite würde im Hintergrund die politischen Strippen ziehen. Dazu sollte Hindenburg eine Regierung ernennen, in der Hitler zwar endlich Reichskanzler werden durfte, aber »eingerahmt« von konservativen Ministern. Franz von Papen selbst

Der Aufstieg der NSDAP

Der NSDAP gelang nach dem gescheiterten Putsch von 1923 ein kometenhafter Aufstieg von der Splitterpartei zur stärksten Partei. Nach seiner Haftentlassung gründete Hitler die Partei 1925 neu, um auf gesetzlichem Wege an die Macht zu kommen. Nach anfänglichen 2,6 Prozent 1928 profitierte seine Partei ab 1930 von der wirtschaftlichen und politischen Krise. Bei der Reichspräsidentenwahl im April 1932 konkurrierte Hitler direkt mit Hindenburg, unterlag aber. Im Juli 1932 wurde die NSDAP mit 37 Prozent stärkste Partei im Reichstag. Ende 1932 hatte die Partei den Zenit überschritten. Und noch bei der Wahl 1933 nach dem Reichstagsbrand verfehlte sie die absolute Mehrheit.

19. August 1934	13. Januar 1935	15. September 1935
In einer manipulierten Volksabstimmung lässt sich Hitler zum Reichspräsidenten und -kanzler in einer Person machen	Volksabstimmung im Saargebiet: über 90% für Zugehörigkeit zu Deutschland	Der Reichstag beschließt die Nürnberger »Rassengesetze«, die gesetzliche Grundlage der Judenverfolgung

wollte Vizekanzler werden und prahlte schon: »In zwei Monaten haben wir Hitler in die Ecke gedrückt, dass er quietscht.« Das folgenreichste Fehlurteil in der deutschen Geschichte.

Weg zur Diktatur

In Wahrheit ging Hitler unter dem Vorwand einer Brandstiftung im Reichstag gegen Kommunisten und Sozialdemokraten vor (28. Februar 1933). Dann ließ er der Regierung das Recht übertragen, Gesetze zu beschließen (23. März 1933) und schaffte die Unabhängigkeit der einzelnen Länder im Reich ab (31. März 1933). Oppositionelle und Juden wurden willkürlich aus dem Staatsdienst entlassen (7. April 1933), die Gewerkschaften zerschlagen (2. Mai 1933). Schließlich mussten sich alle Parteien außer der NSDAP selbst auflösen oder wurden verboten. Die Gegner innerhalb seiner Partei ließ Hitler im »Röhm-Putsch« 1934 ermorden. Am Ende, nach dem Tod des Reichspräsidenten Hindenburg, übertrug er sich auch noch dessen Rechte (2. August 1934) – und nannte sich fortan »Führer und Reichskanzler«.

Schicksal?

Was nach Hitlers Ernennung zum Reichskanzler geschah, wirkt wie ein generalstabsmäßiger Plan zur Errichtung der Diktatur in Deutschland – und doch: Hätten die traditionellen Eliten um Reichspräsident Hindenburg, hätte die Bevölkerungsmehrheit Hitler die Gefolgschaft zu diesem frühen Zeitpunkt verweigert – es hätte wohl nicht diesen »Führerstaat« gegeben, der Deutschland bis 1945 in den vollständigen Untergang führen sollte. Für die Zeit zwischen dem 30. Januar 1933 und dem 2. August 1934 gilt: Durch menschliches Versagen hatte es so kommen können. So kommen musste es jedoch nicht.

Ernst Röhm, SA-Führer, selber Nazi und Opfer Hitlers.

Nach dem Reichstagsbrand ging Hitler mit Gewalt gegen die Opposition vor: willkürliche Verhaftungen durch die SA.

Juni 1933
Die Nazi-Regierung verpflichtet sich gegenüber dem Olympischen Komitee zur Einhaltung der olympischen Regeln

Dezember 1935
Auf der Jahresversammlung der amerikanischen Athletenunion unterliegen die Befürworter eines Boykotts der Spiele

1936
In Deutschland finden im August die Olympischen Sommerspiele statt. Die Nazis nutzen sie als Propagandaforum

Olympische Spiele im Deutschland der Nazis

Der schöne Schein

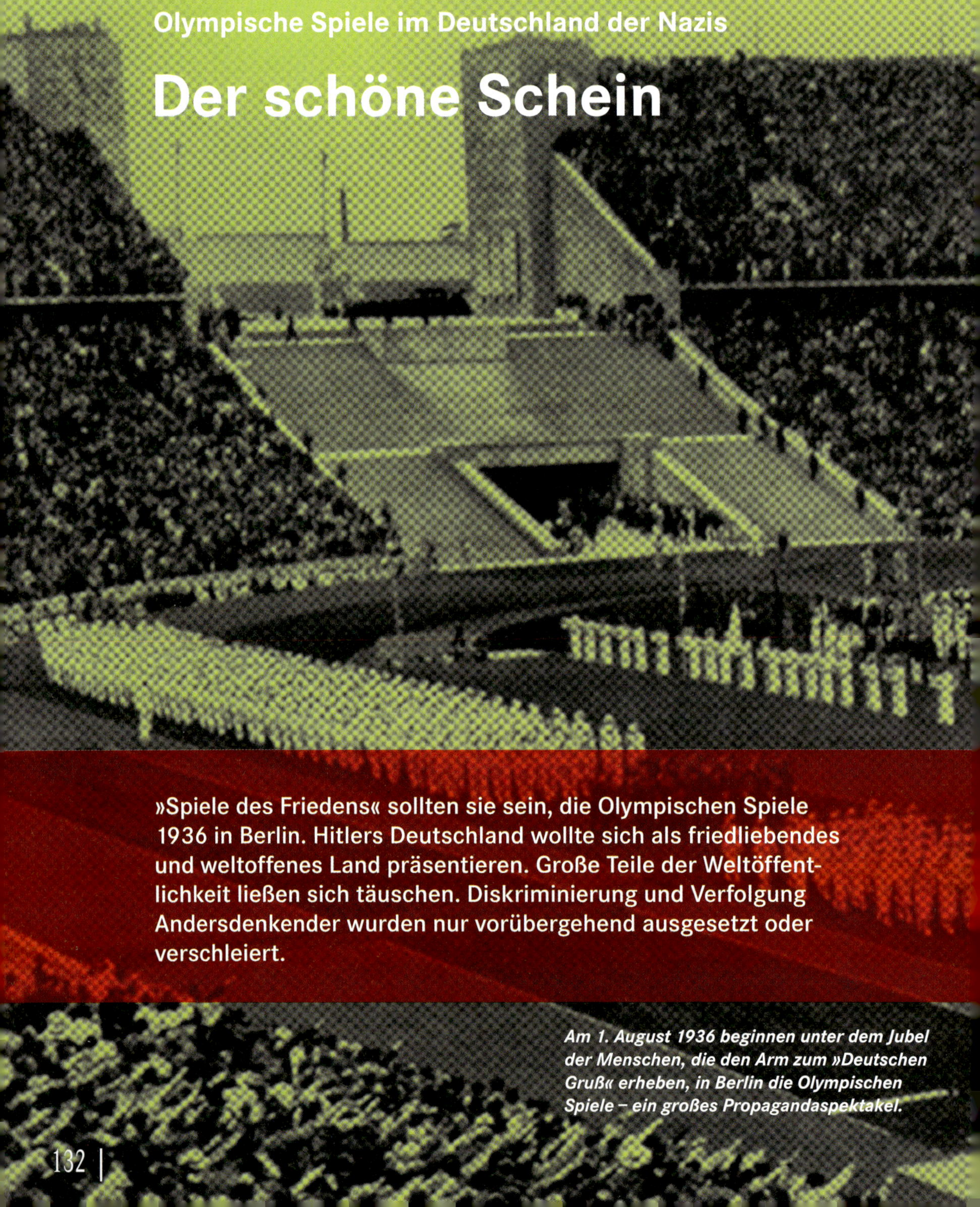

»Spiele des Friedens« sollten sie sein, die Olympischen Spiele 1936 in Berlin. Hitlers Deutschland wollte sich als friedliebendes und weltoffenes Land präsentieren. Große Teile der Weltöffentlichkeit ließen sich täuschen. Diskriminierung und Verfolgung Andersdenkender wurden nur vorübergehend ausgesetzt oder verschleiert.

Am 1. August 1936 beginnen unter dem Jubel der Menschen, die den Arm zum »Deutschen Gruß« erheben, in Berlin die Olympischen Spiele – ein großes Propagandaspektakel.

6. Februar 1936
In Garmisch-Partenkirchen werden die IV. Olympischen Winterspiele eröffnet

Februar 1936
Während der Olympischen Winterspiele werden »Juden unerwünscht«-Schilder und Ähnliches entfernt

1. Mai 1936
Ab diesem Datum bekommen alle deutschen Brautpaare ein Exemplar von Hitlers »Mein Kampf«

Deutschland blendet die Welt mit dem friedlichen Fest der Völker

Die 100 000 Zuschauer im Berliner Olympiastadion waren schier aus dem Häuschen – und das nicht allein, weil die deutschen Sportler auf dem dritten Platz im Staffellauf über 4 x 100 Meter gelandet waren. Ein junger schwarzer US-Leichtathlet hatte soeben seine vierte olympische Goldmedaille gewonnen – Jesse Owens. Nach Einzelerfolgen über 100 und 200 Meter sowie im Weitsprung triumphierte er nun auch in der Staffel. Man schrieb den 9. August 1936. Die Berichterstatter schwelgten in Superlativen: »Ebenholz-Express« nannten sie ihn, »schwarzer Panther« oder einfach nur die »Antilope«. Auch das Berliner Publikum jubelte dem bescheidenen, sympathischen Amerikaner zu. Eine US-Zeitung brachte die Sache auf den Punkt: Jesse Owens habe »dem Diktator Adolf Hitler das Rampenlicht« gestohlen.

Dr. Joseph Goebbels, der Propagandaminister der Nazis, ein wahrer Virtuose der Hetze und Volksverführung.

Propagandaministerium

Das kurz nach Hitlers »Machtergreifung« 1933 eingerichtete »Ministerium für Volksaufklärung und Propaganda« war etwas Neues in der deutschen Geschichte. Es kontrollierte die gesamte deutsche Presse, den Film und den Rundfunk. Ziel war es, die Deutschen durch eine »geistige Mobilmachung« – wie Goebbels selbst es ausdrückte – zu überzeugten Anhängern des Hitler-Regimes zu machen. Der Propagandaminister ging dabei sehr geschickt vor. Unter anderem ließ er ein billiges Radio bauen, den so genannten Volksempfänger. Damit konnte der Propagandaminister mit seinen Botschaften praktisch das ganze Volk erreichen. Unter anderem entfachte Goebbels eine zügellose Hetze gegen die deutschen Juden.

17. Juli 1936
In Spanien beginnt mit einem Putsch des rechten Generals Franco der Spanische Bürgerkrieg

20. Juli 1936
In den Ruinen des griechischen Olympia wird das Olympische Feuer entzündet

1. August 1936
Im Berliner Lustgarten halten 20 000 Hitler-Jungen eine »Flammenwache« für die olympische Fackel

Im typischen Stil der Zeit: Werbeplakat für die Olympischen Sommerspiele in Berlin

Gegen die olympische Idee

Eigentlich hatten die Nationalsozialisten diese Spiele gar nicht ausrichten wollen. Ihnen war die olympische Idee – das friedliche sportliche Kräftemessen von Menschen aller Hautfarben, Völker und Kulturen – grundsätzlich zuwider. Olympische Spiele galten für sie als Symbol eines verhassten »Internationalismus«, weshalb sie die NSDAP durch »Nationalsozialistische Kampfspiele« ersetzen wollte. Als die Olympiade 1931 als gutgemeinte Geste des Internationalen Olympischen Komitees für die Weimarer Republik nach Berlin vergeben wurde, nannte Hitler die Spiele eine »jüdische Erfindung«. Doch bald erkannten Hitlers Helfer, dass sich die Olympiade auch zu einer NS-Propagandaschau umgestalten ließ.

Am Tag der Eröffnung der Spiele kreist das Luftschiff Hindenburg über dem »Reichssportfeld« in Berlin.

Gigantische Arena

Für rund 100 Millionen Reichsmark, so eine Schätzung, ließ der Diktator ein Sportereignis inszenieren, wie es die Welt noch nicht gesehen hatte. Das »Reichssportfeld« mit dem Olympiastadion war die größte Arena der Welt. Mit rund 3,7 Millionen Besuchern – darunter rund 150 000 Ausländern – wurden in Berlin mehr Zuschauer gezählt als bei allen vorherigen Spielen zusammen. Hinzu kamen zahlreiche Neuerungen: Neue Zeitmessgeräte wurden getestet, zusätzliche Disziplinen wie

Sommer 1936
In der Nähe von Berlin errichten Häftlinge auf Befehl der SS das Konzentrationslager Sachsenhausen bei Berlin

13. August 1936
Die deutsche Luftwaffe greift ein Kriegsschiff der legalen spanischen republikanischen Regierung an

7. November 1936
Die deutsche »Legion Condor« greift auf Seiten des Putschgenerals Franco in den Spanischen Bürgerkrieg ein

Handball oder Kanurennen eingeführt. Auch wurde ein Fackellauf ins olympische Rahmenprogramm aufgenommen: In Griechenland, in den Ruinen der antiken Stadt Olympia, wurde ein Feuer entzündet. Tausende Läufer trugen es dann über mehr als 3000 Kilometer durch sieben Länder nach Berlin, wo es während der Dauer der Olympiade im Stadion brannte. Bahnbrechend waren die Entwicklungen auch im Bereich der Medien. Mit 3000 Sendungen in fünfzig Sprachen gab es erstmals so etwas wie eine »totale Rundfunkübertragung« der Olympiade. Wirklich frei war die Berichterstattung jedoch nicht: Das Ministerium von Propagandaminister Goebbels kontrollierte die Sendungen, genauso wie alle Fotos, die während der Wettkämpfe geschossen wurden.

Die glänzende Vorderseite der Medaille: Olympische Goldmedaille 1936.

Falsches Bild

Für cinigc Wochen wurde das »Dritte Reich« zum glänzenden Ausstellungsstück für die Welt getrimmt. In seiner Zeitung »Der Angriff« forderte Goebbels von den Berlinern: »Wir müssen charmanter sein als die Pariser, leichtlebiger als die Wiener, lebhafter als die Römer, kosmopolitischer als die Londoner und praktischer als die New Yorker.« Die sonst so strengen Sitten wurden etwas gelockert. Der allgegenwärtigen Geheimpolizei wurde Zurückhaltung auferlegt. Es erging die offizielle Anweisung, keine Nazi-Lieder zu singen. Das antisemitische Hetzblatt »Der Stürmer« durfte während der Spiele nur un-

Links: Der griechische Läufer Konstantin Kondyllis mit der für die Olympischen Spiele 1936 entzündeten Fackel.

5. Oktober 1936
Durch den Rügendamm zwischen Stralsund und Rügen wird die Insel mit dem Festland verbunden

1. Dezember 1936
Die Jugendorganisation der NSDAP, die Hitler-Jugend, wird zur offiziellen »Staatsjugend« erklärt

21. März 1937
Papst Pius XI. äußert in einer päpstlichen Botschaft (Enzyklika) seine Sorge über das kirchenfeindliche Deutschland

Ein Bild von Fröhlichkeit, das das wahre Gesicht der Diktatur in Deutschland überlagerte: amerikanische Sportler während der Olympischen Spiele im Berliner Schwimmstadion.

Jesse Owens, der großartige schwarze Athlet und Medaillengewinner aus Amerika, entlarvte mit seinen sportlichen Leistungen das menschenverachtende Rassenbild der Nazis.

ter dem Ladentisch verkauft werden. Schilder wie »Juden sind hier unerwünscht« wurden abmontiert.

Das wahre Gesicht

Die Rechnung der NS-Führung ging auf. Um die Welt gingen Bilder von einem liberalen, ja fast völkerfreundlichen Hitler-Deutschland. Nur hinter den Kulissen, für die Augen der ausländischen Presse kaum spürbar, zeigte das Regime sein wahres Gesicht. Parallel zu den Olympischen Spielen nahm die SS das in der Nähe von Berlin befindliche Konzentrationslager Sachsenhausen in Betrieb. Berliner Sinti und Roma wurden in der ganzen Stadt aufgegriffen und in einem Lager am Stadtrand zusammengepfercht.

Ein Propagandaerfolg

Dass dann ausgerechnet der »Neger« Jesse Owens zum Publikumsliebling der Spiele avancierte, war natürlich ganz und gar nicht in Hitlers Sinne. Im Gegensatz zu den deutschen Goldmedaillengewinnern soll er ihm den fälligen Handschlag verweigert haben. »Die Amerikaner sollen sich schämen, dass sie sich

26. April 1937
Die deutsche »Legion Condor« zerstört in einem Luftangriff die baskische Kleinstadt Guernica in Spanien

1. Januar 1938
Juden dürfen in Deutschland keine Geschäfte und Handwerksbetriebe mehr unterhalten

20. April 1938
An Hitlers 49. Geburtstag wird Leni Riefenstahls Olympia-Film »Fest der Völker« uraufgeführt

ihre Medaillen von Negern gewinnen lassen«, wütete der Diktator. Dennoch konnte er mit den Spielen zufrieden sein: Die Welt hatte sich täuschen lassen. Viele der ausländischen Besucher glaubten an die Friedensbeteuerungen der NS-Führung.

Kriegsvorbereitungen

Tatsächlich jedoch standen die Zeichen auf Sturm. Im März 1935 hatte Hitler die Wehrpflicht wieder eingeführt, im Frühjahr 1936 das entmilitarisierte Rheinland besetzt. Als im Juli 1936 der spanische Bürgerkrieg begann, schickte Hitler Soldaten auf die iberische Halbinsel. Während Berlin die olympischen Spiele feierte, bombardierten deutsche Flugzeuge spanische Städte und Dörfer.

Auf dem Höhepunkt der »Spiele des Friedens« verfasste Hitler eine geheime Denkschrift: Die deutsche Wirtschaft und die deutsche Armee sollten in vier Jahren bereit für einen großen Krieg sein. Das war sein wahres Ziel. Berlin dagegen war nichts als eine Propagandashow: schöner Schein im Zeichen des Hakenkreuzes.

Boykott der Spiele?

Die systematische Entrechtung und Diskriminierung der Juden in Deutschland ließen vor allem in den USA Stimmen laut werden, die Spiele zu boykottieren – das heißt, ihnen bewusst fernzubleiben. Nachdem Hitler jedoch einige Zugeständnisse machte, waren diese Pläne schnell wieder vom Tisch. Jetzt riefen nur noch einige deutsche Hitlergegner, die ihre Heimat nach dem Machtantritt des Diktators verlassen hatten, zum Boykott auf. Doch ihre Botschaft stieß auf taube Ohren – die Sportler der Welt fuhren nach Berlin.

Auch die amerikanische Traditionsfirma Coca-Cola warb mit den Olympischen Spielen von Berlin für ihre Produkte.

1. April 1933
Die nationalsozialistische Organisation SA ruft zum Boykott jüdischer Geschäfte auf

1935
Zunehmende Ausgrenzung der Juden aus dem öffentlichen Leben. Im September »Nürnberger Gesetze«

1938
Von oben befohlene Ausschreitungen der Nazis gegen jüdische Bürger, Geschäfte und Gotteshäuser

Terror gegen Juden – die Gewalt beginnt

Die Pogromnacht

In der Nacht vom 9. auf den 10. November 1938 wurden in Deutschland 1400 Synagogen angezündet und zerstört, 7500 Geschäfte verwüstet und mehr als 400 jüdische Menschen ermordet oder in den Selbstmord getrieben. Nach dieser Bilanz konnte es keinen Zweifel mehr daran geben, wie barbarisch, unmenschlich, verbrecherisch das Nazi-Regime war.

Nun war die Gewalt sichtbar geworden: die brennende Synagoge in Landau in der Pfalz, am 9. November 1938.

5. Januar 1938
Ein Gesetz zwingt Juden in Deutschland zur Annahme »typisch jüdischer« Vor- und Nachnamen

19. Januar 1938
Die »Legion Condor« der deutschen Luftwaffe greift Barcelona an: 100 Menschen sterben

Februar 1938
Jüdische Betriebe erhalten geringere Mengen an Rohmaterialien

Am Feiertag der »Bewegung« brennen in Deutschland die Synagogen

Seit Jahren waren die Juden in Deutschland ausgegrenzt worden: Nur zwei Monate, nachdem Hitler zum Reichskanzler ernannt worden war, hatten die Nazis am 1. April 1933 ihren ersten Boykott gegen jüdische Geschäfte, Banken, Ärzte und Rechtsanwälte inszeniert – damals noch nicht mit dem von ihnen erhofften »Erfolg«: Viele Deutsche hielten das Vorgehen der SA-Schlägertrupps für spontane Einzelaktionen von Hitlers Straßenpöbel und lehnten es ab. Doch durch Beschluss der Regierung wurden schon eine Woche später jüdische Beamte und Angestellte aus der Staatsverwaltung entlassen.

Schon 1933, unmittelbar nach der »Machtergreifung«, gingen die Nazis massiv gegen die jüdische Bevölkerung vor: Ein Mitglied der SA vor dem geschlossenen Eingang des Warenhauses Tietz in Berlin.

Der Wert des Menschen

1935 wurden schließlich die Nürnberger Rassengesetze erlassen: Fortan waren Juden nur noch Menschen zweiter Klasse, ihnen wurden die politischen Rechte aberkannt. Außerdem wurden Ehen und Liebesbeziehungen zwischen Juden und »Staatsangehörigen deutschen oder artverwandten Blutes« als »Rassenschande« verboten. Der pseudo-wissenschaftliche Wahn der Nazis gipfelte in der genauen Abstufung über den Wert eines Menschen: Wer einen jüdischen Elternteil hatte, wurde als »Halbjude« gebrandmarkt, jemand mit einem jüdischen Großelternteil zum »Vierteljuden« erklärt. Wer den Nazis als Jude galt, wurde ge-

Links: Düstere Vision – der Maler Felix Nussbaum porträtierte sich selbst mit Judenpass und Judenstern. Er wurde später im Vernichtungslager Auschwitz ermordet.

27. Februar 1938
In Berlin ist die Ausstellung »Entartete Kunst« zu sehen. Vorher wurde die Ausstellung in München gezeigt

12. März 1938
Die deutsche Wehrmacht besetzt Österreich mit dem Einverständnis der österreichischen Regierung

April 1938
Juden müssen beim Staat ihr gesamtes Vermögen anmelden

Die antijüdische Propaganda war allgegenwärtig: Boykottaufruf gegen jüdische Geschäfte an einer Litfaßsäule in Berlin.

zwungen, einen zweiten Vornamen als Erkennungsmerkmal anzunehmen: »Sara« für Frauen, »Israel« für Männer. Später mussten die Juden ihre Geschäfte oder Handwerksbetriebe aufgeben. Verdrängt aus Verwaltung und Wirtschaft verarmten die meisten. Gleichzeitig nahmen die Demütigungen und Verleumdungen in der Öffentlichkeit und im Alltag zu – angeheizt durch die judenfeindliche Hetze der gleichgeschalteten Presse.

Abgeschoben ins Niemandsland

Der Spielraum für die jüdische Bevölkerung wurde zusehends enger. Als erstes traf es die Juden polnischer Herkunft, die keinen deutschen Pass hatten, aber in Deutschland Heimat gefunden hatten. Als Polen die Ausbürgerung dieser Menschen plante, griff die NS-Führung zur Gewalt: Ende Oktober 1938 wurden 17 000 Juden polnischer Staatsangehörigkeit verhaftet, in Sonderzüge verfrachtet und in einer Nacht-und-Nebel-Aktion an die Grenze gebracht. Die Menschen hatten nur Handgepäck mitnehmen dürfen und auch alte Leute, schwangere Frauen und kleine Kinder waren nicht verschont worden. Doch weil ihnen die überrumpelten polnischen Grenzbeamten die Einreise nach Polen, die Deutschen die Rückkehr in Hitlers Reich verweigerten, mussten die Menschen tagelang ohne Versorgung und unter unmenschlichen Bedingungen im Niemandsland verbringen.

Ein Zeichen setzen

Von dieser Tragödie erfuhr der 17-jährige jüdische Schneidersohn Herschel Grynszpan in Paris, wo er vor den Nazis Zuflucht gesucht hatte. Der Rest seiner Familie gehörte zu den Leidtragenden im Grenzgebiet. Herschel Grynszpan beschloss,

7. April 1938	11. Mai 1938	3. Juni 1938
Beginn des Baus einer Autobahn zwischen Wien und Salzburg	Papst Pius XI. verurteilt in Rom die nationalsozialistische Rassenlehre	Der jüdische Arzt und Entwickler der Psychoanalyse Sigmund Freud wandert mit 82 Jahren nach England aus

ein Zeichen zu setzen. Es war der Morgen des 7. November 1938: Er kaufte von seinem letzten Geld einen Trommelrevolver und ging zur deutschen Botschaft in Paris. Er wollte Hitlers Gesandten in Paris töten. Doch er kam nur bis zum 29-jährigen Legationssekretär Ernst vom Rath. Aus zwei Metern Entfernung feuerte er fünf Schüsse ab, einer verletzte vom Rath schwer. Widerstandslos ließ sich der Attentäter festnehmen, während das Attentatsopfer in eine Klinik gebracht wurde.

Willkommener Märtyrer

Den Nazis war das Attentat hochwillkommen: In München fand gerade das alljährliche Ritual zum Jahrestag des gescheiterten Putsches vom 9. November 1923 statt. Hitler war anwesend, ebenso 400 »alte Kämpfer« der NSDAP, Gauleiter, SA-Führer, Nazis der ersten Stunde. Am 9. November um 17.30 Uhr starb Ernst vom Rath. Die Nazi-Bewegung hatte einen neuen Märtyrer – und mit einer Beförderung um drei Stufen

Die Nazis nutzten das Attentat auf den Diplomaten Ernst vom Rath für ihre Zwecke aus.

Die Ausplünderung der Juden

Hitlers Regime schikanierte, diskriminierte und verfolgte Juden vor Beginn des Zweiten Weltkriegs nicht nur – es raubte sie vor allem auch aus. Besonders niederträchtig zeigte sich das Regime, als es von den Juden für die Verwüstungen, die in der Reichspogromnacht an deren Hab und Gut vorgenommen worden waren, auch noch Entschädigungen verlangte: Eine Milliarde Reichsmark stellte man ihnen in Rechnung. Auswandern durfte nur, wer auf seinen Besitz verzichtete. Mit dem geraubten Geld wurden der NS-Wohlfahrtsstaat sowie die Rüstung für den geplanten Krieg finanziert. Neun Prozent des Staatshaushaltes stammten aus geraubtem Vermögen.

22. Juni 1938
Der Boxer Max Schmeling siegt in einem Weltmeisterschaftskampf über seinen Herausforderer Joe Louis per k.o.

8. August 1938
In Mauthausen beginnt die Errichtung des ersten Konzentrationslagers auf österreichischem Boden

1. September 1938
In Italien wird die Gesetzgebung gegen Juden verschärft

Am Tag danach: Die Menschen stehen am 10. November 1938 vor der Ruine der ausgebrannten Synagoge in Hannover.

hatte Hitler ihm kurz vor dem Tod noch zu angemessenem Rang verholfen. Der 17-jährige Herschel Grynszpan dagegen wurde zum Handlanger des »internationalen Judentums« erklärt. Propagandachef Joseph Goebbels witterte seine Chance: Er stand gerade bei Hitler in Ungnade und bat den »Führer« nun, das Mordopfer als Vorwand verwenden zu dürfen. Als Hitler um 22 Uhr das Fest verließ, schlug der geistige Brandstifter zu: Goebbels steigerte sich in eine rasende Hass-Tirade. Nach seiner Rede stürmten die Gauleiter an die Telefone. Der »Volkszorn« sollte sich gegen die Juden entladen – in Wahrheit lief eine straff organisierte Brandstifter-Maschinerie von Parteisoldaten an.

Beispiel Bielefeld

In der westfälischen Stadt waren die SA-Männer vom Feiern noch ganz benommen, als sie sich auf den Weg durch die Dunkelheit machten. Der Befehl aus München: Noch in jener Nacht sei gegen Juden vorzugehen. Die hätten einen Mord begangen. Um Mitternacht stand der Trupp vor der Synagoge. Auch SS-Trupps waren schon am Tatort. Die Männer zögerten nicht. Aus dem Gemeindehaus schleppten sie ein jüdisches Ehepaar heraus, verwüsteten dessen Wohnung, zündeten Brandsätze. Erst vier Stunden später wurde die Feuerwehr alarmiert. Synagoge und Gemeindehaus brannten völlig nieder. Halb Bielefeld war auf den Beinen, um die Szene zu beobachten. Jemand filmte die bekannt gewordenen Bilder von der brennenden Synagoge.

5. September 1938
Der spätere deutsche Bundeskanzler Willy Brandt verliert per Ausbürgerungsliste die deutsche Staatsangehörigkeit

7. November 1938
Der junge Jude Herschel Grynszpan erschießt in Paris den deutschen Diplomaten Ernst vom Rath

2.Dezember 1938
Auf Einwirkung Heinrich Himmlers wird allen Juden der Führerschein entzogen

Verbrechen und Mord

So oder so ähnlich sah es an vielen Orten in Deutschland in dieser Nacht aus. Insgesamt 30 000 Juden wurden in Konzentrationslager verschleppt. Mancherorts gingen die Verfolgungen in den folgenden Tagen weiter – der Ordnung zuliebe stoppte die Führung sie. Für jeden aber war nun sichtbar geworden, dass Hitlers Regime nicht bei der Ausgrenzung und Diskriminierung der Juden Halt machen, sondern auch vor Verbrechen und Mord nicht zurückschrecken würde. Furcht und Terror lähmten weithin das Gefühl der Menschlichkeit. Die meisten Deutschen wussten jetzt genug, um zu wissen, dass sie nicht mehr über das Schicksal der Juden wissen wollten.

Am 9. November war Hitler im Jahr 1923 mit einem Putschversuch gescheitert. Die Nazis begingen dieses Datum als Gedenktag. Am Vorabend der Pogromnacht, also am 8. November 1938, feierten Hitler und seine Gefolgsleute im Münchner Bürgerbräukeller.

Die Irrfahrt der St. Louis

Spätestens nach der Pogromnacht hatten viele Juden nur noch einen Wunsch: Auswandern. Doch kaum ein Land wollte sie aufnehmen. Zum Beispiel für diese Tragödie wurde die Irrfahrt der MS St. Louis. 1939 stach sie in Hamburg mit 930 Juden an Bord in See – Ziel: Havanna. Dort angelangt, bekamen nur 29 Menschen eine Einreiseerlaubnis der Kubaner. Das Schiff sollte zurück. Schließlich gelang es doch noch, den Hafen Antwerpen anzufahren und die Menschen im Ausland unterzubringen.

In den Augen die Hoffnung auf Freiheit: jüdische Passagiere an Bord der MS »St.Louis«, 1939.

6. Januar 1939
Polen weist die deutsche Forderung nach Anschluss der Freien Stadt Danzig an Deutschland zurück

30. Januar 1939
Hitler kündigt vor dem Reichstag für den Kriegsfall die »Vernichtung der jüdischen Rasse in Europa« an

1939
Mit dem deutschen Angriff auf Polen beginnt am 1. September der Zweite Weltkrieg

Deutschland überfällt Polen

Der erzwungene Krieg

Adolf Hitler führte den Krieg gegen Polen in voller Absicht herbei – britische Vermittlungsversuche konnten ihn nicht von seinem Plan abbringen. Mit dem deutschen Überfall auf den östlichen Nachbarn begann am 1. September 1939 der Zweite Weltkrieg. Er sollte an Schrecken alles übertreffen, was die Menschheit bisher gesehen hatte.

Deutsche Soldaten zertrümmern am 1. September 1939 einen Schlagbaum an der deutsch-polnischen Grenze.

27. Februar 1939
Die Westmächte erkennen das faschistische Regime General Francos in Spanien an. Der Bürgerkrieg ist vorbei

1. März 1939
Wer in Deutschland Beamter werden will, muss Mitglied der Nationalsozialistischen Deutschen Arbeiterpartei sein

16. März 1939
Die von deutschen Truppen besetzte Tschechei wird zum Bestandteil des Deutschen Reichs erklärt

Der deutsche »Blitzkrieg« versetzt die Welt in Schrecken

Der Schlag kam im Morgengrauen – um 4.47 Uhr eröffnete das deutsche Kriegschiff »Schleswig-Holstein« aus allen Rohren das Feuer auf polnische Hafenbefestigungen auf der Westerplatte bei Danzig. Zur gleichen Zeit begannen auch an Land deutsche Geschütze mit dem Beschuss polnischen Gebiets. Panzerkolonnen rollten Richtung Osten. Zehntausende von Wehrmachtssoldaten überschritten die Grenze. Über ihnen dröhnten Bombergeschwader, die polnische Flugplätze und Stellungen angriffen. Heulend stießen Sturzkampfbomber auf Straßenkreuzungen und Bahnlinien herab – sie warfen Bomben, um polnische Truppenbewegungen zu zerschlagen. Der Angriff von See, zu Lande und aus der Luft setzte auf Überraschung und Geschwindigkeit – schockiert sprach die Welt schon kurz darauf vom »Blitzkrieg« der Deutschen gegen Polen.

Die berüchtigten Sturzkampfbomber, kurz »Stuka« genannt, trugen erheblich zu den schnellen Kriegserfolgen bei.

Hitlers Täuschungsmanöver

»Seit 5.45 Uhr wird jetzt zurückgeschossen!« Mit diesen Worten wandte sich Hitler am 1. September 1939 an das deutsche Volk. Zweitrangig war, dass er eine falsche Uhrzeit für den Kriegsbeginn nannte. Dagegen hatte er die entscheidende Täuschung geschickt eingefädelt: Deutsche in polnischen Uniformen hatten am Abend des 31. August einen Überfall auf den deutschen Sender Gleiwitz im Grenzgebiet vorgetäuscht. Alles sollte so aussehen, als hätte die polnische Armee zuerst deutschen Boden betreten und geschossen.

»Ich werde propagandistischen Anlass zur Auslösung des Krieges geben, gleichgültig ob glaubhaft.«. So hatte der Reichskanzler im engsten Kreis seine Absichten verkündet.

April 1939
In deutschen Konzentrationslagern sind über 300 000 Menschen in Haft

15. Mai 1939
In Ravensbrück nördlich von Berlin wird ein Konzentrationslager für Frauen eröffnet

21. Juni 1939
Im »Protektorat Böhmen und Mähren« (Tschechei) wird mit einer neuen Verordnung die Judenverfolgung verschärft

Die polnische Armee war der deutschen Wehrmacht hoffnungslos unterlegen. Eine Woche nach Beginn des Krieges, am 7. September 1939, ergaben sich die polnischen Verteidiger der Westerplatte.

Freie Hand für Gewalt

Es gab keine Kriegserklärung, doch mit dem Überfall auf Polen setzte Adolf Hitler am 1. September 1939 eine mörderische Entwicklung in Gang, die sich schon bald zum Zweiten Weltkrieg ausweiten sollte. Der Angriff rief sofort die Verbündeten der Polen auf den Plan. So wie es ihre Bündnisverpflichtungen vorsahen, erklärten England und Frankreich am 3. September Deutschland den Krieg. Das war genau das, was Hitler befürchtet hatte – ein »Zweifrontenkrieg« im Osten und im Westen. Doch die Westmächte konnten und wollten noch nicht direkt in die Kämpfe um Polen eingreifen – Hitler hatte vorerst freie Hand.

Polen – ein ungeliebter Nachbar

Der Krieg gegen Polen war lange vorbereitet worden. Deutsche Generäle hatten seit Jahren an Plänen gearbeitet, den Nachbarn im Osten durch einen Krieg in die Schranken zu weisen. Der polnische Staat – erst nach dem Ende des Ersten Weltkriegs gegründet – war vielen Deutschen ein Dorn im Auge. Am meisten schmerzte sie, dass ein Teil ihres Landes – nämlich Ostpreußen – durch Gebiete vom Reich abgetrennt wurde, die jetzt zu Polen gehörten. Außerdem war dem Reich die Kontrolle über die deutsche Hafenstadt Danzig entzogen worden. Sie war von polnischem Staatsgebiet umgeben und stand unter internationaler Verwaltung. Diese Regelungen waren Teil des Versailler Vertrags, den viele Deutsche als ungerechte Bestrafung für den verlorenen Ersten Weltkrieg empfanden.

Dies rückgängig zu machen, gehörte von Anfang an zum Programm von Hitlers Partei – damit traf er die Stimmung vieler

23. August 1939	1. September 1939	3. September 1939
Deutschland und die Sowjetunion vereinbaren einen Nichtangriffspakt und teilen Interessengebiete im Osten auf	Nächtliches Verdunkelungsgebot in Deutschland. Ausgehverbot für Juden	Frankreich und Großbritannien erklären dem Deutschen Reich den Krieg

Mit dem Münchner Abkommen gestanden die Westmächte 1938 Deutschland das Sudetenland zu. Auf dem Bild sehen wir im Vordergrund, von links nach rechts: den britischen Regierungschef Arthur Neville Chamberlain, den französischen Ministerpräsidenten Edouard Daladier, Adolf Hitler und den italienischen Diktator Benito Mussolini.

Deutscher. Als er 1933 die Macht übernahm, begann er aufzurüsten. Die Wehrmacht sollte ihm die Möglichkeit geben, seine außenpolitischen Pläne zu verwirklichen. Und tatsächlich beeindruckte er besonders die Briten und die Franzosen. Sie sahen sich von Hitlers Deutschland bedroht.

Briten und Franzosen geben nach

Um einen Krieg zu verhindern, gaben sie seinen Forderungen immer wieder nach. 1938, als Hitler das Sudetenland für Deutschland beanspruchte, stand ein Krieg kurz bevor. Bis 1918 hatte das Sudetenland unter österreichischer Herrschaft gestanden, danach unter tschechoslowakischer Verwaltung. Hitler gab vor, die Sudetendeutschen, die dort die Mehrheit bildeten, vor tschechischen Übergriffen schützen zu müssen – seine Armee stand zum Krieg bereit. In letzte Minute einigten sich Deutsche, Franzosen und Briten – durch die Ver-

Durch das Münchner Abkommen gedeckt, besetzten deutsche Truppen im Herbst 1938 das Sudetenland. Am 1. Oktober 1938 besucht Hitler das besetzte Gebiet.

7. September 1939
Im Saarland marschieren französische Truppen ein

25. September 1939
In Deutschland wird die Zuteilung von Lebensmitteln per Bezugsschein organisiert

28. September 1939
Deutschland und die Sowjetunion legen eine deutsch-sowjetische Grenze fest, die durch Polen läuft

Appeasement – Politik der Beschwichtigung

Am 14. März 1938 lässt sich Adolf Hitler im offenen Wagen durch Wien fahren – bejubelt von der Bevölkerung.

Briten und Franzosen blieben lange verhandlungsbereit und zeigten Hitler nicht seine Grenzen auf. Dies nutzte der Diktator aus. So ließ er im März 1938 Truppen in Österreich einmarschieren, das Land wurde an das Reich angeschlossen. Als Hitler im Sommer 1938 das Sudetenland beanspruchte, erreichte die Politik des »Appeasement« (engl. für Beschwichtigung) den Höhepunkt: Niemand schien ihn militärisch aufhalten zu wollen – das steigerte Hitlers Risikobereitschaft beträchtlich.

mittlung des italienischen Diktators Mussolini. Im »Münchner Abkommen« wurde Hitler erlaubt, das Sudetenland zu besetzen und in das Reich einzugliedern. Durch diesen Erfolg angestachelt, wollte der deutsche Diktator im Sommer 1939 einen Krieg gegen Polen auslösen.

Abkommen mit Stalin

Am 23. August hatte er mit der kommunistischen Sowjetunion – die er eigentlich für seinen größten Feind hielt – vollkommen überraschend den »Hitler-Stalin-Pakt« abgeschlossen. Der Sowjetführer Stalin sicherte ihm zu, dass er keinen Krieg mit Deutschland wollte – er würde sogar von Osten mit seiner Armee den Polen in den Rücken fallen. Hitler hatte keinen Grund mehr zu zögern und erklärte vor seinen Generälen: »Ich habe nur Angst, dass mir noch irgendein Schweinehund im letzten Moment einen Vermittlungsplan vorlegt.« In der Tat wollten Briten und Franzosen verhandeln – gleichzeitig aber schlossen sie einen Beistandspakt mit Polen ab. Hitler zögerte nur kurz: Würden ihn diese Mächte von Westen angreifen, wenn er Polen überfiel? Er glaubte nicht daran und spielte auf Risiko. Sein Befehl lautete: Am 1. September wird Polen angegriffen.

Die Schlacht um Polen dauerte nur 28 Tage. Die polnische Armee hatte wenig Chancen gegen die moderne deutsche Wehr-

8. November 1939
Der Schreiner Georg Elser verübt im Münchner Bürgerbräukeller ein Bombenattentat auf Hitler. Dieser überlebt

18. November 1939
Im schlesischen Krakau müssen alle Juden einen Judenstern tragen

23. November 1939
Hitler erklärt der deutschen Militärführung seine Absicht, den Westen anzugreifen

macht. Am 17. August griffen – wie von Stalin versprochen – sowjetische Truppen die polnische Armee von Osten her an. Kurz darauf begann die Belagerung Warschaus: Deutsche Bomber zerstörten Teile der Stadt, in der sich die Reste der polnischen Armee verschanzt hatten. Deutsche Kanonen nahmen die Hauptstadt Polens unter Dauerbeschuss. Mit der Kapitulation Warschaus am 27. September endete der Krieg gegen Polen.

Der Sieg über Polen kam schnell: Vormarsch einer deutschen Kolonne im September 1939.

Polen wird besetzt

Nun begannen die Schrecken für die polnische Bevölkerung. Die Deutschen besetzten das Land als eine Art Kolonie, die sie »Generalgouvernement« nannten. Die neuen Herren betrachteten die polnische Bevölkerung als minderwertig – sie auszubeuten und die Führungsschicht auszulöschen, war Teil des deutschen Plans. Auch die große jüdische Minderheit, die in Polen lebte, wurde zum Ziel deutscher Zwangsmaßnahmen. Schon bald wurde sie in Ghettos zusammengepfercht – viele starben an Hunger, Kälte und Seuchen. Sie waren die ersten jüdischen Opfer von Hitlers Krieg.

Die Leiden der Zivilbevölkerung: Nach der Bombardierung durch die deutsche Luftwaffe sitzt ein Kind in der Trümmerlandschaft der polnischen Hauptstadt Warschau.

14. November 1939
Die deutsche Luftwaffe zerstört die englische Stadt Coventry

18. Dezember 1940
Die Vorbereitungen für den Angriff auf die Sowjetunion beginnen

1941
Am 22. Juni überschreiten deutsche Truppen die sowjetische Grenze: Hitler überfällt die UdSSR

Vernichtungskrieg gegen die Sowjetunion

Das »Unternehmen Barbarossa«

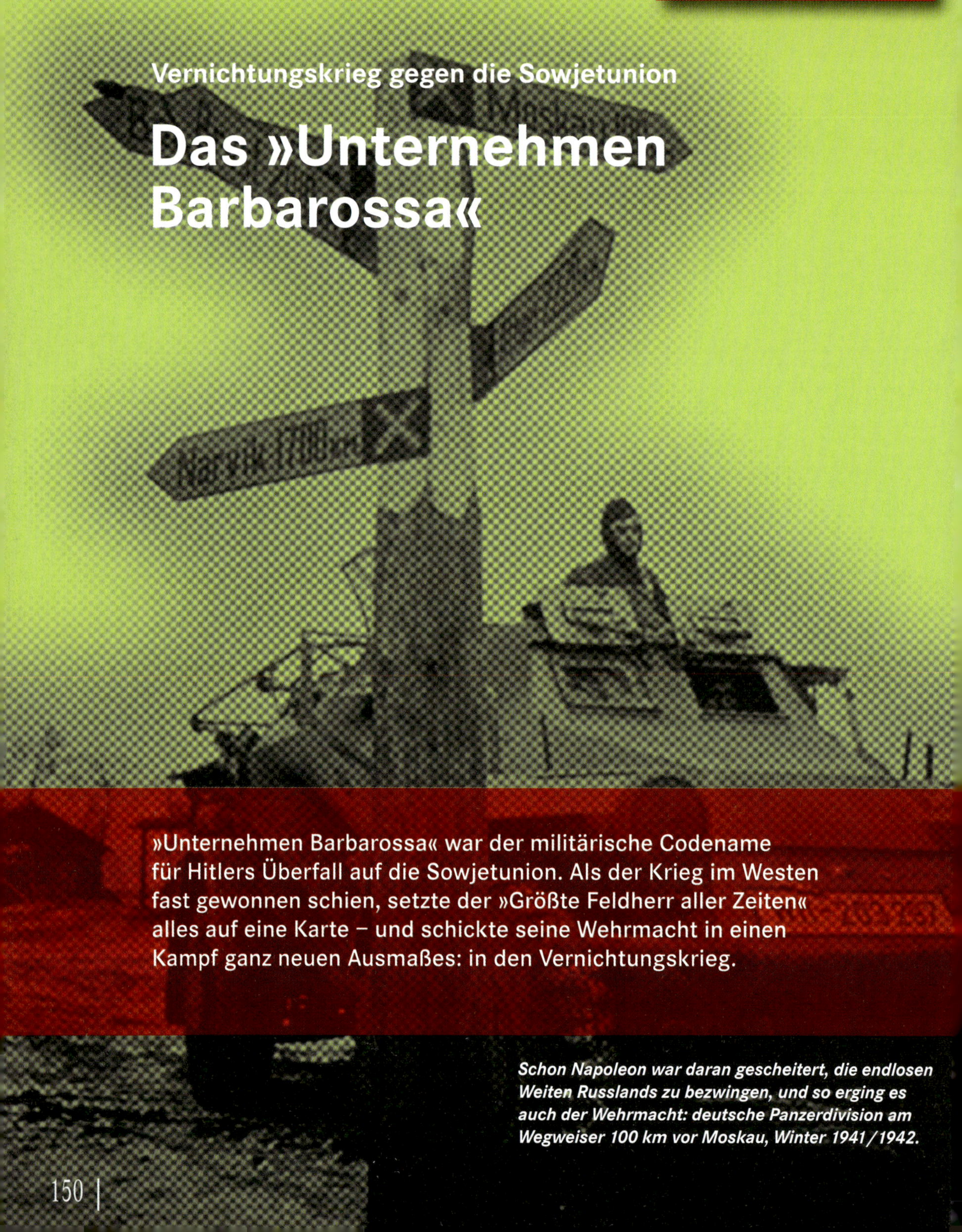

»Unternehmen Barbarossa« war der militärische Codename für Hitlers Überfall auf die Sowjetunion. Als der Krieg im Westen fast gewonnen schien, setzte der »Größte Feldherr aller Zeiten« alles auf eine Karte – und schickte seine Wehrmacht in einen Kampf ganz neuen Ausmaßes: in den Vernichtungskrieg.

Schon Napoleon war daran gescheitert, die endlosen Weiten Russlands zu bezwingen, und so erging es auch der Wehrmacht: deutsche Panzerdivision am Wegweiser 100 km vor Moskau, Winter 1941/1942.

12. Februar 1941
Der Generalleutnant Erwin Rommel übernimmt das Kommando über das deutsche Afrikakorps in Libyen

30. März 1941
Vor 200 hohen deutschen Militärs kündigt Hitler einen Vernichtungskrieg gegen die Sowjetunion an

6. Mai 1941
Josef Stalin wird Regierungschef der Sowjetunion

Ein wahnwitziger Plan: der erste Schritt in die militärische Niederlage

Vormarsch im Sommer: deutsche Kolonne in Russland, Juni 1942.

22. Juni 1941, 3.15 Uhr. Auf einer Länge von 1600 Kilometern überquerten deutsche Soldaten die Grenze zur Sowjetunion. »Deutsche Soldaten!«, hatte es im Armeebefehl geheißen, »Das Schicksal Europas, die Zukunft des Deutschen Reiches, das Dasein unseres Volkes liegt nunmehr allein in eurer Hand.« Auf grauenhafte Weise sollte sich das bewahrheiten, doch mit seinem Angriffsbefehl hatte Hitler selbst diese Situation heraufbeschworen: Alles oder Nichts, Weltherrschaft oder Untergang. Nicht einmal nach einem Vorwand für seinen Überfall hatte er gesucht; einem sowjetischen Angriff ist er erst recht nicht zuvorgekommen. Der Angegriffene, der sowjetische Diktator Stalin, musste geweckt werden – er hatte nicht mit einem Angriff Hitlers gerechnet. Zwar hatte ihn der Spion Richard Sorge gewarnt, doch Stalin glaubte ihm nicht: Der »Hitler-Stalin-Pakt«, ein Nichtangriffsabkommen, war noch keine zwei Jahre alt. Mehr noch: Von einem Sieg gegen England war Hitler meilenweit entfernt, zumal er jetzt auch noch in Nordafrika gegen die Engländer kämpfen musste.

Das Größte ist nicht groß genug

Doch was Stalin als Hindernis erschien, war Hitler erst recht Grund genug: Seit dem Angriff auf Polen hatte der »Größte Feldherr aller Zeiten«, wie er sich inzwischen nennen ließ, einen unvorstellbaren militärischen Siegeszug hingelegt. Hitler-Deutschland hatte in anderthalb Jahren Krieg fast ganz Europa

10. Mai 1941
500 deutsche Flugzeuge fliegen einen Großangriff auf London

12. Mai 1941
Der Vorläufer des Computers wird vom deutschen Ingenieur Konrad Zuse vorgestellt

20. Mai 1941
Auf der von Briten besetzten griechischen Insel Kreta landen deutsche Fallschirmjäger

unterworfen. Doch Großbritannien, zurückgeworfen auf die britische Insel, leistete noch immer Widerstand: Premierminister Winston Churchill war unnachgiebig, er wollte Hitler niederringen. Der deutschen Luftwaffe von Reichsmarschall Hermann Göring sollte es jedoch nicht gelingen, England sturmreif zu bombardieren. Ebenso wenig ging das andere Kalkül auf: England mit der deutschen U-Boot-Flotte auszuhungern. Dank der Unterstützung durch die Amerikaner, die offiziell neutral blieben, konnten die Briten den Kampf gegen den deutschen Brandstifter weiterführen – mit größerem Erfolg als Hitler erwartet hatte.

»Lebensraum im Osten«

Hitler hatte die Mentalität eines Glücksspielers: Als er England nicht besiegen konnte, erhöhte er den Einsatz, der auf dem Spiel stand, und befahl den »eigentlichen« Krieg, den er schon in »Mein Kampf« beschrieben hatte: den Eroberungskrieg ge-

Hitlers Blitzkriege

Nach dem Sieg über Polen im Herbst 1939 griff Hitler nicht sofort Frankreich und England an, die den Krieg bis dahin nur erklärt, nicht aber begonnen hatten. Er wartete zunächst den Winter ab – und ließ dann Jugoslawien, Griechenland, Dänemark und Norwegen besetzen. Im Mai 1940 begann schließlich der Krieg im Westen: Die Wehrmacht griff die Niederlande, Belgien, Luxemburg und Frankreich an. Innerhalb von fünf Wochen gelang der Wehrmacht das, was der kaiserlichen Armee im Ersten Weltkrieg innerhalb von vier Jahren nicht geglückt war: Am 14. Juni wurde Paris besetzt. Eine Woche später kapitulierte Frankreich.

Innerhalb weniger Wochen war Frankreich besiegt: Hitler und Gefolge im Juni 1940 vor dem stolzen Symbol Frankreichs, dem Eiffelturm in Paris.

4. Juni 1941
Der deutsche Ex-Kaiser Wilhelm II. stirbt im Exil in den Niederlanden

22. Juni 1941
Spezialtruppen, die die jüdische Bevölkerung auslöschen sollen, folgen den Truppen der Wehrmacht in die UdSSR

2. Juli 1941
SS-Einheiten verüben in der russischen Stadt Lemberg ein Massaker mit 7000 Toten

gen die Sowjetunion. Hitler träumte vom »Lebensraum im Osten«. Deutschland sei zu klein für sein Volk. In den Weiten des Ostens sollten die Deutschen siedeln. Die Russen und anderen slawischen Völker erachtete er ohnehin als »rassisch minderwertig«, als »Untermenschen«. Sie sollten die Arbeitssklaven deutscher Großgrundbesitzer werden. Außerdem war der in der Sowjetunion regierende Kommunismus Hitlers politischer Erzfeind – seinem Wahn nach war der Kommunismus von den Juden erfunden, die die arischen Rassen unterjochen wollten.

Keine Gefangenen

Der Krieg gegen die Sowjetunion war der Krieg, den Hitler eigentlich wollte. Jetzt erst war der Zweite Weltkrieg »sein« Krieg. Nun fühle er sich »innerlich wieder frei«, notierte Hitler am Tag des Angriffs. Zuvor hatte er genaue Regelungen für die Kriegführung im Osten erlassen: Soldaten konnten sowjetische Zivilisten töten, ohne ein Kriegsgericht fürchten zu müssen. Vielmehr wurde es zur Pflicht, gefangen genommene Politoffiziere der Roten Armee »grundsätzlich

Die Ausdehnung der bis November 1942 von Deutschland und seinen Verbündeten besetzten Gebiete (grau) macht den Größenwahn des deutschen Eroberungsdrangs deutlich.

Auf ihrem Vormarsch hinterließen die deutschen Truppen eine Spur der Verwüstung: sowjetische Kolonne nach deutschem Luftangriff zwischen Bialystok und Wolkowysk, 1941.

21. Juli 1941
Erste Bombardierung Moskaus durch die deutsche Luftwaffe

31. Juli 1941
Die SS ermordet bei Kischinjow 12 000 Juden

1. September 1939
In den Schulen Deutschlands wird die lateinische Schrift anstelle der »deutschen« Schrift eingeführt

Ostfront 1941: Der harte Winter erschwert den bevorstehenden Angriff auf Moskau.

sofort mit der Waffe zu erledigen«. Der Krieg gegen die Sowjetunion wurde totaler und mörderischer als alle Kriege zuvor. Vor der Wehrmachtsspitze hatte Hitler gesagt: »Der Kommunist ist vorher kein Kamerad und nachher kein Kamerad.« Der Rassenwahn wütete bald auch hinter den deutschen Linien, wo Einsatzgruppen ein Blutbad unter der Zivilbevölkerung anrichteten: Bis April 1942 erschossen 3000 Mann mehr als eine halbe Million Menschen, vor allem Juden. Und nicht nur SS und Sonderkommandos waren in den Völkermord verstrickt, auch die Wehrmacht geriet in den Strudel des Verbrechens. Zum Beispiel in Bjelaja-Zerkow: Hier fühlten sich im August 1941 Wehrmachtssoldaten belästigt, weil in der Dorfschule Kinder weinten, die die Ermordung ihrer Eltern hatten mitansehen müssen. Ein Wehr-

Angesichts des deutschen Angriffs rief die sowjetische Führung die Bürger zur Aktion auf: »Verteidigt unser geliebtes Moskau«.

3. September 1941
Erstmals werden im Konzentrationslager Auschwitz Juden mit dem Gas Zyklon B ermordet

2. Oktober 1941
Die Wehrmacht beginnt mit ihrer Offensive gegen Moskau

19. Dezember 1941
Hitler entlässt den Oberbefehlshaber des Heeres und übernimmt die Armeeführung selbst

machtspfarrer versuchte, die Kinder zu retten. Doch der zuständige General Reichenau entschied: »Aktion beendigen. Beseitigen.« Aus Kindern könnten Rächer werden.

Ein Mythos geht unter

Militärisch gesehen verliefen die ersten Wochen des »Unternehmens Barbarossa« für Hitler äußerst vielversprechend: So legte eine der Panzerdivisionen in nur sechs Tagen rekordverdächtige 460 Kilometer zurück. Die Nazi-Führung unterbot sich in Voraussagen, wie schnell man die Sowjetunion besiegt haben würde. Doch dann kam alles anders: Hitler wollte gleichzeitig die Hauptstadt Moskau und die Ölfelder im Kaukasus erobern lassen. Die Wehrmacht verzettelte sich: Im harten russischen Winter fror die deutsche Offensive fest – bei minus 50 Grad nur wenige Kilometer von Moskau entfernt. Für die Soldaten wog der Frost bald schwerer als das feindliche Feuer. Als sich einer seiner Generäle beschwerte, zeigte Hitler sein wahres Gesicht und antwortete: »Sie lassen sich zu sehr von den Leiden der Soldaten beeindrucken.« Hitler wusste, vor den Toren Moskaus war der Mythos von der Unbesiegbarkeit der deutschen Wehrmacht untergegangen.

Josef Stalin

Josef Stalin (1879–1953) war seit 1929 unumschränkter Herrscher in der Sowjetunion. Der Diktator richtete ein Terror-Regime ein: Millionen Menschen ließ er wegen ihrer politischen Ansichten verfolgen und in Lager sperren. Ab 1934 führte er blutige Säuberungen durch, vor allem in der Armee. Ihr fielen auch viele hohe Offiziere zum Opfer, die im Kampf gegen Hitler fehlten. Ein Friedensfürst war auch Stalin nicht: Im November 1939 überfiel er grundlos Finnland.

Josef Wissarionowitsch, genannt Stalin, »der Stählerne«.

Der totale Krieg

Und noch einmal erhöhte der Glücksspieler den Einsatz: Im Dezember 1941, nach dem Angriff seines Verbündeten Japan auf die amerikanische Kriegsmarine in Pearl Harbor und im Moment der größten Krise an der Ostfront, erklärte er den USA den Krieg. Das war der letzte Schritt zum weltumspannenden totalen Krieg, der mehr Opfer forderte als jeder Krieg zuvor. An dessen Ende stand ein Meer von Blut und Tränen.

9. Januar 1942
Die Rote Armee teilt durch eine Offensive die beiden deutschen Heeresgruppen Mitte und Nord voneinander

2. Februar 1942
Bei Juchnow hält die Wehrmacht den Vorstoß der Roten Armee in die deutsche Ostfront auf

1942
Im August beginnt die deutsche Offensive gegen Stalingrad. Sie endet in der Katastrophe

An der Wolga wird Hitlers 6. Armee vernichtet

Entscheidung Stalingrad

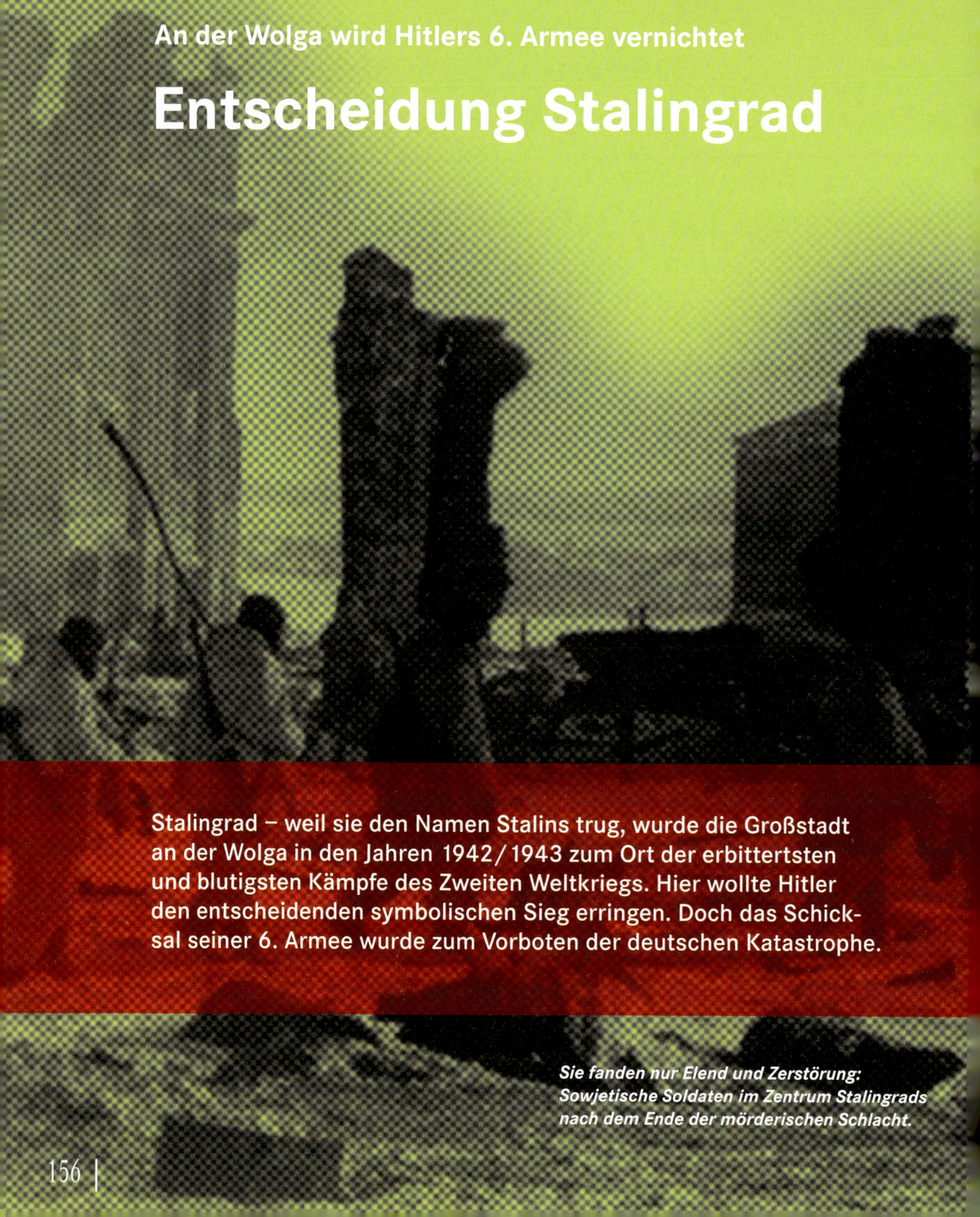

Stalingrad – weil sie den Namen Stalins trug, wurde die Großstadt an der Wolga in den Jahren 1942/1943 zum Ort der erbittertsten und blutigsten Kämpfe des Zweiten Weltkriegs. Hier wollte Hitler den entscheidenden symbolischen Sieg erringen. Doch das Schicksal seiner 6. Armee wurde zum Vorboten der deutschen Katastrophe.

***Sie fanden nur Elend und Zerstörung:** Sowjetische Soldaten im Zentrum Stalingrads nach dem Ende der mörderischen Schlacht.*

9. Februar 1941	11. Februar 1941	22. März 1942
In Deutschland werden private Autofahrten verboten. Der Treibstoff soll für den Krieg gespart werden	Fünfzehnjährige Schüler höherer Schulen müssen in Deutschland als Luftwaffenhelfer Dienst leisten	Auf unbegründete private Zugfahrten stehen harte Strafen. Die Eisenbahn soll für den Krieg frei bleiben

Eine mörderische Schlacht leitet die Kriegswende ein

Armselige Gestalten schleppten sich am 31. Januar 1943 durch die russische Steppe. Erschöpft, entmutigt, abgekämpft stapften sie durch eine vereiste Trümmerlandschaft. Gegen die schneidende Kälte hatten sich die Elendsgestalten in alles eingehüllt, was nur irgendwie wärmte – Decken, Schals, Lumpen. Etliche der traurig anmutenden Wesen waren verwundet, krank, von Läusen befallen. Wer vor Schwäche aus dem Zug herausfiel, blieb liegen. Die Kameraden mussten weiter. Es waren die Reste von Hitlers stolzer 6. Armee.

Die Schlacht ist geschlagen – und verloren: Deutsche Soldaten verlassen das zerstörte Stalingrad.

Kein Öl für Hitler

»Mit der 6. Armee kann ich den Himmel stürmen«, hatte Hitler einst geschwärmt und ihr hohe Ziele an der Ostfront gesetzt. Nachdem im Winter 1941 die Wehrmacht vor Moskau gescheitert war, sollte der Sommer 1942 nun den Sieg im Osten und die Wende im Krieg bringen. Hitler wollte die Ölfelder von Maikop – und die Wehrmacht eroberte sie für ihn. Aber als die deutschen Einheiten am 8. August die Ölquellen erreichten, bot sich ihnen ein Bild der Zerstörung: Die Rote Armee hatte sämtliche Förderanlagen gesprengt und restlos zerstört. Hitlers Kalkül war nicht aufgegangen: Russisches Öl würde nicht die Nachschubknappheit beheben und die Kriegswende bringen.

Doch der sowjetische Rückzug machte Hitler glauben, die Rote Armee sei extrem geschwächt. Kurzerhand teilte er seine Truppen auf, schickte einen Teil Richtung Kaukasus, den ande-

28. März 1942
Die Innenstadt von Lübeck wird von der britischen Luftwaffe bombardiert und zerstört

18. April 1942
Durch Tauwetter und Schlammperiode wird der deutsche Nachschub in Russland erheblich erschwert

28. Mai 1942
Nach der Schlacht bei Charkow in der Ukraine nimmt die 6. deutsche Armee 240 000 russische Soldaten gefangen

Im Häuserkampf ging es praktisch um jeden Zentimeter: Sowjetische Soldaten in Schneeanzügen besetzten im Dezember 1942 eine Hausruine.

ren, die 6. Armee, an die Wolga, Richtung Stalingrad. Die Stadt war zwar Industriestandort und Verkehrsknotenpunkt, doch hatte sie in den ursprünglichen Planungen keine große Rolle gespielt. »Die Eroberung ist aus psychologischen Gründen dringend notwendig«, erklärte Hitler nun vor seinen Generälen. Der symbolische Wert der Stadt überstieg den militärischen.

Der Angriff beginnt

Am 24. August 1942 begann die deutsche Offensive mit dem Angriff mehrerer hundert Bomber. 90 000 Menschen, darunter viele Flüchtlinge, lebten inzwischen in der Stadt. Den Sowjets zufolge fiel fast die Hälfte von ihnen den Angriffen zum Opfer. Am 4. September rückten die ersten Einheiten der Wehrmacht in die Vororte Stalingrads ein. Bis Mitte Oktober waren 90 Prozent der Stadt in deutscher Hand. Wenig später prahlte Hitler, er werde Stalingrad nie wieder verlassen.

Doch auch Stalin hatte längst den symbolischen Wert dieser Schlacht erkannt: »Keinen Schritt zurück!« lautete deshalb seine Order aus Moskau. Die Rote Armee solle der Wehrmacht

Während der Schlacht um Stalingrad verteidigen sowjetische Soldaten das Stahlwerk »Roter Oktober«.

28. Juni 1942
In Charkow beginnt die Sommeroffensive der Wehrmacht

1. Juli 1942
Deutsche Truppen erobern die Festung Sewastopol auf der Halbinsel Krim im Schwarzen Meer

3. Juli 1942
Das Afrikakorps unter Generalfeldmarschall Rommel muss den Angriff auf Al Alamein abbrechen

ein »rotes Verdun« bereiten. Es tobten blutige Kämpfe um jedes Haus, jede Halle, jeden Keller. Sie forderten hohe Verluste auf beiden Seiten.

Kampf im Niemandsland: Sowjetischer Angriff während der Schlacht bei Stalingrad.

Gegenoffensive

Die deutsche Ostfront erstreckte sich inzwischen über 4000 Kilometer. Der Nachschub geriet ins Stocken: Treibstoff-Lkws verbrauchten fast ihre ganze Ladung selbst auf dem langen Weg Richtung Süden. Am 19. November startete die Rote Armee die Gegenoffensive: Im dichten Schneegestöber überrannten Stalins Soldaten die Flanken und schlossen die 6. Armee mit einer Zangenbewegung ein. Innerhalb von nur vier Tagen saßen 250 000 Soldaten eingekesselt in der Falle.

Chef der 6. Armee war General Friedrich Paulus. Er bat um Handlungsfreiheit, um einen Ausbruch aus dem Kessel zu versuchen. Doch Hitler gab den Befehl: »Halten und Ver-

Churchill, Roosevelt und Stalin bei der Konferenz von Jalta auf der Halbinsel Krim im Februar 1945. Hier wurde über Deutschland beraten.

Kriegskonferenzen der Alliierten

Die Alliierten vereinbarten auf mehreren Konferenzen eine gemeinsame Strategie gegen Deutschland, Italien und Japan. US-Präsident Franklin D. Roosevelt und der britische Premierminister Winston Churchill vereinbarten schon 1941, dass sie bis zum vollständigen Sieg über die Feindstaaten kämpfen, sich dann aber keine besiegten Gebiete aneignen wollten (Atlantikcharta). Mit Stalin trafen sich die beiden auf Konferenzen in Teheran 1943 und in Jalta 1945, auf denen unter anderem eine zweite Front gegen Deutschland im Westen, die spätere Aufteilung Deutschlands in vier Besatzungszonen und die Gründung der Vereinten Nationen (UN) beschlossen wurde.

13. September 1942
Deutsche Verbände greifen einen Nachschubkonvoi für die Sowjetunion mit 40 Frachtschiffen im Nordmeer an

3. Oktober 1942
Erster Start der später V2 genannten Fernrakete gelingt auf der Insel Usedom

10. November 1942
Die 6. deutsche Armee unter General Paulus nimmt Stalingrad ein

Generaloberst Friedrich Paulus befehligte die 6. deutsche Armee in Stalingrad. Vergeblich erbat er von Hitler die Genehmigung zur Kapitulation.

teidigen!« Dieser Befehl war das Todesurteil für 22 Divisionen. Ihnen machte nicht mehr nur der militärische Gegner allein zu schaffen, sondern dazu noch der eiskalte Winter, Hitlers Größenwahn und die Unfähigkeit der militärischen Führungsspitze. Luftwaffen-Chef Hermann Göring hatte großspurig versprochen, die Eingeschlossenen aus der Luft zu versorgen. Das hieß: täglich mehr als 100 Tonnen Waffen, Munition, Verpflegung und Kraftstoff. In den ersten Tagen erreichten 75 Tonnen Versorgungsgüter den Kessel – 300 Tonnen wären nötig gewesen. Es begann ein wochenlanger Todeskampf.

Sinnloser Durchhaltebefehl

Die Soldaten, die Weihnachten in Stalingrad feierten, ahnten, was ihnen bevorstand: Seit Wochen hungerten sie bereits. Halb verfaulte Kartoffeln und steifgefrorene Pferdekadaver waren mancherorts das letzte Essbare. 40 Grad unter Null setzten den Soldaten außerdem zu. Ein Befreiungsversuch von außen war soeben gescheitert. Im Januar 1943 versetzten die Sowjets der 6. Armee schließlich den Todesstoß. Friedrich Paulus funkte verzweifelt an Hitler: »Truppe ohne Munition und Verpflegung. Weitere Verteidigung sinnlos. Armee erbittet sofortige Kapitulationsgenehmigung.« Wieder wurde es ihm nicht gestattet. Dafür erhielt er wenig später die Beförderung zum Generalfeldmarschall. Paulus, so hoffte Hitler, würde das als Aufforderung zum Selbstmord verstehen. Am Morgen des 31. Januar ging Paulus mit erhobenen Händen in Gefangenschaft. Hätte er früher die Vernunft über den Gehorsam siegen lassen, hätten vielleicht zigtausende gerettet werden können. 300 000 Soldaten waren angetreten, Stalingrad zu erobern, 90 000 marschierten in langen grauen Kolonnen in Gefangenschaft. Die jahrelange Gefangenschaft sollten nur 6000 von ihnen überleben.

Der »totale Krieg«

Nach Stalingrad gingen die Nazis zum »totalen Krieg« über. Propaganda-Chef Joseph Goebbels hatte den Begriff in seiner Sportpalast-Rede im Februar 1943 erstmals verwendet. Jetzt fielen die letzten moralischen Hemmnisse. Immer jüngere und immer ältere Männer mussten in den Krieg. Zwischen Soldaten und Zivilisten des Gegners wurde nicht mehr unterschieden. Brutal ging die Geheimpolizei gegen die Kriegsmüdigkeit vor. Ziel des Krieges war weiterhin der »Endsieg«, obwohl der längst unmöglich geworden war.

22. November 1942
Die 6. Armee mit 284 000 Soldaten wird von der Roten Armee in Stalingrad eingeschlossen

13. Dezember 1942
Die deutsche Armee versucht, durch einen Entlastungsangriff die Einkreisung von Stalingrad zu durchbrechen

2. Februar 1943
Kapitulation der letzten Wehrmachtgruppen in Stalingrad

Der Anfang vom Ende

Die meisten Deutschen ahnten: Die Entscheidung, wer den Krieg verlieren würde, war gefallen. Hitlers Träume vom »Endsieg« waren nur Illusion. Im Mai 1943 brach die Kriegsmarine die U-Boot-Angriffe auf Versorgungskonvois im Nordatlantik ab. Denn Amerikanern und Briten waren entscheidende Fortschritte bei den Abwehrmaßnahmen gelungen. Im gleichen Monat kapitulierte das deutsche Afrika-Korps: Auch in der Wüste Nordafrikas hatte sich das Blatt nach einer Reihe von Anfangserfolgen gründlich gewendet. Görings Luftwaffe hatte die Luftüberlegenheit über Deutschland verloren: Verheerende Bombenangriffe auf deutsche Städte waren die Folge: Hamburg, Essen, Leipzig. Die Schlacht um Stalingrad war militärisch gewiss nicht kriegsentscheidend, psychologisch war sie es umso mehr.

Nach der Niederlage in der Schlacht von Stalingrad ziehen deutsche Soldaten in sowjetische Kriegsgefangenschaft.

20. Januar 1942
Unter der Leitung des mit der »Endlösung der Judenfrage« beauftragten Reinhard Heydrich berät am Berliner Wannsee eine Konferenz über die Organisation der Judenvernichtung. Hier wird ein Völkermord geplant

1942
Die Vernichtungsmaschinerie läuft auf Hochtouren. Allein in Auschwitz werden Millionen Menschen ermordet

Die Hölle auf Erden

Ein Tag in Auschwitz

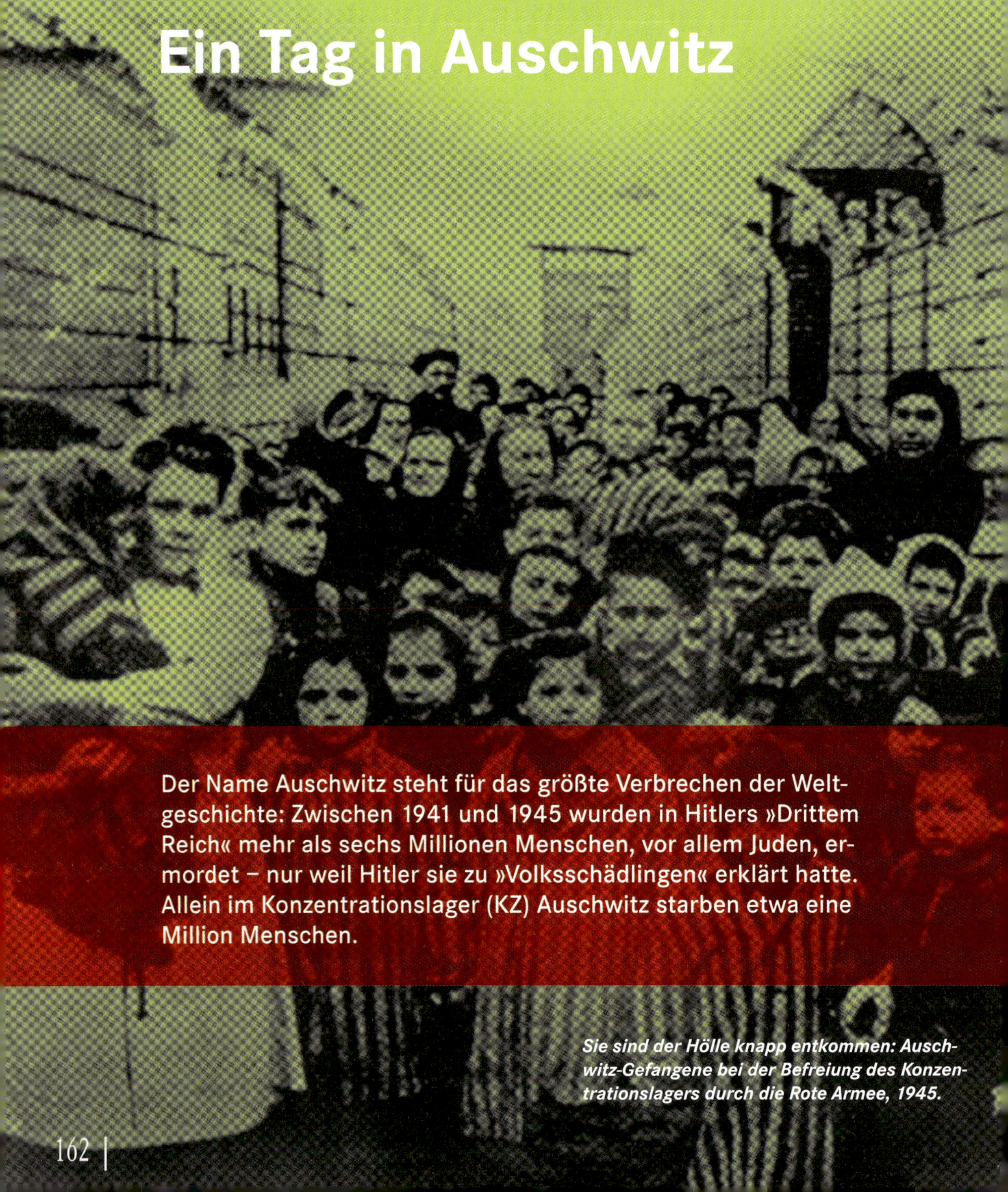

Der Name Auschwitz steht für das größte Verbrechen der Weltgeschichte: Zwischen 1941 und 1945 wurden in Hitlers »Drittem Reich« mehr als sechs Millionen Menschen, vor allem Juden, ermordet – nur weil Hitler sie zu »Volksschädlingen« erklärt hatte. Allein im Konzentrationslager (KZ) Auschwitz starben etwa eine Million Menschen.

Sie sind der Hölle knapp entkommen: Auschwitz-Gefangene bei der Befreiung des Konzentrationslagers durch die Rote Armee, 1945.

17. März 1942
Die planmäßige Ermordung der Juden beginnt mit einem Deportationszug in das Lager Belzec im besetzten Polen

26. März 1942
Im Lager Auschwitz kommen die ersten Deportationszüge mit zur Vernichtung bestimmten Juden an

24. April 1942
Im Deutschen Reich dürfen Juden keine öffentlichen Verkehrsmittel mehr benutzen

Die Nazis errichten eine Todesfabrik im besetzten Polen

Es war der 17. Juli 1942, als Heinrich Himmler das KZ Auschwitz besuchte. Himmler war der so genannte Reichsführer SS, der oberste Chef von fast einer Million SS-Männern. Das KZ Auschwitz war das größte Lager in Hitlers Reich und lag im damals deutsch besetzten Polen. Tausende von Menschen konnten hier unter erbärmlichsten Bedingungen eingesperrt werden.

Durch dieses Tor fuhren die Züge mit Juden aus ganz Europa ins Vernichtungslager Auschwitz-Birkenau.

Menschen wie Vieh gehalten

Es waren nur einfache Holzbaracken, in denen es nichts gab außer dreistöckigen Pritschen. In jeder Baracke mussten mehrere hundert Menschen schlafen. Sie mussten Sträflingskleidung tragen, bekamen Tag für Tag nur wenige Scheiben Brot und eine dünne Suppe zu essen. Sie mussten elf bis zwölf Stunden täglich arbeiten. Wer nicht mehr konnte, wurde mit Stock-

Eine menschenverachtende Aufgabe: die Bewachungsmannschaft des Konzentrationslagers Auschwitz.

Die SS

Die SS (»Schutzstaffel«) war Hitlers brutale Elitetruppe. Die SS-Männer waren fest auf das rassistische Weltbild der Nazis und den unbedingten Glauben an ihren »Führer« eingeschworen. Die SS bewachte die Konzentrationslager – riesige Barackenlager, in denen all jene zusammengepfercht wurden, die die Nazis als »Volksschädlinge« abgestempelt hatten: vor allem Juden, daneben auch Sinti und Roma (»Zigeuner«), Homosexuelle sowie politisch Andersdenkende.

26. April 1942	**12. Mai 1942**	**30. Mai 1942**
Hitler bekommt vom Reichstag die höchste Befehlsgewalt zugesprochen. Jeder »Führerbefehl« ist höchstes Recht	An einem einzigen Tag werden im Vernichtungslager Auschwitz-Birkenau 1500 Juden vergast	1000 britische Bomber zerstören die gesamte Innenstadt Kölns

Wer kier ankam, den erwartete die Hölle auf Erden: die Bahnstation im Vernichtungslager Auschwitz-Birkenau.

schlägen gezwungen weiterzumachen – oder willkürlich erschossen. Die geschwächten KZ-Insassen bekamen keine Medikamente, obwohl Krankheiten und Seuchen unter ihnen wüteten. Nach der Arbeit fand ein Appell statt, bei dem nachgeprüft wurde, ob auch keiner geflüchtet war. Obwohl das Lager mit Wachtürmen, mehrfachem Stacheldraht und einem tödlichen Elektrozaun umzäunt war, ließen sich die Wachen meistens absichtlich Zeit – und so dauerte der Appell häufig mehrere Stunden: Alle KZ-Insassen mussten dann in Reih und Glied still stehen, draußen, ungeschützt, bei unerträglicher Kälte oder unmenschlicher Hitze.

Ein Leben ist nichts wert

So war es auch an diesem 17. Juli 1942, als Heinrich Himmler das KZ Auschwitz besuchte. KZ-Kommandant Rudolf Höß und seine SS-Männer waren nervös, weil sich ihr Chef angekündigt hatte, und so hatten sie die KZ-Insassen schon Stunden vor Himmlers Ankunft auf den Appellplatz getrieben. Schwitzend vor Hitze und Angst warteten sie auf Himmlers Ankunft. Nach langer Zeit hatten sich die Häftlinge wieder einmal waschen dürfen und frische Kleidung erhalten, damit alles ordent-

Rudolf Höß war von 1940 bis 1943 Kommandant des Konzentrationslagers Auschwitz. Vom Internationalen Militärtribunal in Nürnberg wurde Höß – hier bei seiner Aussage vor dem Gericht – 1946 zum Tode verurteilt.

12. Juni 1942
SS-Führer Himmler genehmigt den »Generalplan Ost«: Die Bevölkerung Osteuropas soll nach Sibirien umgesiedelt werden

15. Juli 1942
In Amsterdam beginnt der systematische Abtransport der Juden ins Vernichtungslager Auschwitz

22. Juli 1942
Beginn der Verschleppung der Juden aus dem Warschauer Ghetto ins Vernichtungslager Treblinka

lich aussah. Doch da geschah es. Jankel Meisel, ein jüdischer KZ-Insasse, wurde von seinem Blockältesteten erwischt: An seiner Jacke fehlte ein Knopf – ein schweres Verbrechen in den Augen der menschenverachtenden und ordnungsfanatischen SS-Männer. Der Aufseher schlug ihn bewusstlos und zog ihn mit zwei anderen Aufsehern in ein Haus. Alle auf dem Appellplatz hörten, was passierte: Die Aufseher prügelten und traten Jankel Meisel zu Tode. Als Himmler später in seinem schwarzen Mercedes in Auschwitz eintraf, war alles bereits wieder in »bester Ordnung«. Jankel Meisel, der vergessen hatte, seinen Knopf anzunähen, war tot. Für ihn interessierte sich niemand mehr.

Die Todesfabrik

Wofür sich Heinrich Himmler allerdings sehr interessierte, war das Abscheulichste und Unvorstellbarste, was sich Menschen je ausgedacht haben: die Mordfabrik. Alle Juden aus ganz Europa sollten nach Auschwitz und in andere Lager gebracht werden, um hier ermordet zu werden. Diesen Befehl Hitlers hat Himm-

Sofort nach ihrer Ankunft im Lager wurden die Menschen nach ihrer »Brauchbarkeit« für den Arbeitseinsatz sortiert. Die SS nannte diesen Vorgang »Selektion« (= Auswahl): an der »Rampe« in Auschwitz-Birkenau.

27. September 1942	1. Oktober 1942	18. Oktober 1943
Der deutsche Schriftsteller Thomas Mann beklagt in einer Ansprache im britischen Rundfunk die Judenvernichtung	In deutschen Konzentrationslagern gefangene Juden werden zur Ermordung nach Auschwitz gebracht	Beginn der Verschleppung von 1000 Juden aus Rom in das Vernichtungslager Auschwitz

Wohl der schrecklichste Arzt in der Geschichte der Medizin: Lagerarzt Dr. Josef Mengele auf einem Passfoto von 1956.

ler wenige Tage zuvor wahrscheinlich mündlich erteilt bekommen. Der Mord wurde zynisch als »Endlösung der Judenfrage« bezeichnet. Nun sah Himmler dem zu, was tagtäglich passierte, wenn ein Zug auf dem Bahnsteig im KZ Auschwitz eintraf. In den Viehwaggons waren hunderte holländischer Juden zusammengepfercht. Als die Waggons geöffnet wurden, fielen die ersten Toten heraus. Die Menschen, die nicht einmal wussten, wo sie waren, wurden angetrieben, sie sollten sich beeilen. Alles müsse ganz schnell gehen. Am Ende der Rampe saß ein Arzt, meistens der berüchtigte Lagerarzt Dr. Mengele. Der Arzt schaute jeden Neuankömmling kurz an und machte dann eine Handbewegung nach links oder nach rechts. Nach rechts kamen gesunde Männer und Frauen im mittleren Alter ohne Kinder. Sie galten als »arbeitsfähig«.

Der Weg in den Tod

Alte, Kranke und Mütter mit Kindern kamen nach links: »nicht arbeitsfähig«. Meistens kamen drei von vier Menschen nach links. Innerhalb weniger Sekunden wurden ganze Familien getrennt. Doch was niemand ahnen konnte: getrennt für immer. Alle, die als »nicht arbeitsfähig« galten, wurden in Richtung von zwei hübschen alten Bauernhäusern getrieben. In den benachbarten Baracken

In dieser Zeichnung hielt ein Lagerinsasse eine »Alltagsszene« aus Auschwitz fest: Abtransport erschossener Häftlinge zur Verbrennungsstelle nach Birkenau.

Anfang August 1944
Innerhalb von nur drei Tagen werden in Auschwitz 6000 Sinti und Roma (»Zigeuner«) vergast

26. November 1944
Einstellung der Vergasungen und Beseitigung der Spuren in Auschwitz angesichts der herannahenden Roten Armee

27. Januar 1945
Sowjetische Soldaten befreien das Vernichtungslager Auschwitz

sollten sich die Häftlinge schnell ausziehen – und ihre Schuhe zusammenbinden. Damit sie sie später trotz der Überfüllung schnell wiederfinden, wie ihnen gesagt wurde. Dann gingen sie nackt in die Steinhäuser. Über dem Eingang stand »Zur Desinfektion« und »Zum Waschraum«. Der Raum war weiß gestrichen. Duschköpfe hingen an der Decke. Wegen der vielen Leute, es konnten bis zu 1000 sein, war es sehr eng. Doch sobald alle drin waren, schlossen sich die luftdichten Türen. SS-Männer schütteten Blechdosen mit dem Giftgas Zyklon B in die Kammer. Heinrich Himmler verfolgte das Geschehen. Durch ein Guckloch in der Tür konnte man dem Todeskampf der Menschen zusehen, sehen, wie sie schrien, nach Luft rangen, sich vor Schmerzen wanden. Nach zwanzig Minuten waren auch die Letzten tot. Dann wurden die Türen geöffnet. Die Leichen wurden herausgeholt. Dann wurden ihnen die Haare abgeschnitten und die Goldzähne herausgebrochen – beides wurde zu Geld gemacht, während die Leichen in speziellen Öfen verbrannt wurden.

Das größte Verbrechen in der Geschichte der Menschheit

Nachdem Heinrich Himmler das alles gesehen hatte, war er bester Laune. Er gab Befehle, dass der Massenmord an den Juden schnellstmöglich ausgeführt werden sollte. Bis Ende 1944 lief die Mordfabrik. Dann stand Deutschland kurz vor der Niederlage im Zweiten Weltkrieg und Himmler gab den Befehl, die Spuren zu beseitigen – was bei diesem Ausmaß nicht gelingen konnte. Unter Hitler und Himmler wurden insgesamt mehr als sechs Millionen Juden ermordet. Für dieses unvorstellbare und einzigartige Verbrechen hat man eigene Wörter geprägt: Man bezeichnet es als »Holocaust« oder »Shoa«.

Die »Auschwitz-Lüge«

Neonazis leugnen die Existenz der Konzentrationslager und zeichnen ein völlig verfälschtes Bild der NS-Ära.

Das Wort von der »Auschwitz-Lüge« ist selbst eine Lüge. Sie wird von Rechtsextremen mit rassistischem Gedankengut verbreitet, die behaupten, die Mordfabrik von Auschwitz habe es in Wirklichkeit gar nicht gegeben. Glaubwürdige Argumente gibt es dafür nicht. Es wird einfach behauptet, es sei rein technisch unmöglich gewesen, so viele Menschen zu töten. Die historischen Quellen werden völlig ausgeblendet. In abgeschwächter Form bestreiten die Holocaust-Leugner die Einzigartigkeit des Judenmords und rechnen die Toten des Bombenkriegs oder der Vertreibung der Deutschen aus dem Osten gegen die des Holocaust auf.

19. Januar 1944
Die Widerstandsgruppe »Kreisauer Kreis« um Graf von Moltke wird zerschlagen

28. Januar 1944
Die Rote Armee beendet die zweieinhalb Jahre andauernde deutsche Belagerung Leningrads

1944
Offiziere, die das unmoralische Handeln Hitlers erkannt haben, wollen den Diktator beseitigen

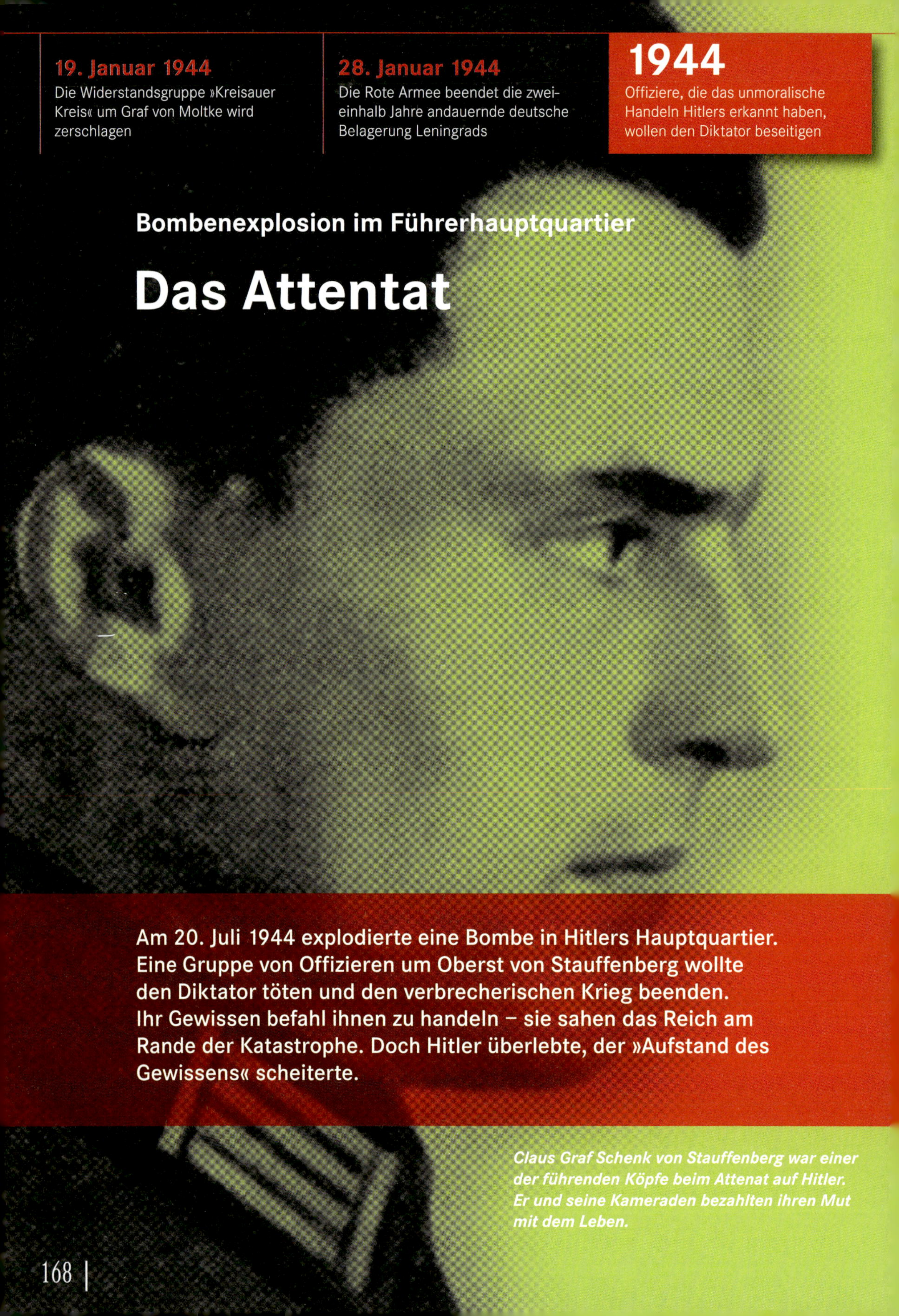

Bombenexplosion im Führerhauptquartier

Das Attentat

Am 20. Juli 1944 explodierte eine Bombe in Hitlers Hauptquartier. Eine Gruppe von Offizieren um Oberst von Stauffenberg wollte den Diktator töten und den verbrecherischen Krieg beenden. Ihr Gewissen befahl ihnen zu handeln – sie sahen das Reich am Rande der Katastrophe. Doch Hitler überlebte, der »Aufstand des Gewissens« scheiterte.

Claus Graf Schenk von Stauffenberg war einer der führenden Köpfe beim Attenat auf Hitler. Er und seine Kameraden bezahlten ihren Mut mit dem Leben.

12. Februar 1944
Der Spionagechef Wilhelm Canaris wird entlassen. Er steht unter dem Verdacht, Widerständler zu sein

20. Februar 1944
Die Alliierten beginnen eine konzentierte Luftoffensive gegen die deutsche Industrie- und Rüstungsproduktion

25. Februar 1944
Bei einem Bombenangriff wird die Augsburger Innenstadt fast komplett zerstört

Deutsche Militärs versuchen den Tyrannenmord

Im Hof des Bendlerblocks in Berlin erinnert eine Tafel an die hingerichteten Attentäter des 20. Juli: Sie wollten den Diktator beseitigen, um Deutschland vor dem Untergang zu retten.

Oberst von Stauffenberg hatte es eilig. Gleich sollte die Besprechung, zu der er ins Führerhauptquartier geladen war, beginnen. Hastig nahm er in einem Nebenraum der Besprechungs-Baracke das Sprengstoffpaket zur Hand und aktivierte den Zeitzünder – keine leichte Aufgabe für den Offizier, der im Krieg bereits die rechte Hand, zwei Finger der linken Hand und das linke Auge verloren hatte. Dann klopfte es. Stauffenberg hatte keine Zeit mehr, das zweite Sprengstoffpaket scharf zu machen. Doch die andere Bombe, die er in seine Aktentasche packte, war bereit. Der Oberst betrat den Besprechungsraum, in dem Adolf Hitler und seine Militärberater versammelt waren und stellte die Tasche unter den Besprechungstisch, ganz in der Nähe Hitlers. Dann verließ Stauffenberg den Raum – er müsse telefonieren, so der Vorwand. Von nun an war er auf der Flucht.

Kein Verräter vor dem eigenen Gewissen

Um 12.42 Uhr explodierte an diesem 20. Juli 1944 eine Bombe im Führerhauptquartier »Wolfsschanze« in Ostpreußen. Zu diesem Zeitpunkt war der Attentäter, Oberst Claus Schenk Graf von Stauffenberg, bereits auf dem Weg zum Flughafen, um nach Berlin zurückzufliegen. Dort, im Bendlerblock, dem Hauptquartier des Ersatzheeres, warteten seine Mitwisser. Der Bendlerblock war die Zentrale einer Offiziersverschwörung gegen Hitler. »Es ist wohl einmalig in der Geschichte eines Volkes, dass sein Führer immer Anordnungen erteilt, die sein Volk ständig dem Untergang näher bringen«, lautete Stauffenbergs Begründung für sein Vorgehen. »Es ist Zeit, dass etwas getan

4. März 1944

In Russland beginnt die sowjetische Frühjahrsoffensive gegen die deutschen Truppen

24. März 1944

In Rom sterben bei einem Attentat aus Widerstandskreisen 33 deutsche Polizisten. Hitler lässt zur Rache in den Ardeatinischen Höhlen bei Rom 335 italienische Geiseln erschießen

Adolf Hitler zeigt dem italienischen Diktator Benito Mussolini sein bei der Bombenexplosion zerstörtes Hauptquartier »Wolfsschanze« in Ostpreußen.

wird. Aber wer den Mut auch hat, etwas zu tun, muss es in der Gewissheit tun, dass er als Verräter in die deutsche Geschichte eingehen wird. Aber wenn er es jedoch nicht tut, wird er vor seinem eigenen Gewissen als Verräter dastehen.«

Es war das Gewissen, das die Männer um Stauffenberg zwang, sich gegen Hitler zu erheben. Sie wussten, welche schrecklichen Verbrechen in diesem Krieg gegen die Juden begangen wurden, sie sahen, dass die deutschen Städte Tag und Nacht bombardiert wurden und dass der Krieg in eine Katastrophe für Deutschland führte.

Im Bendlerblock in Berlin, zur Zeit des Attentats Sitz des Oberkommandos des Heeres, heute des Bundesverteidigungsministeriums, finden regelmäßig Gedenkstunden für die Hingerichteten des 20. Juli statt.

3. April 1944
Die »Tirpitz«, das letzte große Schlachtschiff der deutschen Marine, erleidet bei einem britischen Angriff schwere Schäden

6. Juni 1944
In der Normandie beginnt die alliierte Invasion Westeuropas

18. Juli 1944
Der Widerstandskämpfer Carl Friedrich Goerdeler entgeht seiner drohenden Verhaftung durch Flucht

Neuanfang ohne Hitler

Widerstand von einzelnen Militärs gegen Hitler hatte es schon früher gegeben. Generaloberst Ludwig Beck, Stabschef des Heeres, war 1938 zurückgetreten, als er von Hitlers Plänen erfuhr, die Tschechoslowakei anzugreifen. Doch die meisten anderen Generäle wollten sich Beck nicht anschließen – sie folgten Hitler bereitwillig in den Krieg. Beck wurde als Zivilist ein Kopf der Widerstandsbewegung. Um ihn sammelten sich Gegner Hitlers, die aktiv einen Umsturz planten. Während des Krieges kamen Offiziere wie Henning von Tresckow, der an der Ostfront Zeuge von Verbrechen wurde, und Graf von Stauffenberg zu der Überzeugung, dass man Hitler töten müsse. Nur dann könne eine neue Regierung Erfolg haben und eventuell den Krieg beenden. An der Spitze dieser neuen Regierung sollte Ludwig Beck stehen. Sie organisierten zahlreiche Attentate auf Hitler, die im letzten Moment gestoppt wurden oder scheiterten.

Alarmplan »Walküre«

Derweil wurden im Bendlerblock Umsturzpläne ausgearbeitet. Dort hatte Stauffenberg eine verantwortliche Position inne und wurde von einigen Vorgesetzten gedeckt. Sie hatten einen »Alarmplan« für alle Militäreinheiten im deutschen Reich und die Besatzungstruppen in den besetzten Ländern ausgearbeitet: Der Alarmplan konnte aus dem Hauptquartier im Bendlerblock unter dem Stichwort »Walküre« in Kraft gesetzt werden – offiziell im Falle von Unruhen und Aufständen gegen das Hitlerregime. Die Männer im Bendlerblock hatten ihn jedoch so verändert, dass er für ihre Zwecke nutzbar war.

Befehl zum Putsch

Wenn sie es befahlen, wurden beim Stichwort »Walküre« überall im Reich die Militäreinheiten aktiv – die abgeänderte Anweisung sah vor, dass die

Ludwig Beck, General und Chef des Generalstabs des Heeres.

Oberst Henning von Tresckow.

20. Juli 1944
Das Bombenattentat auf Hitler in seinem Hauptquartier Wolfsschanze scheitert

21. Juli 1944
Der Widerstandskämpfer Henning von Tresckow verübt nach dem gescheiterten Attentat Selbstmord

30. Juli 1944
»Terror- und Sabotageerlass«: Widerstandskämpfer können sofort erschossen werden

Hitler hat überlebt! Kurz nach dem Anschlag berät sich der »Führer« mit Generälen über die Lage.

Wehrmacht gegen die SS und die Gestapo vorgehen und die NS-Führer verhaften sollte. Das war die Grundlage für den Umsturz und einen Neuanfang in Deutschland. Doch die wichtigste Voraussetzung dafür war der Tod Hitlers, denn die Militärs hatten einen Eid auf Hitler geschworen. An den fühlten sich die meisten gebunden – solange Hitler lebte.

Der Putsch ist gescheitert

Und er lebte – Stauffenbergs Bombe hatte ihn nur leicht verletzt. Das wusste Stauffenberg nicht, als er mit dem Flugzeug am späten Nachmittag des 20. Juli in Berlin eintraf und zum Bendlerblock eilte. Dort zögerten seine Mitverschwörer, den »Walküre«-Befehl zu geben. Sie hatten inzwischen Informationen, dass Hitler nicht umgekommen war. Erst als Stauffenberg eintraf, setzten

Die Rache des Diktators

Hitler war empört über den Anschlag und ließ alle, die an der Verschwörung teilgenommen hatten, gnadenlos verfolgen. Insgesamt wurden nach dem 20. Juli 1944 fast 5000 Menschen verhaftet – auch Familienangehörige der Täter und Verdächtigten wurden in »Sippenhaft« genommen. Neben Offizieren und Generälen waren Diplomaten, hohe Verwaltungsbeamte, Gewerkschafter und Politiker aus der Weimarer Zeit an der Verschwörung beteiligt. Vor dem »Volksgerichtshof« wurden viele der Beschuldigten von dem berüchtigten Richter Roland Freisler zum Tode verurteilt. Insgesamt wurden 200 Beteiligte hingerichtet oder in den Tod getrieben.

Roland Freisler, der berüchtigte Vorsitzende des Volksgerichtshofs, während der Verhandlung gegen Mitglieder des Widerstands von 1944.

8. September 1944
Der zuvor geflohene Widerstandskämpfer Goerdeler wird zum Tode verurteilt (Hinrichtung am 2.2.1945)

10. November 1944
13 Mitglieder der »Edelweißpiraten«, einer oppositionellen Jugendbewegung, werden in Köln hingerichtet

20. November 1944
Hitler und sein Führungsstab verlassen das Hauptquartier Wolfsschanze und beziehen den Berliner »Führerbunker«

sie mit dem Stichwort »Walküre« die Truppen in Berlin und Wien sowie in den besetzten Städten Prag und Paris in Marsch. Doch vor allem in der Hauptstadt Berlin verstärkten sich die Zweifel bei den Truppenkommandeuren, dass Hitler wirklich tot sei. Als der Kommandeur des Berliner Wachbataillons, Major Ernst Remer, Gewissheit erhielt, dass Hitler überlebt hatte, ging er gegen den Bendlerblock und die Verschwörer vor. Am Abend des 20. Juli wurde auf Befehl von Propagandaminister Goebbels das Gebäude umstellt. Dann nahmen Remers Truppen die Verschwörer fest. Sie wurden an Ort und Stelle zum Tode verurteilt und sofort im Hof des Bendlerblocks erschossen. Hier starben Stauffenberg und seine Mitwisser General Friedrich Olbricht, General Erich Hoepner, Oberst Albrecht Ritter Mertz von Quirnheim und Oberleutnant Werner von Haeften. Ludwig Beck wurde – aus Respekt vor seiner Offiziersehre – erlaubt, sich selbst zu erschießen. Der Aufstand der Männer, die das Gewissen höher stellten als die Treue zu Hitler, war gescheitert.

Stauffenbergs Bruder Berthold war auch am Attentat beteiligt. Er organisierte die Verbindung zum Oberkommando der Marine. Der Volksgerichtshof verurteilte ihn zum Tode.

Der Attentäter

Oberst Claus Schenk Graf von Stauffenberg war 36 Jahre alt, als er am 20. Juli 1944 hingerichtet wurde. Er entstammte einer schwäbischen Adelsfamilie und war seit 1926 Soldat. Wie viele junge Offiziere begrüßte er 1933 die Machtergreifung Hitlers. Er kämpfte im Krieg in Polen und Frankreich und wurde 1943 in Afrika schwer verletzt. Nach seiner Genesung wurde er Stabschef des Allgemeinen Heeresamtes in Berlin. In dieser Stellung hatte er Zugang zu den Lagebesprechungen Hitlers.

4. März 1944
Unter dem Ansturm der Frühjahrsoffensive der Roten Armee zieht sich die Wehrmacht aus der Ukraine zurück

6. Juni 1944
In der französischen Normandie landen alliierte Invasionstruppen

1945
Anfang Mai kapituliert Deutschland bedingungslos. Das »Dritte Reich« ist beendet

Das Ende des Zweiten Weltkriegs

Der letzte Akt

Am 6. Juni 1944 starteten Amerikaner und Briten ihre Invasion in der Normandie. Im Oktober erreichte die Rote Armee die Reichsgrenze. Der Sturm auf das Reich wurde zum Anfang von Hitlers Ende. Am 30. April 1945 beging der »Führer« Selbstmord. Sein »Tausendjähriges Reich« hatte nur zwölf Jahre überdauert.

Der Krieg, den Hitler gewollt hatte, brachte Schrecken und Zerstörung über die halbe Welt, auch über Deutschland: das ausgebombte Dresden.

10. Juni 1944
Deutsche Truppen machen den französischen Ort Oradour-sur-Glane dem Erdboden gleich und ermorden seine 642 Einwohner. Der Grund: Rache für einen ermordeten SS-Offizier

3. Juli 1944
Die Rote Armee erobert nach einer Kesselschlacht die Stadt Minsk von den Deutschen

Deutschland verliert den Krieg – und bleibt als Trümmerlandschaft zurück

6. Juni 1944: Die alliierte Kriegsflotte im Ärmelkanal – bereit zur Invasion Deutschlands und der besetzten Gebiete.

Dienstag, 6. Juni 1944. »D-Day« (Decision Day = Tag der Entscheidung). Gegen drei Uhr morgens bebte in der Normandie die Erde: 2500 alliierter Bomber klinkten ihre Fracht über der Kanalküste aus: Meter um Meter Dünen und Strände wurden umgepflügt. Die Küste verwandelte sich in eine Hölle aus Feuer und Rauch. Tausende Jagdflugzeuge garantierten die Luftüberlegenheit. Bei Tagesanbruch brach der Beschuss von See aus los. Schwerste Schiffsgeschütze nahmen die deutschen Küstenbefestigungen unter Feuer. Im Hinterland sprangen Fallschirmjäger ab. Das

Der amerikanische Film »Der längste Tag« von 1961 erzählt die Geschichte der alliierten Invasion in der Normandie: In dieser Szene landen US-Truppen am Strand.

Der »D-Day«

Der 6. Juni 1944 ist wegen der harten Kämpfe als der »längste Tag« in Erinnerung geblieben. Vor allem auf einem der fünf Landungsstrände, Codename »Omaha Beach«. Hier lag die deutsche 352. Infanteriedivision wegen einer Übung. Manche Landungsboote wurden schon auf See getroffen und sanken. Viele US-Soldaten blieben am Strand im Stacheldraht hängen, MG-Salven und Artillerie hämmerten pausenlos auf die Strände. Zwischenzeitlich stand sogar ein Rückzug zu befürchten. Doch bei Einbruch der Dunkelheit gelang es einigen Stoßtrupps, sich vorzukämpfen. Der Preis aber war hoch: Der D-Day kostete insgesamt etwa 3000 alliierte Soldaten das Leben.

9. Juli 1944
Alliierte Truppen erobern die französische Stadt Caen von den deutschen Besatzern zurück

2. August 1944
Die Rote Armee rückt immer weiter nach Westen vor und überquert in Polen den Fluss Weichsel

3. September 1944
Deutsche Truppen fluten Teile der Niederlande und Belgiens, um so das Vorankommen der Alliierten zu behindern

alles war jedoch nur die Vorbereitung für das, was um 6.30 Uhr begann: die größte Invasion in der Kriegsgeschichte. Mit Landungsbooten und Schiffen sollten 150 000 Mann in der Normandie an Land gebracht werden und erste Stellungen einrichten. 2,8 Millionen Soldaten umfasste die Invasionsarmee insgesamt. Hier entstand die zweite, die westliche Front gegen Hitler. Doch der glaubte nicht an den Ernst der Lage: Der selbsterklärte Stratege versteifte sich darauf, alles sei nur ein Ablenkungsmanöver, der wahre Angriff folge noch bei Calais am Ärmelkanal.

Bis zum 10. Juni war es jedoch den Invasionstruppen gelungen, die Deutschen vollständig vom Küstenstreifen zwischen Cherbourg und Caen zu verdrängen. Am 25. August zogen US-Einheiten und französische Soldaten, die 1940 ins Exil gegangen waren, in Paris ein.

Für diese Menschen war der Krieg schon im Februar 1945 verloren: Über das Eis der Frischen Haffs flohen sie aus Ostpreußen vor der herannahenden Roten Armee.

Zweite Offensive im Osten

Am 22. Juni 1944, dem dritten Jahrestag des deutschen Überfalls auf die Sowjetunion, startete die Rote Armee im Osten ihre Großoffensive. Da Hitler noch immer stur auf der Verteidigung in vorderster Frontlinie bestand, waren ungünstige, kaum zu haltende Frontverläufe entstanden. So gelang es den Sowjets innerhalb weniger Wochen, die gesamte Heeresgruppe Mitte mit 28 Divisionen zu zerschlagen, ein Verlust von 350 000 Mann. Es dauerte nur noch bis Oktober, da überschritt die Rote Armee erstmals die Reichsgrenze. Soldaten, die auf ihrem Vormarsch reihenweise zerstörte sowjetische Dörfer, getötete Zivilisten, vergewaltigte Frauen gesehen hatten, verübten nun vereinzelt Massaker unter der deutschen Zivilbevölkerung, so im ostpreußischen Nemmersdorf. Die Zivi-

11. September 1944
Bei Aachen erreichen alliierte Truppen erstmals das Gebiet des Deutschen Reichs

25. September 1944
In Deutschland werden alle »wehrfähigen« Männer zwischen 16 und 60 Jahren zum »Volkssturm« eingezogen

16. Oktober 1944
Truppen der Roten Armee marschieren in Ostpreußen ein

listen wollten sich im Westen in Sicherheit bringen. Ohnehin brauchte die Wehrmacht freie Kampfräume. Doch Hitler verbot die Evakuierung: Die deutschen Soldaten würden tapferer kämpfen, wenn sie deutsche Zivilisten verteidigen müssten – so sein menschenverachtendes Kalkül.

Flucht und Vertreibung

Als am 12. Januar 1945 tatsächlich die Offensive der Roten Armee losbrach, war Ostpreußen innerhalb weniger Tage abgeschnitten. Während der größte Teil der Roten Armee schon wenig später auf Berlin marschierte, kämpften die Deutschen in Ostpreußen verzweifelt ums Überleben. Als auch dieser Kampf nicht mehr zu gewinnen war, mussten zigtausend Zivilisten mit Schiffen über die Ostsee oder zu Fuß über das gefrorene Haff auf die kurische Nehrung fliehen – bei extremer Kälte und dauerndem Tieffliegerbeschuss. Diese chaotische Massenflucht war das erste Kapitel in der Vertreibung der Deutschen aus dem Osten. Am Ende mussten 12 Millionen Menschen ihre Heimat in den Ostgebieten, in Ungarn und im Sudentenland verlassen – zum Großteil unter unmenschlichen Bedingungen.

Der »Führer« im Bunker

Doch an die Deutschen dachte der »Führer« in Berlin schon lange nicht mehr. Er saß in seinem Bunker unter der Reichskanzlei und verlor mehr und mehr den Bezug zur Wirklichkeit. Er hoffte auf »Wunderwaffen« wie die V-1- und die V-2-Raketen, die man seit Monaten gegen London, Paris und Antwerpen einsetzte und mit denen man doch nur Terror unter der Zivilbevölkerung verbreitete. Auch die Gegenseite setzte ihren fragwürdigen Bombenkrieg gegen die Zivilbevölkerung fort. Zum

Diese Perspektive bot sich den Piloten britischer Bomber 1942 über Deutschland. Zu erkennen sind die zahlreichen Bombenkrater und die Rauchsäulen der von den Bomben ausgelösten Brände.

23. November 1944	16. Dezember 1944	12. Januar 1945
Die Amerikaner erobern die elsässische Stadt Straßburg und stehen damit am Rhein	Mit einer Großoffensive in den belgischen Ardennen will Hitler den alliierten Vormarsch stoppen	Die Rote Armee beginnt bei Warschau mit ihrer Winteroffensive gegen die deutsche Wehrmacht

Sie konnten immerhin ihr Leben retten: Jetzt bahnen sich diese Menschen mit ihren letzten Habseligkeiten im Mai 1945 einen Weg durch die Trümmer Berlins.

traurigen Symbol dafür wurde Dresden. Die Innenstadt wurde am 13./14. Februar 1945 durch Bombenangriffe in einem Feuersturm vernichtet – obwohl sie mit Flüchtlingen vollgestopft war. Man schätzt, dass zwischen 25 000 und 40 000 Menschen bei diesen Luftangriffen getötet wurden.

Die Verwüstung der Städte schritt voran, die Alliierten rückten beständig vor. Am 25. April schloss die Rote Armee den Einkesselungsring um Berlin. Das Machtzentrum des Dritten Reiches stand vor der Eroberung. Eine Metropole, in der noch eine Million Zivilisten lebten, wurde zum Schlachtfeld. Straße um Straße, Stadtviertel um Stadtviertel kämpften sich die Rotarmisten gegen erbitterten Widerstand näher an Hitlers Reichskanzlei.

»Dem stärkeren Ostvolk gehört die Zukunft«

Die Führung wusste längst nicht mehr, was draußen vorging. Die Militärs telefonierten sich durchs Berliner Telefonbuch, um in Erfahrung zu bringen, in welchen Straßen die Sowjets schon standen: »Gnädige Frau, sind bei Ihnen schon die Russen?« Während in den Straßenzügen die Soldaten starben, gab sich Hitlers Gefolgschaft einer hemmungslosen und absonderlichen

Die Atombombe

Neben dem Krieg in Europa herrschte seit Ende 1941 auch zwischen den USA und Japan Krieg. Japan hielt 1945 einige Monate länger durch als Deutschland. Um es dennoch zum Aufgeben zu zwingen, warfen die Amerikaner im August 1945 ihre gerade entwickelten Atombomben über Hiroshima und Nagasaki ab (Foto: Rauchpilz der Bombe). Die Angriffe forderten unter der Zivilbevölkerung zigtausend Tote und zerstörten die Städte weitgehend. Danach war jedem klar: Mit der Atombombe war ein neues Zeitalter eröffnet.

25. April 1944
In der Nähe des Ortes Torgau an der Elbe treffen sowjetische und amerikanische Truppen aufeinander

30. April 1944
Adolf Hitler und seine ihm kurz zuvor angetraute Frau Eva Braun begehen im »Führerbunker« Selbstmord

7. und 8. Mai 1945
Die hohen deutschen Militärs Jodl und Keitel unterzeichnen die bedingungslose Kapitulation Deutschlands

»letzten Party« hin, bei der sie die Luxusgüter, die sie über Jahre angehäuft hatte, verprasste. Adolf Hitler selbst verschob auf seinem Kartentisch Divisionen, die nicht einmal mehr Kompaniestärke hatten. Er war ständig hin- und hergerissen zwischen tiefer Hoffnungslosigkeit und wahnwitzigem Glauben an »seinen« Endsieg. Wenn aber der Untergang unausweichlich sein sollte, dann wollte er wenigstens sein Volk mit in den Abgrund reißen: dem »stärkeren Ostvolk« gehöre nun »ausschließlich die Zukunft«.

Das Ende

Am 30. April schließlich, als die Rote Armee die Reichskanzlei erreichte, beging er Selbstmord. Seine Leiche ließ er verbrennen. Es war »fünf nach zwölf«. Sein Krieg ließ Europa in Schutt und Asche zurück. Deutschland wurde besetzt und geteilt, seine Ostgebiete annektiert. 55 Millionen Menschenleben, davon 25 Millionen Zivilisten, hatte der Krieg gefordert – mehr als jeder Krieg der Menschheitsgeschichte zuvor.

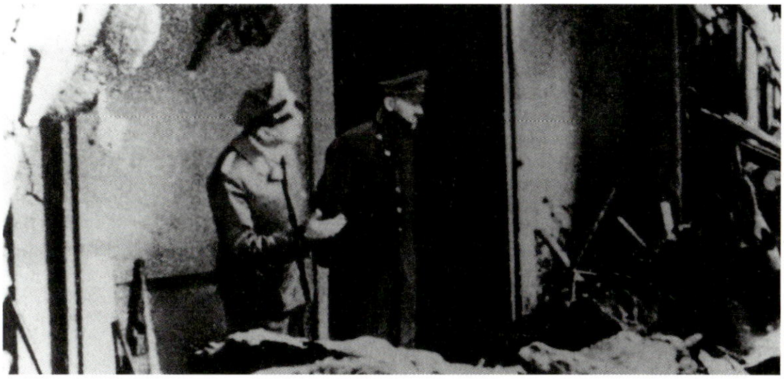

Er weiß, dass sein Krieg verloren ist. Bald wird er sich der Verantwortung durch Selbstmord entziehen: Adolf Hitler in der zerstörten Reichskanzlei.

Auf dem Fahrrad mit der Panzerfaust gegen die Rote Armee: Noch in den letzten Kriegstagen wurden Hitlerjungen in einen sinnlosen Kampf gegen den Feind geschickt.

Von der Teilung bis zur Wiedervereinigung

Am Ende des Zweiten Weltkriegs war Deutschland ein zerstörtes und besetztes Land. Schon in der letzten Phase des Krieges hatte sich abgezeichnet, dass die drei westlichen Siegermächte und Stalins Sowjetunion meilenweit davon entfernt waren, über den Krieg hinaus gemeinsame Sache zu machen: Zu groß waren die weltanschaulichen Gegensätze, zu unterschiedlich die machtpolitischen Interessen. Deshalb teilten die Siegermächte das besetzte Deutschland entlang ihrer Besatzungszonen: Aus der amerikanischen, der britischen und der französischen Zone wurde 1949 die Bundesrepublik, aus der sowjetischen Besatzungszone (SBZ) die DDR.

Das bedeutete weit mehr als nur eine zusätzliche Grenze in Europa. In den beiden deutschen Staaten entwickelten sich völlig verschiedene politische, wirtschaftliche und gesellschaftliche Systeme: im Westen die parlamentarische Demokratie mit sozialer Marktwirtschaft und einer freien und offenen Gesellschaft, im Osten die straff organisierte kommunistische Gesellschaft mit zentraler Planwirtschaft.

Die Wunden des Krieges blieben lange offen: Steineklopfen in Ostberlin 1960.

Während die Bundesrepublik dank westlicher Wirtschaftshilfen aus Trümmern zu Rekorden aufbrach, trugen die Deutschen in der DDR die eigentliche Last des Zweiten Weltkriegs: Die Sowjetunion ließ dort als Kriegsentschädigung Milliardenwerte an Industrie- und Eisenbahnanlagen abbauen. Verschlimmert durch die kommunistische Misswirtschaft, schmä-

lerte dies den Lebensstandard der Menschen erheblich. Den Widerstand der DDR-Bevölkerung aber unterdrückte der Staatssicherheitsapparat – und die sowjetischen Besatzer: Als am 17. Juni 1953 ein Streik in Ost-Berlin und der DDR um sich griff, ließ Moskau Panzer rollen und den Aufstand blutig niederschlagen. Immer mehr Ostdeutsche sahen als einzigen Ausweg eine Flucht in den Westen. Deshalb errichtete die DDR am 13. August 1961 die Mauer zwischen Ost- und West-Berlin. Das Regime nahm sein Volk als Geisel, um den kommunistischen Traum von einem Arbeiter- und Bauernparadies durch Zwang wahr werden zu lassen.

Ein Tiefpunkt deutscher Nachkriegsgeschichte: Die Entführung Hanns-Martin Schleyers 1977.

Im Westen war nach und nach eine moderne Konsumgesellschaft entstanden. Die demokratischen Institutionen bewährten sich. Doch die erste Nachkriegsgeneration forderte ihre Eltern heraus: 1967/1968 gingen die Studenten auf die Barrikaden, verlangten die Abrechnung mit der Nazi-Vergangenheit und erschütterten die antikommunistische Grundeinstellung der Republik mit linken Parolen. Aber die zweite deutsche Demokratie blieb stabil. Auch als die radikalen Randgruppen der Studentenbewegung im Herbst 1977 Terror verbreiteten.

In den Achtzigern wehte der Wind des Wandels in der Weltpolitik, Amerikaner und Sowjets gaben ihr Wettrüsten auf und im gesamten Ostblock machte sich der Ruf nach Öffnung und Erneuerung breit. Doch das SED-Regime blieb hart. Da probten die Menschen in der DDR 1989 den Aufstand – die erste deutsche Revolution, die glückte und die glücklich endete: Bald fielen die Mauer und das Ost-Berliner Regime. Schon kurz darauf, im Herbst 1990, waren die Deutschen wiedervereinigt – erstmals nicht von Feinden umzingelt, sondern von Freunden und Partnern.

Ein Traum der wahr geworden ist: Die Mauer ist gefallen, Deutschland ist wiedervereinigt.

Das war das »Happy End« der Nachkriegszeit. Nicht aber der Geschichte. Neue Herausforderungen warten auf die Deutschen in der Welt von morgen: die Globalisierung, die Gefahren von Terrorismus, Umweltzerstörungen und Wohlstandskluft in der Welt. Doch was immer die Zukunft bringen mag, eins hat die deutsche Geschichte gezeigt: Auf ein glückliches Schicksal konnten die Deutschen nur dann hoffen, wenn Einigkeit im Inneren, Frieden nach außen und Freiheit in Staat und Gesellschaft herrschten.

30. Januar 1948
In der sowjetischen Besatzungszone werden die Banken enteignet

1. März 1948
In Frankfurt am Main wird die Bank Deutscher Länder gegründet, aus der sich die spätere Bundesbank entwickelt

1948/1949
Die Sowjetunion blockiert die Zufahrten nach Berlin. Die Stadt wird fast ein Jahr lang aus der Luft versorgt

Die erste Schlacht des Kalten Krieges

Die Blockade Berlins und die Luftbrücke

1948 wollte Stalin ganz Berlin unter seine Kontrolle bringen. Die Stadt stand unter der Verwaltung der vier Siegermächte, doch der westalliierte Einfluss störte den Sowjetdiktator. Er nahm die Währungsreform zum Anlass, den »Viermächtestatus« in Frage zu stellen und verhängte eine Blockade über die Westsektoren der Hauptstadt.

Die Hilfe kam vom Himmel: Voller Erwartung blicken die Berliner zu einem der »Rosinenbomber« auf.

17. März 1948
»Westunion« aus Frankreich, Großbritannien, Belgien, Luxemburg und den Niederlanden: Dieses erste Nachkriegsbündnis richtet sich nicht mehr gegen Deutschland. Es geht um Zusammenarbeit auf verschiedenen Gebieten

1. April 1948
Sowjetische Inspektoren beginnen, den Verkehr von und nach Berlin zu behindern

Eine Stadt wird fast ein Jahr lang aus der Luft versorgt

Das Dröhnen nahm kein Ende – alle drei Minuten landeten Transportflugzeuge im Westteil Berlins. 24 Stunden am Tag, sieben Tage die Woche, elf Monate lang. Die amerikanischen und britischen Maschinen blieben keine halbe Stunde am Boden – tausende von Arbeitern standen bereit, um die Transporter in wenigen Minuten zu entladen. Sie schleppten Mehl- und Kohlesäcke, Kisten mit Fleischkonserven, Dörrobst, Milch- und Kartoffelpulver. Alles, was die zwei Millionen Einwohner im Westen Berlins zum Überleben brauchten, kam auf dem Luftweg in die Stadt. Denn Berlin wurde belagert – von sowjetischen Truppen, die alle Straßen, Gleisstrecken und Kanäle blockiert hatten. Sie ließen nichts durch: Keine Lebensmittel für die Menschen und keine Kohle, die für die Kraftwerke zur Stromerzeugung und zum Heizen der Häuser dringend gebraucht wurde.

Ein Denkmal erinnert in Berlin an die Zeit der Luftbrücke. In Frankfurt am Main, wo viele »Rosinenbomber« starteten, steht das »Gegenstück«. Beide Elemente zeigen die Verbundenheit der ehemals geteilten Stadt mit dem Westen.

Drei alliierte Mächte gegen die Sowjetunion

Berlin war im Frühjahr 1948 zwischen den vier Mächten, die Deutschland besiegt hatten, zum Streitpunkt geworden: Amerikaner, Briten und Franzosen standen den Sowjets gegenüber. Jede dieser Siegermächte hielt einen Teil Deutschlands besetzt. Und sie hatten vereinbart, dass die ehemalige Reichshauptstadt Berlin gemeinsam von allen vieren verwaltet werden sollte. Aus diesem Grunde bekam jede der Besatzungsmächte die Kontrolle über einen Sektor Berlins. In ihren Besatzungszonen im Westen Deutschlands arbeiteten die USA, Großbritannien und Frankreich meist eng zusammen. Diese

20. Juni 1948
In den westlichen Besatzungszonen Deutschlands wird die D-Mark eingeführt

24. Juni 1948
Die Sowjetische Militäradministration Deutschlands beginnt die Blockade Berlins

26. Juni 1948
Briten und Amerikaner richten die Luftbrücke zur Versorgung Berlins ein

»ERP – European Recovery Programme« war der offizielle Name der amerikanischen Wiederaufbauhilfe.

drei Zonen erhielten ab 1947 großzügige Wirtschaftshilfen der USA zum Wiederaufbau der zerstörten Industrien und Städte. Die Amerikaner wollten mit dem »Marshallplan« – benannt nach ihrem Außenminister George Marshall – eigentlich ganz Europa wieder aufbauen. Doch es gab einen Gegner dieses Plans: den sowjetischen Diktator Josef Stalin. Seine Armeen hatten Osteuropa von den deutschen Besatzern befreit und standen nun im Ostteil Deutschlands. Das Angebot der Amerikaner, auch diesem Teil Europas zu helfen, hielt er für eine Einmischung in seinen Interessenbereich – für Osteuropa und Ostdeutschland, wo inzwischen ihm ergebene kommunistische Regierungen herrschten, lehnte er den Marshall-Plan ab.

Zigarettenwährung und Währungsreform

Zur Finanzierung des Krieges hatte Hitler viel Geld drucken lassen, das nach Kriegsende in Gebrauch blieb. Doch das Geld war wertlos, weil nur wenig Waren produziert wurden. Mit Lebensmittelkarten konnten die Menschen eine beschränkte Menge an Lebensmitteln kaufen. Weil die Zuteilungen klein waren, hungerten viele Deutsche. Wer mehr wollte, musste Waren zum Tauschen haben – am begehrtesten waren Zigaretten. Mit der Währungsreform bekam jeder Bürger in den Westzonen für 60 alte Mark 40 D-Mark. Alte Sparguthaben wurden fast wertlos. Für das neue Geld wollten die Händler ihre Waren gerne verkaufen – die Geschäfte füllten sich über Nacht mit gehorteten Gütern.

Wer Zigaretten hatte, besaß ein begehrtes Tauschobjekt in der Zeit vor der Währungsreform.

Juli/August 1948
In London finden olympische Sommerspiele statt

August 1948
Auf der Herreninsel im Chiemsee tagt ein Konvent zur Vorbereitung des deutschen Grundgesetzes

15. September 1944
Konrad Adenauer wird zum Präsidenten des Parlamentarischen Rates gewählt

Neues Geld im Westen

Am 20. Juni 1948 führten die drei Westmächte in ihren Zonen eine neue Währung, die Deutsche Mark, ein. Was sollte nach der Währungsreform mit Berlin geschehen? Es lag mitten in der sowjetischen Besatzungszone, wurde aber von allen vier Mächten verwaltet. Die Sowjets reagierten drei Tage später mit einer eigenen Währungsreform, die auch für ganz Berlin gelten sollte. Sie wussten: wer das Geld druckt, kann auch die Wirtschaftsform bestimmen. Und die sollte nach sowjetischem Vorbild kommunistisch organisiert sein – und zwar auch in den Westsektoren Berlins. So wollte Stalin den Einfluss der Westmächte in Berlin vermindern. Doch die waren vorbereitet. Sie beschlossen, innerhalb weniger Tage auch in den Westteilen Berlins die neue starke D-Mark einzuführen. Das reizte

Josef Stalin, der sowjetische Diktator, wollte die Westsektoren Berlins mit einer Blockade isolieren.

Als Stalin die Blockade Berlins verfügt hatte, gab es auf dem Landweg kein Durchkommen mehr : Vor dem Grenzübergang Helmstedt stauen sich im Sommer 1948 die Lastwagen.

28. Februar 1949
In Köln findet zum ersten Mal seit dem Ende des Krieges wieder ein Rosenmontagsumzug statt

4. April 1949
Die Nordatlantische Verteidungsgemeinschaft (NATO) wird in Washington gegründet

8. Mai 1949
Der Parlamentarische Rat nimmt das Grundgesetz an, die freiheitlichste deutsche Verfassung, die es je gegeben hat

Die amerikanische HIlfsorganisation CARE schickte in den Jahren nach dem Zweiten Weltkrieg Millionen Päckchen mit Lebensmitteln nach Deutschland. Hier bedankt sich der Berliner Bürgermeister Ernst Reuter (links) in New York für die großzügige Hilfe.

den Sowjet-Diktator. Er wollte keine Insel des westlichen Wirtschaftssystems in seiner Besatzungszone dulden.

Berlin wird isoliert

Am 24. Juni verhängte er eine »Blockade« über die Westsektoren – die Kraftwerke im Osten lieferten keinen Strom mehr, die Bauern aus dem Umland keine Waren mehr, alle Verkehrswege in die Stadt wurden gesperrt. So wollte er die alliierten Truppen, die in ihren jeweiligen Berliner Sektoren stationiert waren, aus der Stadt drängen. Die westlichen Regierungen sollten erkennen, dass ganz Berlin in seinen Interessenbereich gehörte. »Es war eine Stimmung wie bei einer Sonnenfinsternis«, erinnert sich ein Berliner an den Beginn der sowjetischen Abriegelung. »Die Angst, dass die westlichen Alliierten uns verlassen, dass wir den Russen in die Hände fallen würden, war unheimlich groß.« Viele Berliner erinnerten sich mit Schrecken an die Eroberung Berlins 1945 durch die Rote Armee. Doch US-Präsident Harry S. Truman beschloss, nicht zu weichen. Sein Militärgouverneur in Westdeutschland, General Lucius D. Clay, riet: »Wenn wir Europa vor dem Kommunismus schützen wollen, dürfen wir uns nicht von der Stelle rühren.« Er hatte vor, den Westteil der Stadt wie eine belagerte Festung aus der Luft zu versorgen. General Clay ahnte, dass die Sowjets wegen Berlin keinen Krieg beginnen würden, denn allein die USA hatten die Atombombe in

Nach fast einem Jahr war die Blockade im Mai 1949 zu Ende: Große Freude bei den Menschen.

10. Mai 1949
Der Parlamentarische Rat wählt Bonn zur vorläufigen Bundeshauptstadt

12. Mai 1949
Ende der Berlin-Blockade

29. August 1949
Die Sowjetunion zündet ihre erste Atombombe

der Hinterhand. Zudem war den Westalliierten der freie Zugang nach Berlin auf dem Luftweg vertraglich zugesichert worden. Doch konnte eine Millionenstadt aus der Luft am Leben erhalten werden?

Der Blockade getrotzt

Amerikaner und Briten bewiesen in den elf Monaten der Blockade, dass es funktionierte. Aus aller Welt holten sie Flugzeuge heran. Im Dauereinsatz pendelten sie von Westdeutschland nach Berlin. So trotzte der Westen Berlins den Sowjets. In der blockierten Stadt wurde im November 1948 gewählt – der Gewinner der Wahl war Bürgermeister Ernst Reuter (SPD), der voll auf der Seite des Westens stand. Im Ostteil gab es keine demokratischen Wahlen – dort wurde ein kommunistischer Bürgermeister ernannt. Damit war Berlin politisch in Ost und West gespalten – obwohl die Bürger sich weiterhin frei zwischen den Sektoren bewegen konnten. Als die Sowjets erkannten, dass sie als Belagerer in der Weltöffentlichkeit keinen guten Eindruck machten und Berlin mit immer größeren Flugzeugen immer besser versorgt werden konnte, gaben sie nach. Nach Verhandlungen in New York hoben sie am 12. Mai 1949 die Blockade auf. Die erste gefährliche Krise zwischen Ost und West war vorbei, doch die Welt stand erst am Anfang des »Kalten Krieges«, der Berlin und die Welt vier Jahrzehnte in Atem hielt.

Rosinenbomber

Viele Rosinenbomberbesatzungen hatten ein Herz für Kinder und warfen an kleinen Fallschirmen Süßigkeiten ab.

Die Berliner nannten die Flugzeuge, die ihre Stadt versorgten, Rosinenbomber – dabei transportierten zwei Drittel der Maschinen die überlebenswichtige Kohle. Die Kinder Berlins waren von einer Aktion der Amerikaner begeistert: Einige Piloten bastelten kleine Fallschirme, an denen sie Schokolade und Kaugummi beim Landeanflug über Berlin abwarfen – am Flughafen Tempelhof warteten tausende Kinder auf die begehrten Süßigkeiten, die es nach dem Krieg in Deutschland kaum zu kaufen gab.

1948/1949
Während der Berlin-Blockade werden bei fast 275 000 Flügen 2 Millionen Tonnen Güter in die Stadt geflogen

3. Januar 1949
West-Berlin soll in den geplanten deutschen Weststaat einbezogen werden – verlangt Bürgermeister Ernst Reuter

1949
In den westlichen Besatzungszonen Deutschlands und der sowjetschen entsteht jeweils ein deutscher Staat

Die DDR und die Bundesrepublik entstehen

Zweimal Deutschland

Nach dem Zusammenbruch des »Dritten Reichs« gingen die Deutschen in Ost und West unterschiedliche politische Wege – die jeweiligen Siegermächte gaben die Richtung vor. Im Westen entstand 1949 ein demokratischer Staat, im Osten ein sozialistischer Staat. Was viele als vorläufige Lösung sahen, erwies sich als erstaunlich langlebig.

Auf der Potsdamer Konferenz im Juli 1945 demonstrierten die Kriegsgewinner eine – schon bald zerbrechende – Einigkeit: der britische Premier Churchill, US-Präsident Truman, Sowjet-Diktator Stalin.

24. Januar 1949
Ein Ausschuss zur Vorbereitung einer Staatsgründung in den Westzonen wird gebildet

19. März 1949
Die Verfassung der künftigen DDR wird vom Volksrat der Länder verabschiedet

8. April 1949
Die französische Besatzungszone tritt der »Bizone« (britische und amerikanische Zone) bei: die »Trizone« entsteht

Die Siegermächte werden zu Rivalen: Deutschland wird geteilt

Die Staatsgründung der Bundesrepublik Deutschland machte kaum Schlagzeilen. Auf den hinteren Seiten der Zeitungen wurde am 23. Mai 1949 berichtet, dass der Parlamentarische Rat und die Ministerpräsidenten der Länder in Bonn ein »Grundgesetz« unterzeichnet hatten. Zwei Drittel der Deutschen in den Westzonen hatten kaum eine Vorstellung davon, was das für sie bedeutete. Von Begeisterung war nichts zu spüren. Die Geburt eines neuen Staates auf dem Gebiet der Westzonen vollzog sich fast verschämt. Und der CDU-Politiker Konrad Adenauer verkündete: »Durch Kräfte, die stärker sind als der Wille des deutschen Volkes, ist es heute unmöglich gemacht, das ganze Deutschland zu einem Staat zusammenzufassen.«

Westmächte gegen Sowjetunion

Die Regierungen der Westmächte hatten in den drei Jahren nach Kriegsende erkannt, dass die vierte Siegermacht, die Sowjetunion ein schwieriger Partner war. Eine Zukunftslösung für ganz Deutschland war mit diesem Partner kaum zu erreichen. Die Sowjets hatten vor, in ihrer Zone ein kommunistisches System zu errichten – deutsche Kommunisten waren unter der Führung von Walter Ulbricht, der während der NS-Herrschaft in Moskau Zuflucht gefunden hatte, schnell aktiv geworden. In Berlin und in der Sowjetzone sollte die »Gruppe Ulbricht« die politischen

Konrad Adenauer

Konrad Adenauer wurde der erste Kanzler der neu gegründeten Bundesrepublik.

Als die Bundesrepublik Deutschland gegründet wurde, war Konrad Adenauer 73 Jahre alt. Sein Alter hinderte ihn nicht, zum entschlossensten Fürsprecher des neuen Staates zu werden. Der in Köln 1876 geborene Jurist trat 1906 der katholischen Zentrumspartei bei.
Von 1917 bis 1933 war er Oberbürgermeister von Köln, bis ihn die NS-Machthaber absetzten. Die Amerikaner setzten ihn nach dem Krieg wieder ein; 1945 wurde er zum führenden und prägenden Vertreter der neu gegründeten CDU.

5. Mai 1949
Zehn europäische Länder gründen den Europarat

11. Mai 1949
Die Vereinten Nationen nehmen den Staat Israel als Mitglied auf

15. und 16. Mai 1949
In der sowjetischen Zone finden Wahlen zum 3. Deutschen Volkskongress statt

Walter Ulbricht genoss das Vertrauen Moskaus. Als Vorsitzender der Sozialistischen Einheitspartei Deutschlands (SED) und Staatsratsvorsitzender prägte er viele Jahre lang die Politk der DDR.

und wirtschaftlichen Verhältnisse nach sowjetischem Vorbild gestalten. Das hieß: Enteignung und Umverteilung von landwirtschaftlich genutztem Boden, die Beschlagnahme von Industrieanlagen und die Errichtung eines politischen Systems, in dem nur zum Schein mehrere Parteien geduldet wurden. »Es muss demokratisch aussehen, aber wir müssen alles in der Hand haben«, war Ulbrichts Leitspruch. Mit Hilfe sowjetischen Drucks zwang er im April 1946 die traditionell starke SPD, sich mit der kleinen KPD zu vereinigen – bei dieser »Zwangsvereinigung« entstand die SED, die Sozialistische Einheitspartei Deutschlands, die fortan in der Sowjetzone das Sagen hatte.

Auf dem Weg zum Grundgesetz der Bundesrepublik

Die Westmächte reagierten auf Stalins eigenmächtige Politik. Im Februar 1948 beriefen sie in London eine Konferenz ein. Sie boten den Politikern in ihren Zonen an, einen Staat nach westlich-demokratischem Vorbild zu schaffen. Diese »Empfehlung« löste aber bei den Deutschen kaum Begeisterung aus. Ein Staat in den Westzonen war eine große Chance, aber sie konnte nur genutzt werden, wenn man den Gedanken von der Einheit Deutschlands vorerst aufgab – eine Gewissensfrage. Politische Parteien waren in den Westzonen schon im Sommer 1945 wieder zugelassen worden, die stärksten Kräfte waren die SPD und

Bei der Zwangsvereinigung der traditionellen Sozialdemokratischen Partei Deutschlands mit der Kommunistischen Partei zur SED im April 1946 gab es nicht nur fröhliche Gesichter: Handschlag von Wilhelm Pieck (KPD, l.) und Otto Grotewohl (SPD, r.), daneben sitzt Walter Ulbricht.

23. Mai 1949
Das Grundgesetz der Bundesrepublik Deutschland tritt in Kraft

30. Mai 1949
Die DDR-Verfassung wird vom Deutschen Volkskongress gebilligt

14. August 1949
Der erste deutsche Bundestag wird gewählt

die neugegründete CDU. Das politische Leben fand vorwiegend auf Länderebene statt – in der US-Zone waren schon 1945 die Länder Bayern, Hessen und Württemberg-Baden als Verwaltungseinheiten geschaffen worden, in der britischen Zone bildeten sich 1946 die Länder Nordrhein-Westfalen, Niedersachsen, Schleswig-Holstein und Hamburg, in der französischen Baden, Württemberg-Hohenzollern und Rheinland-Pfalz. Das Saarland stand als Sondergebiet unter französischer Verwaltung, 1947 entstand das Land Bremen. Ansprechpartner der Alliierten waren die Ministerpräsidenten dieser Länder – sie wurden im Juli 1948 aufgefordert, eine »verfassunggebende Versammlung« zu schaffen. Den Deutschen passte dieser Begriff nicht. Eine Verfassung war die Grundlage für einen Staat, doch einen Weststaat unter Abspaltung von den Ostdeutschen wollten damals nur wenige. Und so wurde das Wort »Grundgesetz« geschaffen – es ersetzte den Begriff »Verfassung« und sollte zeigen, dass man nur einen vorläufigen staatlichen Zusammen-

So wünschten sich die Sozialdemokraten auf einem Plakat von 1946 die Lage in Deutschland: die Fabrikschlote rauchen, der Bauer pflügt das Feld – Arbeit für alle!

Der SPD-Politiker Carlo Schmid gehört zu den »Vätern des Grundgesetzes«.

28. August 1949
In Darmstadt wird die Deutsche Akademie für Sprache und Dichtung ins Leben gerufen

7. September 1949
Bundestag und Bundesrat treten zu ihrer jeweils ersten Sitzung zusammen

1. Oktober 1949
Der Kommunistenführer Mao Zedong ruft die Volksrepublik China aus

Das Grundgesetz

»Die Würde des Menschen ist unantastbar. Sie zu achten und zu schützen ist Verpflichtung aller staatlichen Gewalt.« Dieser Artikel 1 des Grundgesetzes wurde nach den mörderischen Schrecken der Hitler-Jahre bewusst an den Anfang des Grundgesetzes gestellt. Die Verfassungsschreiber schufen einen »föderativen« Staat mit starken Bundesländern. Zur Demokratie gehört die »Gewaltenteilung«: das frei gewählte Parlament verabschiedet die Gesetze (»Legislative«) und wählt den Kanzler, der eine Regierung beruft (»Exekutive«). Die Richter des Bundesverfassungsgerichts sind die Hüter der Verfassung (»Judikative«). Der Präsident hat eine eher schwache Position.

schluss plante. Dennoch lief alles auf die Gründung eines Weststaates hinaus. Die Bedenken der Politiker zerstreute der Berliner Bürgermeister Ernst Reuter, der Stalins Sonderwege in der Sowjetzone aus nächster Nähe beobachten konnte. Er stellte kühl fest: »Die Spaltung Deutschlands wird nicht geschaffen, sie ist schon vorhanden.« Die Entscheidung über die Verfassung fiel im »Parlamentarischen Rat«, der ab September 1948 in Bonn tagte – Abgeordnete und Minister aus den Ländern diskutierten die Gestaltung des Grundgesetzes, den Vorsitz hatte der CDU-Politiker Konrad Adenauer.

Vorläufige Lösung?

Am 8. Mai 1949 verabschiedete der Parlamentarische Rat das Grundgesetz. Der Weststaat mit der bescheidenen Bundeshauptstadt Bonn galt vielen als vorläufige Lösung. Vorläufig hieß: bis zur Einbeziehung der Sowjetzone in eine gesamtdeutsche, demokratische Lösung, die sich viele bald erhofften. Doch sie wurden enttäuscht. Zwar sprach die SED in der Sowjetzone immer davon, dass ein einheitlicher Staat ihr Ziel blei-

Noch 1947 bestimmten Nachkriegselend und Hunger die Lage in Deutschland. Die von den amerikanischen Besatzern eingeführte Schulspeisung – hier in einem bayerischen Schulhof – war für manche Kinder die einzige Mahlzeit am Tag.

7. Oktober 1949
In der sowjetischen Besatzungszone wird die Deutsche Demokratische Republik (DDR) gegründet

12. Oktober 1949
Otto Grotewohl wird zum Ministerpräsidenten der DDR ernannt

31. Oktober 1949
Die Bundesrepublik tritt der Organisation für europäische wirtschaftliche Zusammenarbeit bei

Die Gebiete östlich der Flüsse Oder und Neiße musste Deutschland abtreten. Aus den Besatzungszonen der alliierten Siegermächte entstanden die Bundesrepublik und die DDR.

be. Doch sie ging schnell daran, einen eigenen Staat zu schaffen. Eine Woche nach der westdeutschen Staatsgründung nahm der »3. Deutsche Volkskongress« in Ost-Berlin eine Verfassung an, die von der SED entworfen worden war. Sie wurde am 7. Oktober 1949 durch das Parlament, die Volkskammer, in Kraft gesetzt – das war die Geburtsstunde der »Deutschen Demokratischen Republik«. Erster Regierungschef des sozialistischen Staates war Otto Grotewohl, doch die eigentliche Macht hatten die SED und deren Vorsitzender Walter Ulbricht.

Ein neuer, freier Staat

Erster Regierungschef des westdeutschen Staates wurde Konrad Adenauer. Seine CDU gewann die erste Bundestagswahl am 14. August 1949. Er blieb 13 Jahre lang Kanzler. Das »Provisorium« Bundesrepublik Deutschland erwies sich als erstaunlich langlebig – sie war der freieste Staat, der je auf deutschem Boden existiert hatte, ihr Grundgesetz wurde zur stabilsten Verfassung, die Deutschland je hatte.

27. Februar 1953
Die Bundesrepublik verpflichtet sich, die Schulden des Deutschen Reiches an das Ausland zu begleichen

5. März 1953
Tod des sowjetischen Parteichefs und Diktators Josef Stalin in Moskau

1953
Ein Streik gegen die Verschlechterung der Arbeitsbedingungen wird zum Aufstand gegen die DDR-Regierung

In der DDR erhebt sich das Volk gegen seine Regierung

Der Aufstand

Kaum ein anderes Datum in der deutschen Geschichte wurde so nachhaltig zum Gegenstand von Mythen und Legenden wie der 17. Juni 1953. An diesem Tag streikten die Ost-Berliner Arbeiter. Aber war dieser Aufstand nur ein Protest gegen die Erhöhung der Arbeitsnormen, oder ging es um mehr: um Einheit und Freiheit?

Die Arbeiter sollten mehr arbeiten und die Lebensmittelpreise stiegen. Im Juni 1953 ließen diese Maßnahmen die allgemeine Unzufriedenheit zum Aufstand hochkochen.

25. März 1953
Ein Gesetz regelt die Eingliederung der Millionen aus den Ostgebieten vertriebenen Deutschen

6.–17. April 1953
Erster Besuch des Bundeskanzlers Konrad Adenauer in den USA

30. April 1953
In der DDR wird der Karl-Marx-Orden für besondere Verdienste um den Aufbau des Sozialismus gestiftet

Der Arbeiter- und Bauernstaat schlägt Arbeiterdemonstrationen nieder

Horst Ballentin hatte nicht lange nachgedacht. Irgendjemand hatte gesagt: »Man müsste die rote Fahne herunterholen!» Der junge Mann ließ sich nicht lange bitten: Mit zwei Mitstreitern kletterte er auf das Brandenburger Tor. Es war gegen elf Uhr vormittags am 17. Juni 1953, als er sich mit einem Taschenmesser daran machte, die Sowjetflagge von der Fahnenstange abzutrennen. Gebannt blickten Tausende Augenpaare auf das Tor. Schon hielt er die Fahne der verhassten Besatzungsmacht in seinen Händen. Einen Moment lang überlegte er – dann warf er sie hinunter. Unten stürzten sich die Menschen auf das Stück Stoff, zerrissen es in kleine Stücke, die sie dann verbrannten. Horst Ballentin wurde von der Menge als Held gefeiert.

Die Flagge der Sowjetunion weht nicht mehr über dem Brandenburger Tor: So begann der Arbeiteraufstand 1953.

Warum kam es zu diesem heftigen Ausbruch des Volkszorns? SED-Generalsekretär Walter Ulbricht hatte geglaubt, die Zügel

Stalins Tod und Ulbricht

Knapp drei Monate vor dem Aufstand war der sowjetische Diktator Stalin gestorben. Seine Nachfolger im Kreml nahmen einen politischen Kurswechsel vor. Sie erwogen sogar eine Wiedervereinigung Deutschlands auf Basis der Neutralität. Stalin-Anhänger Ulbricht passte dagegen auf einmal nicht mehr in die Zeit. Anfang Juni erklärte man ihm, seine harte politische Linie sei fehlerhaft, es müsse sofort eine radikale Wende erfolgen. Ulbricht gehorchte widerwillig. Doch nach dem Aufstand war der SED-Chef, der mit seiner desolaten Politik die Erhebung mit provoziert hatte, ein unerwarteter Gewinner. Die Sowjetführung riskierte nicht mehr, den Sündenbock fallen zu lassen und stärkte ihm fortan den Rücken.

Totengedenken für Stalin am Ehrenmal der Roten Armee, 1953.

10. Mai 1953	**29. Mai 1953**	**2. Juni 1953**
In der DDR wird die Stadt Chemnitz in Karl-Marx-Stadt umbenannt	Der Neuseeländer Edmund Hillary und der Nepalese Tenzing Norgay besteigen als erste Menschen den Mount Everest	In der Westminster-Abtei in London wird Elizabeth II. zur Königin von England gekrönt

Sozialistische Losung: Die Bauern sollten nicht selbstständig wirtschaften, sondern den Landwirtschaftlichen Produktionsgenossenschaften (LPG) beitreten.

fest in den Händen zu halten. Seine Sozialistische Einheitspartei Deutschlands hatte das Sagen in der DDR und Ost-Berlin. Doch die Entwicklung des Landes nach dem Vorbild des »großen Bruders« Sowjetunion ging Ulbricht zu langsam voran. 1952 verkündete er deshalb den beschleunigten »Aufbau des Sozialismus»« Das hieß: weniger Waren in den Geschäften, dafür mehr Schwerindustrie. Außerdem wurden die Bauern gezwungen, sich zu so genannten Produktionsgenossenschaften zusammenzuschließen. Die beschlossenen Maßnahmen hatten erhebliche Folgen: Lebensmittel und andere Waren wurden knapp. Nicht wenige Bürger kehrten der DDR daraufhin den Rücken und gingen in den Westen.

Das Fass ist kurz vor dem Überlaufen

Statt in dieser Situation jedoch Dampf aus dem Kessel zu lassen, erhöhte die SED noch den Druck. Am 28. Mai 1953 gab Ulbricht eine Erhöhung der Arbeitsnormen um zehn Prozent bekannt. Das bedeutete, dass ein Arbeiter in der gleichen Zeit mehr schaffen musste, um seinen bisherigen Verdienst zu behalten. Gleichzeitig wurden die Verbraucherpreise erhöht. Das Ergebnis: Viele Arbeiter verloren bis zu einem Viertel ihres Verdienstes. In den Betrieben begann es zu brodeln. Zwei Wochen später reagierte die Partei auf den Unmut in der Bevölkerung und verkündete einen »neuen Kurs«. Viele Zwangsmaßnahmen wurden zurückgenommen, nur eine nicht – die Normerhöhung. Erste Rufe nach Streiks wurden laut. Sie trafen vor allem bei den Bauarbeitern auf offene Ohren, da diese in besonderem Maße von den Lohneinbußen betroffen waren. Ein Artikel in einer Gewerkschaftszeitung

Gegen ihre aufständischen Bürger lässt die DDR im Juni 1953 Panzer auffahren.

16. Juni 1953
In Ost-Berlin entsteht aus einem Bauarbeiterprotest eine Demonstration von 10 000 Menschen

17. Juni 1953
Ausweitung des Ost-Berliner Streiks gegen die Arbeitsnormenerhöhung auf die ganze DDR

18. Juni 1953
Masseninhaftierungen. Todesurteile für 29 Personen, die in den folgenden Tagen hingerichtet werden

1953 war das Brandenburger Tor in Berlin noch nicht durch die Mauer blockiert: Aufständische Arbeiter marschieren Richtung Westen.

am 16. Juni brachte das Fass dann zum Überlaufen. Die Arbeiter mussten lesen, dass die Erhöhung der Arbeitsnormen in vollem Umfang gerechtfertigt sei. Jetzt war endgültig kein Halten mehr. Bauarbeiter aus der Stalin-Allee legten ihre Arbeit nieder und zogen zum Regierungsviertel in Ost-Berlin. Schnell schwoll der Demonstrationszug auf 10 000 Menschen an. Unter dem Druck der Proteste traf die SED eine schmerzliche Entscheidung: die Normerhöhung wurde zurückgenommen. Doch als ein Funktionär den Demonstranten diese Nachricht verkündete, reichte ihnen das nicht mehr. Nun waren auf einmal Forderungen wie »Freiheit« und »Nieder mit der Regierung« zu hören. Plötzlich stand das ganze SED-System am Pranger. Die Losung lautete nun »Generalstreik«.

Der Aufstand beginnt

Wie ein Lauffeuer verbreitete sich diese Parole über die gesamte DDR. Im ganzen Land legten Arbeiter die Arbeit nie-

21. Juni 1953
Die DDR-Führung nimmt die Erhöhung der Arbeitsnormen zurück

21. Juni 1953
Die deutsche Fußballmeisterschaft gewinnt der 1. FC Kaiserslautern mit einem 4:1 über den VfB Stuttgart

4. August 1953
Der 17. Juni wird als »Tag der deutschen Einheit« Nationalfeiertag der Bundesrepublik

In Westdeutschland wurde der Aufstand vom 17. Juni 1953 auch als Forderung nach der deutschen Einheit gesehen.

der. Vor allem in den Großbetrieben brodelte es. Die Forderungen der Streikenden reichten von einer weiteren Normensenkung und freien Wahlen bis zur sofortigen Wiedervereinigung Deutschlands. Zentrum des Aufstands blieb Ost-Berlin. Hier zogen 50 000 Demonstranten durch das Brandenburger Tor. Doch die Stimmung wurde von Stunde zu Stunde explosiver. Aus den friedlichen Protesten wurde ein wütender Volksaufstand. Fahnen und Propagandaparolen wurden heruntergerissen; Parteibüros der SED und Zeitungskioske in Brand gesteckt. Es kam zu Zusammenstößen mit der Polizei.

Panzer gegen Arbeiter

Ulbricht und der Rest der SED-Führung hatten sich mittlerweile ins Hauptquartier der Sowjetarmee geflüchtet. Fassungslos starrten sie auf »ihr« Volk, das sich gegen sie erhob. Jetzt handelte der sowjetische »große Bruder«. Panzer der Roten Armee wurden

6. September 1953
Zum zweiten Mal wird der deutsche Bundestag gewählt

7. Oktober 1953
Wilhelm Pieck wird erneut Präsident der DDR

10. Dezember 1953
George C. Marshall, der »Erfinder« des Marshall-Plans zum Wiederaufbau Europas, erhält den Friedensnobelpreis

gegen die Demonstranten in Bewegung gesetzt. Das Dröhnen der Motoren und das Rasseln der Panzerketten reichte schon aus, um viele Demonstranten flüchten zu lassen. Die Mutigsten hakten sich unter und gingen auf die metallenen Ungetüme zu. Auf dem Potsdamer Platz kämpften einige Unentwegte mit Pflastersteinen gegen die Panzer. Doch der Aufstand wurde niedergewalzt. »Es war schaurig anzusehen, wie die Salven losgingen und die Menschenmassen zu Boden stürzten. Man sah, wie sich gleich einige auf dem Boden wälzten, blutüberströmt«, beschrieb ein Augenzeuge die Situation.

Der Aufstand für die Freiheit – gescheitert

Am Abend des 17. Juni war alles vorbei – der Aufstand war niedergeschlagen. Schnell war auch die Legende vom »Tag X« geboren: der Tag, an dem »Imperialisten» aus dem Westen angeblich die DDR »aufrollen« wollten, um eine »faschistische Macht« zu etablieren. Dies blieb in der DDR über dreißig Jahre die offizielle Erklärung für die Volkserhebung. Die Politiker in der Bundesrepublik erklärten den 17. Juni dagegen zum »Tag der Deutschen Einheit«. Doch die Wiedervereinigung war nicht das Hauptziel der Demonstranten an diesen entscheidenden Tagen des Jahres 1953. Der Protest hatte vor allem die Abschaffung des Sozialismus in der DDR zum Ziel. Der 17. Juni 1953 war hauptsächlich eines – ein Aufstand für die Freiheit.

Bilanz des 17. Juni

Zwischen einer und anderthalb Millionen Menschen in über 500 Orten der DDR beteiligten sich an den Protesten. Über 167 der insgesamt 217 Stadt- und Landkreise war der Ausnahmezustand verhängt worden. Die Volkserhebung forderte fast 200 Todesopfer. Hunderte erlitten bei den Tumulten teils schwere Verletzungen. In den Tagen nach dem Aufstand wurden über 6000 Menschen verhaftet. Die Gerichte verhängten in Schnellverfahren insgesamt über 8000 Jahre an Gefängnisstrafen.

29. Januar 1954
Das erste Pannenhilfsfahrzeug des ADAC geht in den Einsatz

23. März 1954
Bayern ist das letzte Bundesland, in dem die Untersuchung einer eventuellen Nazivergangenheit beendet wird

1954
Der Gewinn der Fußballweltmeisterschaft krönt die erfolgreiche Nachkriegsentwicklung der Bundesrepublik

Der Wiederaufbau nach den Zerstörungen des Krieges

Die Wunder-Jahre

Man konnte sich nur wundern: Trümmer-Deutschland verwandelte sich in eine führende Industrienation, die Deutschen eroberten friedlich die Strände Italiens und wurden zum ersten Mal Fußball-Weltmeister: »Wir sind wieder wer« – nur zehn Jahre nach dem verlorenen Krieg. Doch das galt nur für die Westdeutschen.

Der Käfer von Volkswagen steht wie kaum etwas anderes für den wirtschaftlichen Aufschwung Deutschlands nach dem Krieg: Käfer-Produktion 1957 im Wolfsburger VW-Werk.

7. April 1954
Bundestag und -regierung erklären, dass allein die Bundesrepublik das Land Deutschland in der Welt repräsentiert. Die DDR wird nicht anerkannt (»Alleinvertretungsanspruch«)

7. Mai 1954
In Indochina (Vietnam) endet die französische Kolonialherrschaft in Asien

In Deutschland geht es aufwärts – in der Wirtschaft und im Fußball

Die Wende schien so überraschend, dass man glaubte, sie nur durch »Wunder« erklären zu können. Zuerst kam das »Wirtschaftswunder«: Auf die Niederlage 1945 folgte keine jahrzehntelange Armut in Deutschland, keine krisengeschüttelte Republik, wie nach dem Ersten Weltkrieg, sondern ein unerwarteter Aufschwung und wirtschaftlicher Erfolg der geschlagenen Deutschen. Innerhalb weniger Jahre waren die Lebensverhältnisse hier besser, als sie vor dem Krieg jemals gewesen waren. »Wohlstand für alle« – der Leitsatz von Wirtschaftsminister Ludwig Erhard wurde zum Lebensmotto einer ganzen deutschen Generation – vor allem aber wurde er Wirklichkeit: Überall entstanden Wohnhäuser und Straßen, die Regale in den Geschäften waren voll, selbst einst seltene Luxusgüter waren im Überfluss vorhanden. Und die ersten konnten sich sogar schon wieder einen Urlaub in Italien leisten.

Solides Geld für Deutschland

Die D-Mark war eine der härtesten Währungen Europas und es gab faktisch keine Arbeitslosigkeit. »Made in Germany« wurde weltweit zum Gütesiegel. Sicher: Kühlschrank, Waschmaschi-

Ludwig Erhard

Ludwig Erhard (1897–1977) war erster Wirtschaftsminister der Bundesrepublik, später der zweite Bundeskanzler. Sein Markenzeichen waren seine Leibesfülle und die Zigarre – beides Zeichen für Wohlstand. Er warb dafür, dass die Wirtschaft nicht vom Staat gelenkt wurde, sondern sich frei entwickeln konnte, dafür aber ein sozialer Ausgleich mit den Interessen der Arbeiterschaft stattfinden musste. Erhard ging in die Geschichte ein als »Vater des Wirtschaftswunders«.

Plakat der CDU/CSU zu den Bundestagswahlen 1957.

1. Juni 1956
In der DDR wird die Fluggesellschaft »Deutsche Lufthansa« gegründet (ab 1958 »Interflug«)

16. Juni 1954
In Bern beginnt die Fußballweltmeisterschaft

17. Juni 1954
Die Bundesrepublik begeht den Jahrestag des Volksaufstandes in der DDR erstmals als Feiertag

Ein Kühlschrank und ein eigenes Auto: Die Industrie kannte die Wünsche der Deutschen und warb entsprechend für ihre Produkte.

Rechts: Durch den Marshall-Plan kam Geld ins Land und dringend nötige Aufbaumaßnahmen konnten bezahlt werden.

ne, Auto waren vor allem Exportschlager. Die wenigsten Arbeiter konnten sich selbst das leisten, was sie bauten. Aber der rasante Aufschwung nährte die Hoffnung, dass es nicht mehr allzu lange dauern würde, bis sich das änderte.

Soziale Marktwirtschaft

Luxusgüter für jedermann, Kühlschrank, Waschmaschine, Auto: Es ist viel spekuliert worden, was wirklich hinter diesem »Wunder« steckte. Zunächst einmal hatte die Bundesrepublik mit der sozialen Marktwirtschaft die richtige Wirtschaftsordnung: Durch vorsichtiges und zurückhaltendes Eingreifen des Staates sowie dank einer grundsätzlichen Kompromissbereitschaft bei Arbeitgebern und Gewerkschaften gelang der Ausgleich zwischen den rauen Gesetzen des Kapitalismus und der Forderung nach sozialer Gerechtigkeit. Daneben gab es den »Marshall-Plan«: Während in der DDR Industrie- und Eisenbahnanlagen demontiert wurden, um sie in die im Krieg zerstörte Sowjetunion zu bringen, erhielt die Bundesrepublik aus Amerika Wirtschaftshilfe im Wert von 20 Milliarden Mark. Der Plan ist benannt nach dem amerikanischen Außenminister George Marshall, der mit den Finanzspritzen das nichtkommunistische Westeuropa im Kalten Krieg stärken wollte.

Heraus aus dem Dreck

Vor allem aber war das Wirtschaftswunder das Ergebnis harter Arbeit. Der damalige Fleiß der Deutschen, ihre Pünktlichkeit, Genauigkeit und Ordnung waren in der Welt hoch angesehen. Psychologen erklärten das Phänomen später so: Nachdem ein deutscher Nationalstolz durch den Holocaust unglaubwürdig geworden und verpönt war, suchten die Menschen in

4. Juli 1954
Im Finale der Fußball-WM schlägt die Bundesrepublik Ungarn mit 3:2 und wird Fußballweltmeister

5. Juli 1954
Triumphale Rückkehr der deutschen Fußballmannschaft nach Deutschland in einem Sonderzug der Bundesbahn

5. Juli 1954
Mit dem Song »That's All Right, Mama« beginnt der Rock 'n Roll-Sänger Elvis Presley seine Karriere

Deutschland nach anderen Begründungen für ihr Selbstwertgefühl – und der Wiederaufbau war schließlich eine große Gemeinschaftsleistung. Die meisten Zeitgenossen sahen es weniger akademisch: Sie wollten einfach aus dem Dreck der unmittelbaren Nachkriegszeit herauskommen. Die 48-Stunden-Woche, Samstagsarbeit und nur 14 Tage Urlaub pro Jahr waren Normalität – aber sie wurden hingenommen, weil sie ein besseres Morgen versprachen.

Fleiß und ein ungeheurer Arbeitswille: Das waren die Markenzeichen der Aufbaujahre nach dem Zweiten Weltkrieg in der Bundesrepublik Deutschland.

Vorteil für Deutschland

Während des Kriegs hatten die Deutschen viele hochmoderne Industrieverfahren entwickelt. Dieses Know-how war nicht verloren gegangen. Ganz im Gegenteil: Weil viele Industrieanlagen durch die Bombenangriffe in Schutt und Asche gelegt worden waren, konnte Deutschland mit einem runderneuerten Maschinenpark an anderen Ländern vorbeiziehen. Und noch etwas kam hinzu: Im Fernen Osten, in Korea, tobte seit 1950 der erste »heiße« Krieg des »Kalten Krieges«. Während viele Länder ihre Industrien wieder auf Rüstungsproduktion umstellen mussten, erhielten die Deutschen Zugang zu den Weltmärkten und konnten Autos, Lokomotiven, Schiffe und viele andere Güter auf der ganzen Welt verkaufen.

In den 1950er Jahren begann der Siegeszug des Fernsehens – und Deutschland produzierte hervorragende Geräte.

17. Juli 1954
Theodor Heuss wird für eine zweite Amtszeit zum Bundespräsidenten gewählt

2. Oktober 1954
Pariser Verträge: Aufnahme der Bundesrepublik in die NATO und Beschluss über Wiederbewaffnung

17. Oktober 1954
Bei der Volkskammerwahl in der DDR wird ein Ergebnis von 99,46% Zustimmung zu den Einheitslisten ermittelt

Das Unvorstellbare ist wahr geworden: Deutschland gewinnt die Fußballweltmeisterschaft 1954. Mannschaftskapitän Fritz Walter und Trainer Sepp Herberger nach der Siegerehrung im Fußballstadion von Bern.

Das »Wunder von Bern«

Was den Deutschen neben ihrem wirtschaftlichen Wiederaufstieg eigentlich nur noch fehlte, war die moralische Anerkennung in der Welt. Noch immer fühlten sie sich als Buhmänner der Weltgeschichte. Doch nun sollte ein anderes Wunder behilflich sein: das »Wunder von Bern«. Im Sommer 1954 durfte Deutschland erstmals seit dem Zweiten Weltkrieg wieder an einem großen Fußballturnier teilnehmen. Die Elf von Bundestrainer Sepp Herberger trat freilich an als der krasse Außenseiter. Diese Rolle schien sich tatsächlich zu bestätigen, als die Deutschen 3:8 in der Vorrunde gegen die favorisierten Ungarn verloren. Die deutsche Presse schäumte vor Wut, durchschaute jedoch nicht Herbergers Taktik: Gegen die starken Ungarn hatte er seine besten Spieler geschont. Ein Sieg gegen die Türkei sicherte in der nächsten Partie das Weiterkommen. Alles weitere

1. November 1954
Die Ausstrahlung des gemeinsamen Fernsehprogramms der ARD beginnt offiziell

30. November 1954
Tod des Dirigenten Wilhelm Furtwängler, Nachfolger bei den Berliner Philharmonikern wird Herbert von Karajan

10. Dezember 1954
Der deutsche Wissenschaftler Walter Bothe erhält zusammen mit dem Briten Max Born den Nobelpreis für Physik

grenzt an ein Wunder: Im Viertelfinale siegten die Deutschen gegen Jugoslawien, im Halbfinale gegen Österreich.

Am 4. Juli 1954 stand Deutschland im Finale: 30 000 deutsche Fans pilgerten ins Wankdorf-Stadion in Bern. Deutschlands Straßen waren leer gefegt. Millionen hatten ihre Radios eingeschaltet. Kneipenwirte machten an diesem Sonntag das Geschäft des Jahres. Der Himmel hielt zu den Deutschen: »Fritz-Walter-Wetter«. Der Kapitän der deutschen Elf glänzte auf dem Platz vor allem bei Regenwetter. Dennoch gingen die Ungarn innerhalb von acht Minuten mit zwei Toren in Führung. Bis zur Halbzeitpause gelang jedoch der Ausgleich, dann geschah lange nichts.

»Wir sind wieder wer«

In der 84. Minute schließlich kam Helmut Rahn vor dem Tor an den Ball: »Aus dem Hintergrund müsste Rahn schießen, Rahn schießt. Tooor! Tooor! Tooor! Tor für Deutschland«, schepperte es damals aus dem Radio. Sechs bange Minuten später stand das Unglaubliche fest: Deutschland war Weltmeister, neun Jahre nach der totalen Niederlage. Für viele war dieser Sieg die eigentliche Geburtsstunde der Bundesrepublik. Doch anders als das »Wirtschaftswunder« war das »Wunder von Bern« ein gesamtdeutsches Ereignis: Nicht nur zwischen Kiel und Konstanz, sondern auch zwischen Rostock und Suhl waren sich die Deutschen einig: »Wir sind wieder wer.«

Der VW-Käfer

In den Aufbaujahren ein Traum für viele: mit dem VW-Käfer in den Urlaub.

Zum Symbol des Wirtschaftswunders in Deutschland wurde ein Auto: der VW-Käfer. Der legendäre Kleinwagen war nicht nur einigermaßen erschwinglich. Er hatte auch einen Siegeszug durch die ganze Welt angetreten und das deutsche Ansehen wieder hergestellt: Bescheidenheit statt Großmannssucht, Zuverlässigkeit statt Unberechenbarkeit. Vor allem aber konnten sich im Käfer die Deutschen selbst wiederfinden: Als »Wagen für das Volk« war er auf Hitlers Betreiben in der Nazi-Zeit entwickelt worden, hatte dann als Kübelwagen im Krieg Karriere gemacht. Am 5. August 1955 lief der einmillionste Käfer vom Band. Inzwischen stand sein Erfolg für die neuen deutschen Hoffnungen.

3. Januar 1961
Die USA und Kuba brechen ihre diplomatischen Beziehungen ab

11. April 1961
In Jerusalem beginnt der Prozess gegen Adolf Eichmann, den Organisator der Judenvernichtung der Nazis

1961
Die DDR-Regierung lässt in Berlin eine Mauer zwischen den westlichen Sektoren und dem Ostsektor errichten

Die DDR mauert sich ein

Die Berliner Mauer

Der Bau der Berliner Mauer war ein Meilenstein des Kalten Krieges. Am 13. August 1961 machte die DDR das letzte Schlupfloch zur Flucht in den Westen dicht. Mehr als 28 Jahre lang markierte der »antifaschistische Schutzwall«, wie die Mauer in der DDR offiziell genannt wurde, die Teilung Deutschlands in Ost und West.

Ein brutaler Schnitt durch eine lebendige Stadt: die Mauer im Zentrum von Berlin, 1969.

5. Mai 1961
Alan Shepard fliegt als erster Amerikaner in den Weltraum. Der Russe Gagarin war der erste Mensch im All gewesen

6. Juni 1961
Das Zweite Deutsche Fernsehen (ZDF) wird gegründet

15. Juni 1961
DDR-Staats- und Parteichef Ulbricht verneint, dass es Absichten zum Bau einer Mauer gebe

Die Teilung der alten Hauptstadt zementiert die Spaltung Deutschlands

Seine Nerven waren zum Zerreißen gespannt. Die Maschinenpistole, die der neunzehnjährige DDR-Soldat Conrad Schumann über der Schulter trug, schien von Minute zu Minute schwerer zu werden. Mit zitternden Händen rauchte er eine Zigarette nach der anderen. Der Schweiß rann in Strömen unter seinem Stahlhelm hervor. Er hatte Angst. Seit zwei Tagen stand er Wache an der Grenze zwischen Ost- und West-Berlin. Doch der junge Mann wollte weg aus der DDR. Die Zeit drängte: Noch markierte lediglich Stacheldraht den Grenzverlauf, doch bald würde eine Mauer aus Betonplatten errichtet werden. Unmerklich drückte Schumann den Draht immer wieder ein wenig herunter. Irgendwann gab er sich dann einen Ruck und sprang über den Stacheldraht in den Westen. Ein Fotograf hat diesen Moment eingefangen. Das Bild wurde zum Symbol gegen die Teilung Deutschlands und für die Freiheit.

Ein Bild, das Geschichte machte: Conrad Schumann rettet sich mit einem Sprung über den Stacheldraht in die Freiheit.

Ein »eiserner Vorhang« fällt herab!

Begonnen hatte alles in der Nacht zum 13. August 1961. Während die Berliner noch in ihren Betten lagen, riegelte die DDR die Grenze zwischen Ost- und West-Berlin ab. Am Brandenburger Tor gingen kurz vor zwei Uhr morgens die Lichter aus. Schützenpanzer fuhren auf und richteten ihre Mündungsrohre gegen Westen. Bauarbeiter mit Presslufthämmern rissen den Asphalt auf. Stacheldrahtrollen und Betonpfeiler wurden angekarrt. Innerhalb weniger Stunden entstand mitten in Berlin der »Eiserne Vorhang« zwischen Ost und West.

1. August 1961
Die DDR-Regierung kündigt an, dass es im deutsch-deutschen Reiseverkehr Einschränkungen geben wird

13. August 1961
Der Bau der Berliner Mauer beginnt

14. August 1961
Die DDR schließt das Brandenburger Tor Richtung Westen

Am Anfang wurden nur Stacheldrahtrollen ausgelegt, an ihre Stelle trat später massiver Beton und die Teilung Berlins und der Welt wurde für jeden sichtbar.

»Republikflüchtlinge«

Der Mauerbau war ein Schlüsselereignis des Kalten Kriegs. Überraschend kam es nicht. Seit dem Volksaufstand am 17. Juni 1953 war in der DDR die Kluft zwischen Bürgern und Führung immer größer geworden. Jahr für Jahr erreichten die Flüchtlingszahlen neue Rekordmarken. Die meisten der so genannten Republikflüchtlinge waren unter 25 Jahren – ein schmerzlicher Verlust für den SED-Staat. Vor allem die Vier-Sektoren-Stadt Berlin war den DDR-Oberen dabei ein Dorn im Auge. Denn während die Grenze zwischen der DDR und der Bundesrepublik längst dichtgemacht worden war, lief der Verkehr hier

noch immer praktisch reibungslos. Fast 12 000 West-Berliner pendelten täglich zu ihren Arbeitsstellen im Osten. Mehr als 50 000 Ost-Berliner waren im Westteil der Stadt beschäftigt. Mit der S-Bahn

Nach dem Fall der Mauer hatte man gut lachen: An der East Side Gallery karikiert dieses Graffiti von Dmitri Vrubel den »Bruderkuss« zwischen dem sowjetischen Staatschef Breschnew und DDR- Staats- und Parteichef Honecker.

Erich Honecker

Erich Honecker begann seine Karriere 1945 als Vorsitzender der SED-Jugendorganisation »Freie Deutsche Jugend« (FDJ). Der Bau der Mauer war das politische »Meisterstück« des gebürtigen Saarländers. Damit profilierte er sich als »zweiter Mann« hinter SED-Chef Ulbricht. 1971 stürzte er jedoch seinen Ziehvater und übernahm selbst die Macht. Bis 1989 blieb er als »Vorsitzender des Staatsrates« der DDR und »Generalsekretär der SED« der wichtigste Mann in Staat und Partei.

16. August 1961
Bürger der DDR und Ost-Berlins dürfen das Grenzgebiet nicht mehr betreten

21. August 1961
Der amerikanische Vize-Präsident Johnson bestätigt die amerikanischen Sicherheitsgarantien für West-Berlin

5. September 1961
In der DDR werden alle auf den Empfang von Westfernsehen ausgerichteten Antennen entfernt

konnte man problemlos zwischen den Stadtteilen hin- und herfahren. Kontrolliert wurde nur selten.

Die Spannung wächst

Doch im Frühjahr 1961 mehrten sich die Anzeichen, dass auch das Schlupfloch Berlin bald dichtgemacht werden würde. Zunächst entfachte die SED-Führung eine Hetzkampagne gegen die Berufspendler. »Grenzgänger« mussten sich registrieren lassen, wurden von ärztlicher Behandlung in der DDR ausgeschlossen und sollten ihre Miete fortan in Westgeld bezahlen. Zudem wurde der Kalte Krieg zwischen den Supermächten USA und Sowjetunion immer frostiger. Der Kreml-Chef Nikita Chruschtschow forderte Anfang Juni von US-Präsident John F. Kennedy eine entmilitarisierte »Freie Stadt Westberlin«. Die Westalliierten hätten die Stadt nach dem Willen Chruschtschows verlassen müssen. Das wollten die Amerikaner natürlich nicht so einfach hinnehmen und wappneten sich deshalb für eine militärische Auseinandersetzung. Ein Atomkrieg lag in der Luft.

Die Mauer ist erst wenige Monate alt: 11. Dezember 1961 an einem Grenzübergang mitten in Berlin.

Lüge des Jahrhunderts

Viele Bewohner der DDR packte jetzt die Torschlusspanik. Eine wahre Flüchtlingswelle setzte ein. Hatten 1960 schon fast 200 000 DDR-Bürger ihre Heimat verlassen, so stieg die Zahl der Flüchtlinge jetzt monatlich. Von Januar bis August 1961 kehrten 180 000 Menschen der DDR den Rücken. Am 15. Juni 1961 fiel dann erstmals das Wort »Mauer« in der

Gespannte Lage: Sowjetische und amerikanische Panzer stehen sich im Oktober 1961 am Übergang Friedrichstraße gegenüber.

7. September 1961
Die DDR-Regierung erklärt den Ostsektor Berlins zur Hauptstadt der DDR

17. September 1961
Bei den Bundestagswahlen verliert die CDU/CSU die absolute Mehrheit und muss eine Koalition mit der FDP eingehen

20. September 1961
Die DDR-Regierung lässt die Gebäude entlang der Grenze zu West-Berlin mit Gewalt räumen

Noch riegelt die Mauer das Brandenburger Tor ab, doch wenige Monate später wird sie fallen: Berlin, April 1989.

Öffentlichkeit. Auf die Frage einer Journalistin, ob die Bildung einer »Freien Stadt« bedeute, dass die Staatsgrenze am Brandenburger Tor errichtet werde, formulierte SED-Chef Walter Ulbricht die Lüge des Jahrhunderts: »Die Bauarbeiter unserer Hauptstadt beschäftigen sich hauptsächlich mit Wohnungsbau, und ihre Arbeitskraft wird dafür voll eingesetzt. Niemand hat die Absicht, eine Mauer zu errichten«.

Entscheidung im August

Tatsächlich lagen die Pläne für eine solche Mauer längst in der Schublade. Die endgültige Entscheidung fiel Anfang August. In einer Rede hatte der amerikanische Präsident wenige Tage zuvor noch einmal auf der Präsenz der Westalliierten in West-Berlin bestanden – vom Ostteil der Stadt war jedoch nicht die Re-

Rechts: Dramatische Szenen an der Bernauer Straße: Eine 77-jährige Frau flüchtet aus ihrem Fenster in den Westteil der Stadt. SED-Ordner versuchen, sie durch das Fenster in den Osten zurückzuziehen.

30. Oktober 1961
Die Bundesrepublik und die Türkei vereinbaren die Anwerbung türkischer »Gastarbeiter« für Deutschland

7. November 1961
Der 87-jährige Konrad Adenauer wird zum vierten Mal zum Bundeskanzler gewählt

10. Dezember 1961
Verleihung des Nobelpreises für Physik an den deutschen Wissenschaftler Rudolf Mößbauer

de gewesen. Ungewollt machte Kennedy damit den Weg frei für den Mauerbau, denn ein Abriegeln des Ostsektors – so verstand man es in Moskau – würde keinen Anlass für einen Krieg liefern. Chruschtschow ließ seine Idee einer »Freien Stadt« fallen und setzte auf die Sicherung des eigenen Machtbereichs – er erteilte den ostdeutschen Kommunisten grünes Licht für den Bau der Mauer. Mit der Leitung der Aktion wurde ein Parteifunktionär betraut, den diese Aufgabe bis an sein Lebensende mit Stolz erfüllen sollte: Erich Honecker.

Eine mörderische Grenze

Als die Berliner an diesem 13. August aufwachten, lebten sie in einer geteilten Stadt. Unter Tränen winkten sich Familien, die über Nacht auseinandergerissen worden waren, über die Grenze hinweg zu. Viele DDR-Bürger versuchten noch in letzter Minute zu fliehen. Einige fanden noch Schlupflöcher im Zaun, der von Stunde zu Stunde dichter wurde. Die meisten jedoch hatten weniger Glück. Wahre Tragödien spielten sich in der Bernauer Straße ab, wo die Häuser noch zum Osten, die Gehsteige aber schon zum Westen gehörten. Bauarbeiter begannen, die Fenster zum Westen zuzumauern. Polizisten rückten an, um die Hausbewohner zu vertreiben. Verzweifelt versuchten einige von ihnen, durch die oberen Fenster zu entkommen – und sprangen in den Tod. Sie waren die ersten in einer langen Reihe von Opfern, die die Berliner Mauer forderte.

Opfer der Mauer

Am 17. August 1962 stirbt Peter Fechter an der Mauer. Man hatte ihn nach einem Fluchtversuch verbluten lassen.

Mit dem Bau der Mauer war der letzte Fluchtweg aus der DDR versperrt. Von nun an wurde überall an der Grenze scharf geschossen. »Lieber zehn Tote vor der Mauer als einer hinter der Mauer«, lautete die menschenverachtende Parole der DDR-Grenztruppen. Trotzdem nahmen weiterhin viele Menschen das Risiko eines Fluchtversuchs auf sich. Sie gruben Tunnel, schlugen Löcher in die Mauer, schwammen durch Flüsse oder bastelten sich behelfsmäßige Fluggeräte. 60 000 DDR-Bürger wurden beim Versuch verhaftet, die Mauer zu überwinden, viele fanden an der deutsch-deutschen Grenze den Tod. Das letzte Opfer war der 20-jährige Chris Gueffroy. In der Nacht zum 6. Februar 1989 trafen ihn tödliche Schüsse, als er über die Mauer klettern wollte.

1. Januar 1967
In West-Berlin gründen Studenten die »Kommune 1«, eine Wohngemeinschaft für neue Lebensformen

19. April 1967
Konrad Adenauer, der erste Kanzler der Bundesrepublik Deutschland, stirbt in Rhöndorf

1967/1968
Studenten protestieren gegen die Enge des Staates und fordern neue Lebensformen

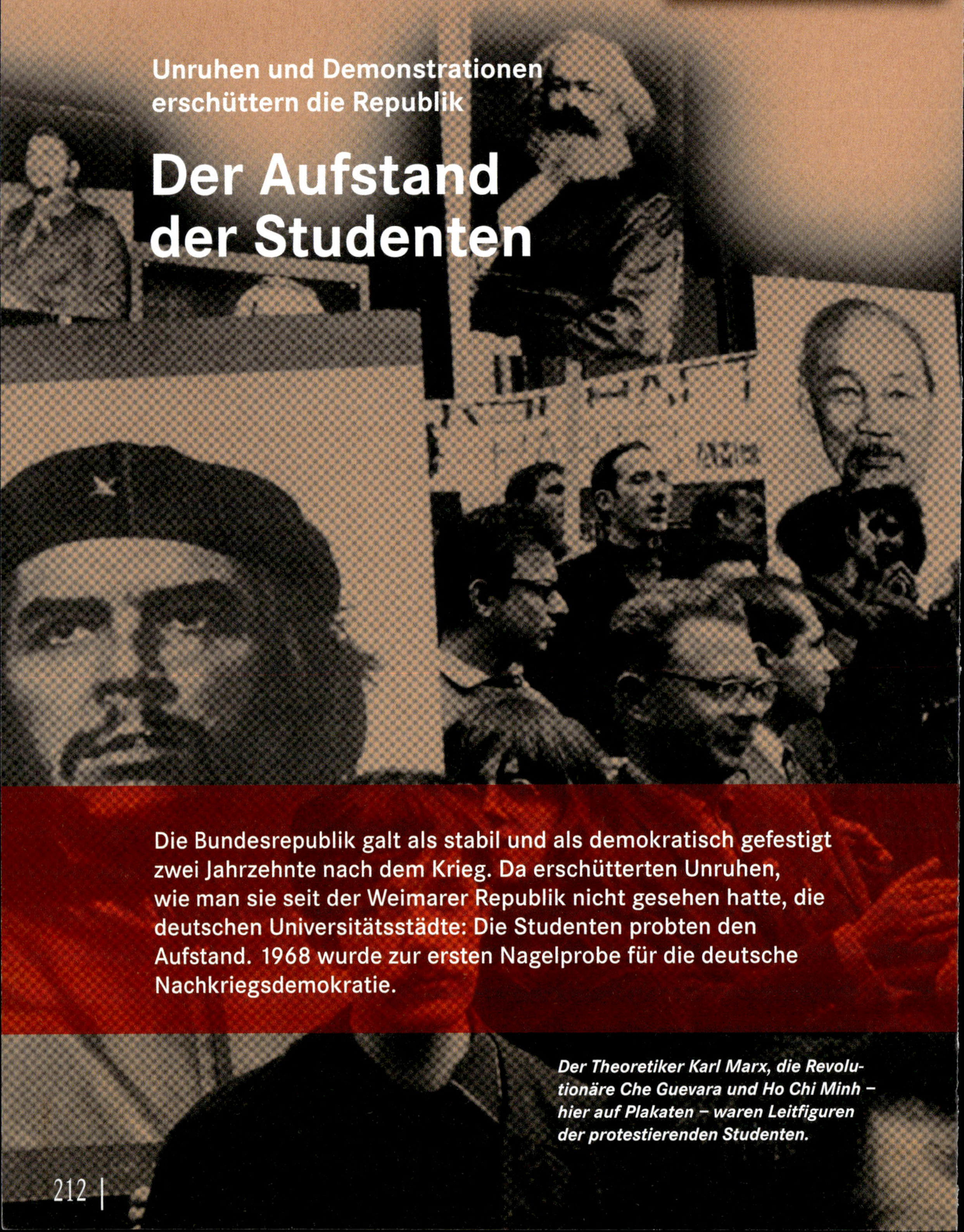

Unruhen und Demonstrationen erschüttern die Republik

Der Aufstand der Studenten

Die Bundesrepublik galt als stabil und als demokratisch gefestigt zwei Jahrzehnte nach dem Krieg. Da erschütterten Unruhen, wie man sie seit der Weimarer Republik nicht gesehen hatte, die deutschen Universitätsstädte: Die Studenten probten den Aufstand. 1968 wurde zur ersten Nagelprobe für die deutsche Nachkriegsdemokratie.

Der Theoretiker Karl Marx, die Revolutionäre Che Guevara und Ho Chi Minh – hier auf Plakaten – waren Leitfiguren der protestierenden Studenten.

29. April 1967
In New York wird das Rockmusical »Hair« uraufgeführt. Das Stück über eine Hippie-Gemeinschaft wird bald Kult

2. Juni 1967
In West-Berlin finden Demonstrationen gegen den Schah von Persien statt

25. August 1967
Bei ARD und ZDF beginnt mit der Quizshow »Der goldene Schuss« das Zeitalter des Farbfernsehens

Die Studentenunruhen von 1968 leiten einen tief greifenden Wandel ein

Die Fünfzigerjahre waren eine Zeit, in der für die Deutschen kaum etwas wichtiger war als der Wiederaufbau und der allmählich anbrechende allgemeine Wohlstand. Für viele spielte Politik keine große Rolle. Und es interessiert kaum noch, ob jemand während der NS-Zeit in die Verbrechen verstrickt gewesen war. Die meisten redeten sich ein, von nichts gewusst oder nur auf Befehl gehandelt zu haben. Schuld war allein Hitler.

Rudi Dutschke, einer der großen Köpfe der Studentenbewegung, starb 1979 an den Spätfolgen eines Attentats.

Gegen das Vergessen und Verdrängen

Es waren vor allem junge Menschen, erst nach dem Krieg Geborene, die dagegen rebellierten: 1961 erregte der Prozess gegen Adolf Eichmann, den Organisator der Judentransporte in die Vernichtungslager, in Jerusalem weltweit Aufsehen. Zwei Jahre später begannen die ersten Auschwitz-Prozesse in Deutschland. Die Gerichtsverfahren führten das Grauen der Nazi-Herrschaft öffentlich vor Augen. Und viele Jüngere stellten Fragen: Wieso hatte es fast 20 Jahre gedauert, bis die deutsche Justiz den KZ-Mördern

Der »Marsch durch die Institutionen«

Die radikale Studentenbewegung wollte eine Revolution. Doch die meisten Arbeiter und Angestellten sahen im Staat den Garanten von Wohlstand und Sicherheit. Deshalb planten die Studenten nun den »Marsch durch die Institutionen«: Irgendwann würden die Älteren in Ruhestand gehen und man selbst würde den Staat regieren. Prominentestes Beispiel dafür ist Joschka Fischer, der 1968 an Straßenschlachten in Frankfurt beteiligt war und 30 Jahre später deutscher Außenminister wurde.

Ein Mann mit einem sehr bewegten Lebenslauf: Joschka Fischer.

9. Oktober 1967
Der argentinische Guerrilla-Kämpfer Ernesto »Che« Guevara wird in Bolivien von Soldaten erschossen

27. November 1967
In West-Berlin läuft ein Prozess gegen das Mitglied der »Kommune 1« Fritz Teufel

1. Januar 1968
Der Sexualaufklärer Oswald Kolle präsentiert seinen Film »Das Wunder der Liebe«

Die Studenten protestierten auch gegen die starre und überholte Ordnung der Universitäten, wie hier in Nürnberg im November 1967.

den Prozess machte? Warum waren in den Fünfzigerjahren so viele Kriegsverbrecher mit milden Urteilen davongekommen? Und wo genau waren eigentlich jene geblieben, die das NS-Regime gestützt hatten und nicht vor Gericht standen? Es stellte sich heraus, dass Hans Globke, der langjährige Staatsminister von Bundeskanzler Adenauer, den amtlichen Kommentar zu den Nürnberger Rassegesetzen mitverfasst hatte. Der dritte Bundeskanzler Kurt-Georg Kiesinger war NSDAP-Mitglied und beim Reichsaußenminister für Propaganda zuständig gewesen. Bundespräsident Heinrich Lübke hatte den Bau der Raketenschmiede des Dritten Reiches in Peenemünde mitgeplant, bei dem auch KZ-Zwangsarbeiter zum Einsatz gekommen waren. Viele Jüngere hegten Zweifel am Gesinnungswandel der Eltern.

Staatsgewalt gegen die Presse

Es ging nicht nur um die Vergangenheit: 1962 ging Bundesverteidigungsminister Franz-Josef Strauß mit Polizeigewalt gegen das Nachrichtenmagazin »Der Spiegel« vor, weil es kritisch über Mängel in der Bundeswehr berichtet hatte. Zwar musste Strauß nach öffentlichen Protesten zurücktreten, doch galt dieser Verstoß gegen die Pressefreiheit als bezeichnender Sündenfall: Auch demokratische Parteien konnten auf undemokratische Methoden verfallen, um die Macht zu sichern.

Die erste große Koalition

Kritisch wurde die Situation 1966: Da gingen die beiden großen Volksparteien CDU/CSU und SPD in einer »Großen Koalition« zusammen. Im Bundestag stand der 49-köpfigen FDP-Opposition eine erdrückende Mehrheit von 447 Abgeordneten der Regierungsparteien gegenüber. Viele sahen die Demokra-

18. Februar 1968
In West-Berlin protestieren Studenten gegen den Krieg der USA in Vietnam

2. April 1968
Andreas Baader und Gudrun Ensslin, spätere RAF-Terroristen, zünden in Frankfurt ein Kaufhaus an

4. April 1968
Der amerikanische Bürgerrechtler Martin Luther King wird in Memphis von einem Attentäter erschossen

tie dadurch gefährdet, denn die Große Koalition konnte das Grundgesetz ändern – und wollte dies auch tun: Die Bundesrepublik verfügte über keine Notstandsgesetze für den Kriegsfall oder sonstige Notlagen. Nun plante die Regierung eine Regelung, die die Einschränkung bestimmter Grundrechte erlaubte und ein verkleinertes »Notparlament« vorsah.

Politik und Lebensform

Das Gesetz war heftig umstritten: Viele sahen darin nichts anderes als ein Ermächtigungsgesetz – vergleichbar mit dem von 1933. Gegen die Pläne organisierte sich nun eine Außerparlamentarische Opposition (»APO«). Zur bestimmenden Gruppe in der APO wurden die Studenten. Sie gingen ohnehin gerade gegen schlechte Studienbedingungen auf die Straße.

Dabei richtete sich die Opposition nicht nur auf die Politik, sondern auch gegen die kleinbürgerliche Spießigkeit der Eltern, die viele junge Menschen als unerträglich empfanden. Dagegen setzte man eine Gegenwelt: Man wohnte in Wohngemeinschaften (WGs) oder »Kommunen« zusammen, konsumierte Drogen, ließ kommunistische Führer wie Che Guevara oder Ho Chi Minh hochleben – und das Motto von der »freien Liebe« machte die Runde: »Wer zweimal mit derselben pennt, gehört schon zum Establishment.« Die Erfindung der Anti-Baby-Pille hatte wenige Jahre zuvor eine solche Freizügigkeit möglich gemacht.

Bei großen Demonstrationen – hier am 11. Mai 1968 in der damaligen Bundeshauptstadt Bonn – kämpften nicht nur Studenten gegen die Notstandsgesetze.

Die jungen Menschen wollten auch neue Lebensformen ausprobieren: Wohngemeinschaft Anfang der 1970er-Jahre.

11. April 1968	11.–17. April 1968	3. Mai 1968
Der Studentenführer Rudi Dutschke wird in Berlin angeschossen und schwer verletzt	Heftige Demonstrationen und Auseinandersetzungen in ganz Deutschland im Gefolge des Attentats auf Dutschke	In Paris wird die Universität »Sorbonne« im Rahmen der Studentenunruhen geschlossen

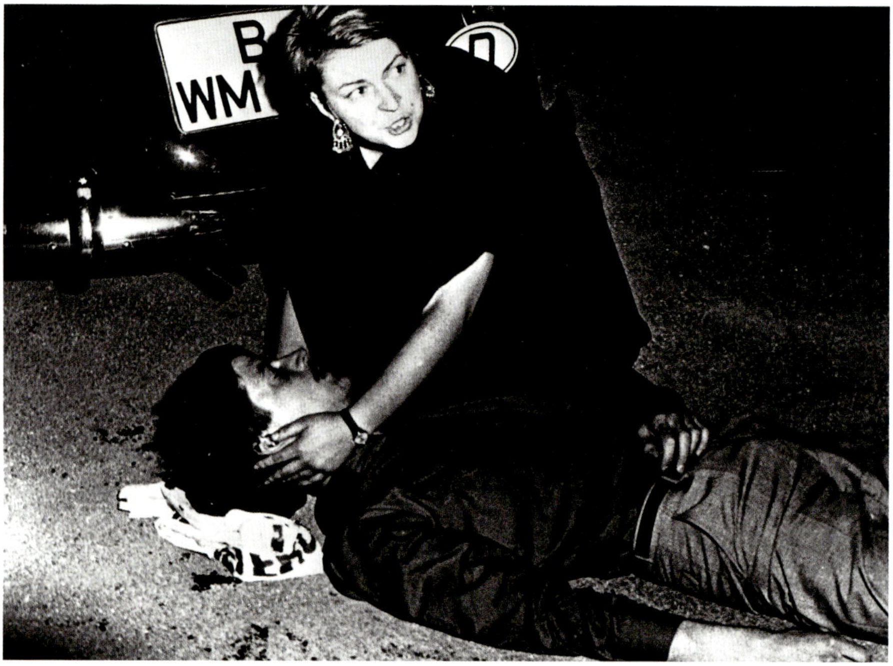

Am 2. Juni 1967 wurde bei einer Demonstration gegen den Schah von Persien in Berlin der Student Benno Ohnesorg erschossen – einer der Schlüsselmomente der Studentenbewegung.

Kaum ein etablierter Politiker nahm eine solche Opposition ernst: Für sie waren die politischen Studenten in erster Linie Taugenichtse, die die Narrenfreiheit wollten, um damit dem Kommunismus Tür und Tor zu öffnen.

Der Kaiser (Schah) von Persien, der in Deutschland zu Besuch war, galt vielen Menschen als Mörder an der Staatsspitze. Am 2. Juni 1967 kam es in Berlin zu großen Demonstrationen gegen den Schah.

11. Mai 1968
30 000 Menschen protestieren in Bonn gegen die Notstandsgesetze

20./21. August 1968
Truppen des Warschauer Pakts besetzen die Tschechoslowakei und beenden den Demokratisierungsprozess

4. November 1968
In West-Berlin Zusammenstöße zwischen Polizei und Studenten wegen des Berufsverbots für APO-Anwalt Mahler

Benno Ohnesorg

Bald engagierte sich die Bewegung auch über ihre unmittelbaren politischen Forderungen hinaus: 1967 war der Schah von Persien in Berlin zu Gast. In seiner Heimat unterdrückte er die Opposition. Am 2. Juni 1967 gingen etwa 2000 Berliner Studenten gegen den Besuch auf die Straße, riefen: »Mörder! Mörder!« Während der Schah in der Deutschen Oper Mozarts »Zauberflöte« genoss, attackierte die Polizei draußen völlig überraschend die Demonstranten. Am Ende war der 26-jährige Student Benno Ohnesorg tot. Erschossen durch eine Polizeikugel, die grundlos aus kurzer Entfernung auf ihn abgefeuert worden war. Es war seine erste Demonstration gewesen.

Die Regierung machte die Studenten für den Tod verantwortlich, der Todesschütze wurde später freigesprochen – wegen »psychischen Ausnahmezustands« – und befördert. Nun war das Vertrauen der Studentenbewegung in den Staat vollends ruiniert. Als am Gründonnerstag 1968 auch noch auf Rudi Dutschke, einen ihrer Köpfe, ein Attentat verübt wurde, da brach die Studentenrevolte richtig los. Gewalt galt vielen Studenten fortan als legitimes Mittel: »Macht kaputt, was Euch kaputt macht.«

Die sozialliberale Koalition

Nur ein Jahr nach dem heißen Sommer 1968 kam es zu zwei wichtigen Wahlen: Im Frühjahr wurde mit Gustav Heinemann erstmals ein Sozialdemokrat Bundespräsident, nach den Bundestagswahlen im Herbst bildete sich die erste Koalition aus SPD und FDP. Willy Brandt, SPD-Vorsitzender und Außenminister in der Großen Koalition, wurde Bundeskanzler. 20 Jahre nach ihrer Gründung wurde die Bundesrepublik erstmals nicht von einem CDU-Kanzler regiert. Die Große Koalition hatte sich die gesellschaftliche Modernisierung zum Ziel gesetzt. So fallen eine Reform des Strafrechts sowie zahlreiche Universitätsgründungen in diese Zeit. Die Koalition ging 1982 zu Ende.

Vom Protest zum Terror

Kaum waren die Notstandsgesetze im Mai 1968 endgültig verabschiedet, da verlor die Studentenbewegung ihr konkretes Ziel. Die Bewegung zersplitterte sich mehr und mehr untereinander in verschiedenen Strömungen. Ein kleiner Teil radikalisierte sich weiter und wollte schließlich mit Terror den Umsturz herbeiführen.

Januar 1977
In Stuttgart-Stammheim läuft ein Gerichtsverfahren gegen RAF-Terroristen

20. Januar 1977
Der Vorsitzende Richter im Stuttgarter Terroristenprozess wird wegen Befangenheit abgelöst

1977
Entführung und Ermordung des deutschen Arbeitgeberpräsidenten, Entführung eines deutschen Flugzeugs

Terroristen fordern den Staat heraus

Der deutsche Herbst

1977 erreichte die Terrorwelle in der Bundesrepublik ihren Höhepunkt: Linke Gewalttäter nahmen Geiseln und mordeten, um demokratische Politiker unter Druck zu setzen. Arbeitgeberpräsident Schleyer wurde zum Opfer dieser Machtprobe, doch die entführten deutschen Urlauber in der Lufthansa-Maschine »Landshut« konnten befreit werden.

Bei einer Zwischenlandung in Dubai wird die entführte Lufthansa-Maschine versorgt. Mit der Entführung des Flugzeugs wollten palästinensische Terroristen ihre deutschen Gesinnungsgenossen unterstützen.

1. Februar 1977
Die Zeitschrift »Emma«, die sich für die Rechte der Frauen einsetzt, kommt auf den Markt

26. Februar 1977
Eine Abhöraktion des Verfassungsschutzes gegen den Wissenschaftler Klaus Traube wirbelt viel Staub auf

27. März 1977
Zusammenstoß zweier Großflugzeuge auf dem Flughafen von Teneriffa (Spanien): 575 Tote

Politiker widerstehen der Erpressung – und ein Mann bezahlt mit seinem Leben

Der Kinderwagen, mit dem die junge Frau in Köln-Braunsfeld die Straße überquerte, brachte den Mercedes zum Stehen. Die Falle schnappte zu – als das Dienstfahrzeug des Arbeitgeberpräsidenten Hanns-Martin Schleyer stoppte, eröffneten vier Terroristen das Feuer. Sie töteten den Fahrer des Mercedes und drei Polizisten in einem begleitenden Streifenwagen. Dann zerrten die Angreifer Schleyer aus seiner Limousine. Sie stießen ihr Opfer in einen VW-Bus und brausten davon. An diesem 5. September 1977 um 17.29 Uhr begann der »deutsche Herbst«: Der Kampf zwischen dem demokratischen Rechtsstaat und der Terrorgruppe RAF (Rote Armee Fraktion) wurde zu einer Nervenprobe, die das Land über Wochen hinweg in Atem hielt.

Der Tatort: Drei Polizisten und ein Fahrer starben bei der Entführung.

Computerfahndung und menschliches Versagen

Bei der Suche nach der Geisel wurden erstmalig auch Computerprogramme zur Verarbeitung der Ermittlungsdaten eingesetzt. Die Polizei ahnte, dass sich der Entführte im Großraum Köln befand. Zwei Beamte in Erftstadt hatten in einer Hochhausanlage die Wohnung, die als Versteck der Entführer und ihrer Geisel diente, schon zwei Tage nach der Entführung ins Visier genommen. Doch ihre entscheidende Meldung ging in der Kölner Ermittlungszentrale verloren – ein tragischer menschlicher Fehler, der die Befreiung Schleyers vereitelte.

Nach dem Bekanntwerden der Entführung Schleyers löste die Polizei eine Großfahndung aus.

7. April 1977
RAF-Terroristen erschießen den deutschen Generalbundesanwalt Siegfried Buback

24. April 1977
Im Stuttgarter Terroristenprozess werden Baader, Ensslin und Raspe zu lebenslangen Freiheitsstrafen verurteilt

5. Mai 1977
Tod des früheren Wirtschaftsministers und Bundeskanzlers Ludwig Erhard

Die Terroristin Gudrun Ensslin in den 1970er-Jahren.

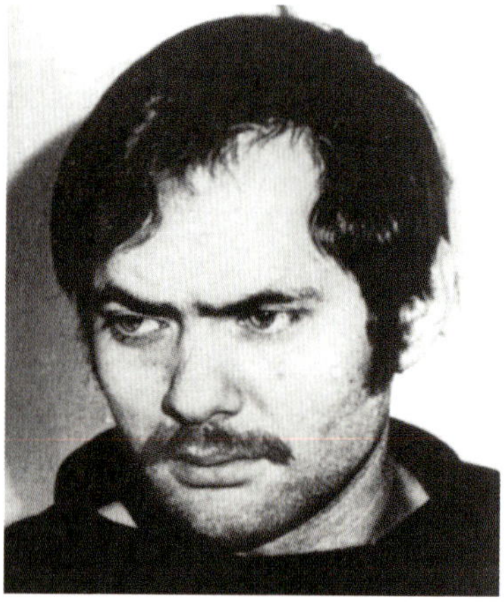

Fahndungsfoto: Andreas Baader gehörte zur ersten Generation der Terroristengruppe Rote Armee Fraktion (RAF).

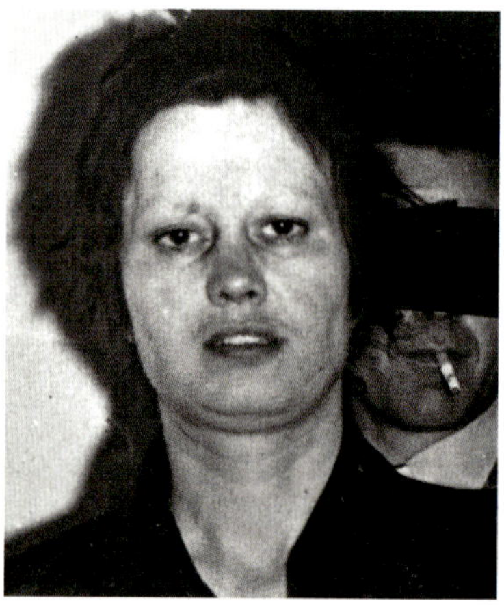

Ulrike Meinhof, zusammen mit Andreas Baader Namenspatronin der Baader-Meinhof-Gruppe, auf einem Foto von 1972.

Vom Protest zur Gewalt

Der selbst erklärte Krieg der RAF gegen die Bundesrepublik hatte recht harmlos begonnen. Als Randerscheinung der Studentenproteste hatten sich extreme Gruppen gebildet, die »Gewalt gegen Sachen« als ein Mittel ansahen, ihrem Protest Ausdruck zu verleihen. Am 2. April 1968 wurden in Frankfurt zwei Kaufhäuser in Brand gesteckt. Vier Täter – darunter Andreas Baader und Gudrun Ensslin – wurden dafür verurteilt. Die Journalistin Ulrike Meinhof erklärte öffentlich, dass sie für die Kaufhaus-Anschläge Verständnis habe. Andreas Baader, der mit Gudrun Ensslin untergetaucht war, wurde im April 1970 verhaftet. Doch einen Monat später befreiten ihn Gesinnungsgenossen mit Waffengewalt aus einem Gefängnis in Berlin. Unter den Tätern waren Ulrike Meinhof und Baaders Anwalt Horst Mahler. Die Aktion war die Geburtsstunde der RAF, die auch »Baader-Meinhof-Gruppe« genannt wurde. Meinhof, Baader, Ensslin und Mahler tauchten ab – in Jordanien ließen sie sich von Palästinensern militärisch für den Terrorkampf ausbilden.

Wirre Ideen

Als sie nach Deutschland zurückkehrten, begann die Terrorwelle der RAF. Eine wirre Idee stand dahinter: Die verhasste Bundesrepublik sollte herausgefordert werden und sich zum Polizeistaat wandeln – dann würde die allgemeine Unzufriedenheit eine Revolution erleichtern. Bei Banküberfällen beschaffte sich die

2. Juni 1977
In einem weiteren Prozess werden die Terroristen Grashof und Jünschke zu lebenslanger Haft verurteilt

30. Juli 1977
Der Bankier Jürgen Ponto wird bei einem Entführungsversuch von den Terroristen Klar und Mohnhaupt erschossen

16. August 1977
In Memphis (USA) stirbt der legendäre Rock-'n'-Roll-Musiker Elvis Presley

Gruppe Geld für Waffen, gefälschte Papiere und Wohnungen. Es folgten Sprengstoff- und Brandanschläge, unter anderem gegen Einrichtungen der US-Armee. 60 Menschen wurden verletzt, vier starben. 1972 verhaftete die Polizei die führenden Mitglieder der Baader-Meinhoff-Gruppe. Doch andere nahmen ihre Plätze ein, die Anschläge gingen weiter. Terroristen erschossen 1974 den Berliner Gerichtspräsidenten Günter von Drenkmann, 1977 den Generalbundesanwalt Siegfried Buback. Im Juli 1977 ermordeten sie Jürgen Ponto, den Chef der Dresdner Bank – er hatte versucht, sich gegen eine Entführung zu wehren.

Ein großer Fehler

Den Terrorkommandos erschienen Entführungen als das geeignete Mittel, um den Staat zu erpressen: Schon 1975 hatten sie den CDU-Politiker Peter Lorenz als Geisel genommen. Die Bundesregierung unter Kanzler Helmut Schmidt hatte nachgegeben, um Lorenz' Leben zu retten – sie entließ einige RAF-Gefangene aus der Haft und erlaubte ihnen, im Flugzeug in den Jemen ausreisen. »Es war der größte Fehler, den ich mir vorwerfe«, gab der Kanzler später zu. Der Staat hatte sich als er-

Links: Mit dem Arbeitgeberpräsidenten Hanns-Martin Schleyer als Geisel versuchte die RAF, den Staat zu erpressen. Doch der blieb hart, am Ende wurde Schleyer kaltblütig ermordet.

Per Fahndnungsplakat suchte die Polizei des Terrorismus verdächtige Menschen.

Dringend gesuchte Terroristen

Im Zusammenhang mit dem

- dreifachen Mord an Generalbundesanwalt Buback und zwei seiner Begleiter am 7. 4. 1977 in Karlsruhe
- Mord an Jürgen Ponto am 30. 7. 1977 in Oberursel
- vierfachen Mord und der Entführung von Hanns-Martin Schleyer am 5. 9. 1977 in Köln

werden gesucht:

Albrecht, Susanne
1. 3. 51 Hamburg
Besonderes Merkmal: wulstige Lippen

von Dyck, Elisabeth
11. 10. 50 Borstel

Krabbe, Friederike
31. 5. 50 Bentheim

Maier-Witt, Silke
21. 1. 50 Nagold

Plambeck, Juliane
16. 7. 52 Freiburg im Breisgau

Schulz, Adelheid
31. 3. 55 Lörrach

Speitel, Angelika
12. 2. 52 Stuttgart

Sternebeck, Sigrid
19. 6. 49 Bad Pyrmont

Viett, Inge
12. 1. 44 Stemwarde

5. September 1977	**7. Oktober 1977**	**13. Oktober 1977**
Der Präsident des Arbeitgeberverbandes, Hanns-Martin Schleyer, wird in Köln entführt	In Ost-Berlin kommt es zu schweren Zusammenstößen zwischen Jugendlichen und der DDR-Polizei	Entführung der Lufthansa-Maschine »Landshut« durch palästinensische Terroristen

pressbar erwiesen – das ermutigte die Terroristen, es noch einmal zu versuchen.

Das taten sie im Herbst 1977 – die Entführung von Hanns-Martin Schleyer war der Versuch, die RAF-Häftlinge um Andreas Baader, die im Gefängnis Stuttgart-Stammheim einsaßen, freizupressen. Doch diesmal gab der Staat nicht nach. »Wir werden mit aller Härte und Entschlossenheit diese Mörder verfolgen, auch wenn wir dabei hart bis an die Grenze des Rechtsstaats gehen«, verkündete Kanzler Schmidt. Derweil suchte die Polizei nach dem Versteck, in dem Schleyer festgehalten wurde. Die Geisel sollte lebend befreit werden.

In der Zange

Die Terroristen erhielten am 13. Oktober unerwartete Unterstützung. In Palma de Mallorca entführten Palästinenser die Lufthansa-Maschine »Landshut« – besetzt mit 86 deutschen Urlaubern. Die Flugzeugentführer forderten ebenfalls die Freilassung der RAF-Terroristen in Stammheim. Fünf Tage mussten die Urlauber in der Maschine ausharren – ohne Nahrung, fast ohne Wasser, in brütender Hitze und bedroht von bewaffneten, brutalen Terroristen. Zur Abschreckung erschossen die Entführer nach einigen Tagen den Piloten. Nach einem Irrflug um das Mittelmeer landete die Maschine auf dem Flughafen Mogadischu in Somalia. Zum Schein hatte die deutsche Regierung zugesagt, die Häftlinge freizulassen: Nur noch eine Nacht sollten die Flugzeugentführer warten, dann seien die RAF-Gefangenen bei ihnen. Doch nicht RAF-Gefangene flogen nach

Bei einer Zwischenlandung in Dubai (Vereinigte Arabische Emirate) wird der Pilot des entführten Urlaubsfliegers mit der Pistole bedroht. Nach der nächsten Landung, im Jemen, töteten die Terroristen den Flugkapitän und warfen seine Leiche auf das Flugfeld.

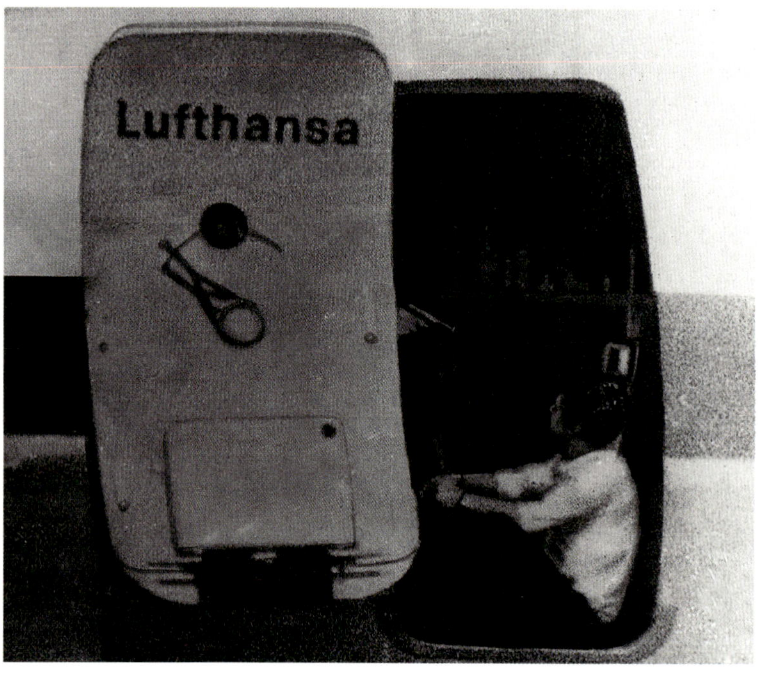

18. Oktober 1977	19. Oktober 1977	24. Dezember 1977
Erstürmung des entführten Flugzeugs in Mogadischu. Selbstmord der Terroristen Baader, Ensslin und Raspe	Die Leiche Hanns-Martin Schleyers wird in einem abgestellten Auto im Elsass entdeckt	In der Schweiz stirbt der britische Filmschauspieler Charles Spencer Chaplin, bekannt als Charlie Chaplin

Mogadischu, sondern die Spezialtruppe GSG 9. Die Anti-Terror-Kämpfer der »Grenzschutzgruppe 9« stürmten kurz nach Mitternacht am 18. Oktober die Maschine – drei der vier Terroristen wurden getötet, kein Passagier verletzt.

Mord und Selbstmord

Während diese Meldung in Deutschland bejubelt wurde, begingen in Stuttgart-Stammheim drei RAF-Gefangene Selbstmord. Für Hanns-Martin Schleyers Entführer waren diese Nachrichten Anlass, ihre Geisel zu ermorden – noch am 18. Oktober richteten sie ihn mit drei Kopfschüssen hin. Die Polizei fand seine Leiche am Tag darauf in einem geparkten Auto. Der demokratische Staat überstand die Herausforderung des Terrors im »deutschen Herbst« 1977 – er ließ sich nicht erpressen. Deutsche Politiker zeigten Besonnenheit und Härte. Doch diese Haltung bezahlte ein wehrloser Mann mit dem Leben: das einsame Entführungsopfer Hanns-Martin Schleyer.

Gudrun Ensslin, Andreas Baader und Jan Carl Raspe wurden am 27. Oktober auf dem Stuttgarter Dornhalden-Friedhof unter strengsten Sicherheitsvorkehrungen beigesetzt.

Selbstmord in Stammheim

Die Nachricht von der Geiselbefreiung in Mogadischu war für die RAF-Häftlinge im Hochsicherheitsgefängnis Stuttgart Stammheim ein Signal: die Regierung würde unnachgiebig bleiben. Ihre Freilassung war höchst unwahrscheinlich geworden – obwohl ihre Gesinnungsgenossen Hanns-Martin Schleyer noch als Geisel hielten. Mit Pistolen und Messern, die in die Zellen eingeschmuggelt und dort versteckt worden waren, verübten drei RAF-Häftlinge um Andreas Baader Selbstmord, eine Gefangene überlebte schwer verletzt ihren Selbstmordversuch. Behauptungen, die Häftlinge seien durch den deutschen Staat »hingerichtet« worden, erwiesen sich als haltlose Unterstellungen.

19. Januar 1989
Erich Honecker: Die Mauer wird auch in 50 oder 100 Jahren noch stehen

1. Februar 1989
Ein Hungerstreik inhaftierter RAF-Mitglieder für die Zusammenlegung aller RAF-Häftlinge beginnt

1989
Der Fall der Berliner Mauer leitet den Zusammenbruch des Kommunismus in der UdSSR und Osteuropa ein

Startschuss zur Wiedervereinigung Deutschlands

»Wir sind das Volk!«

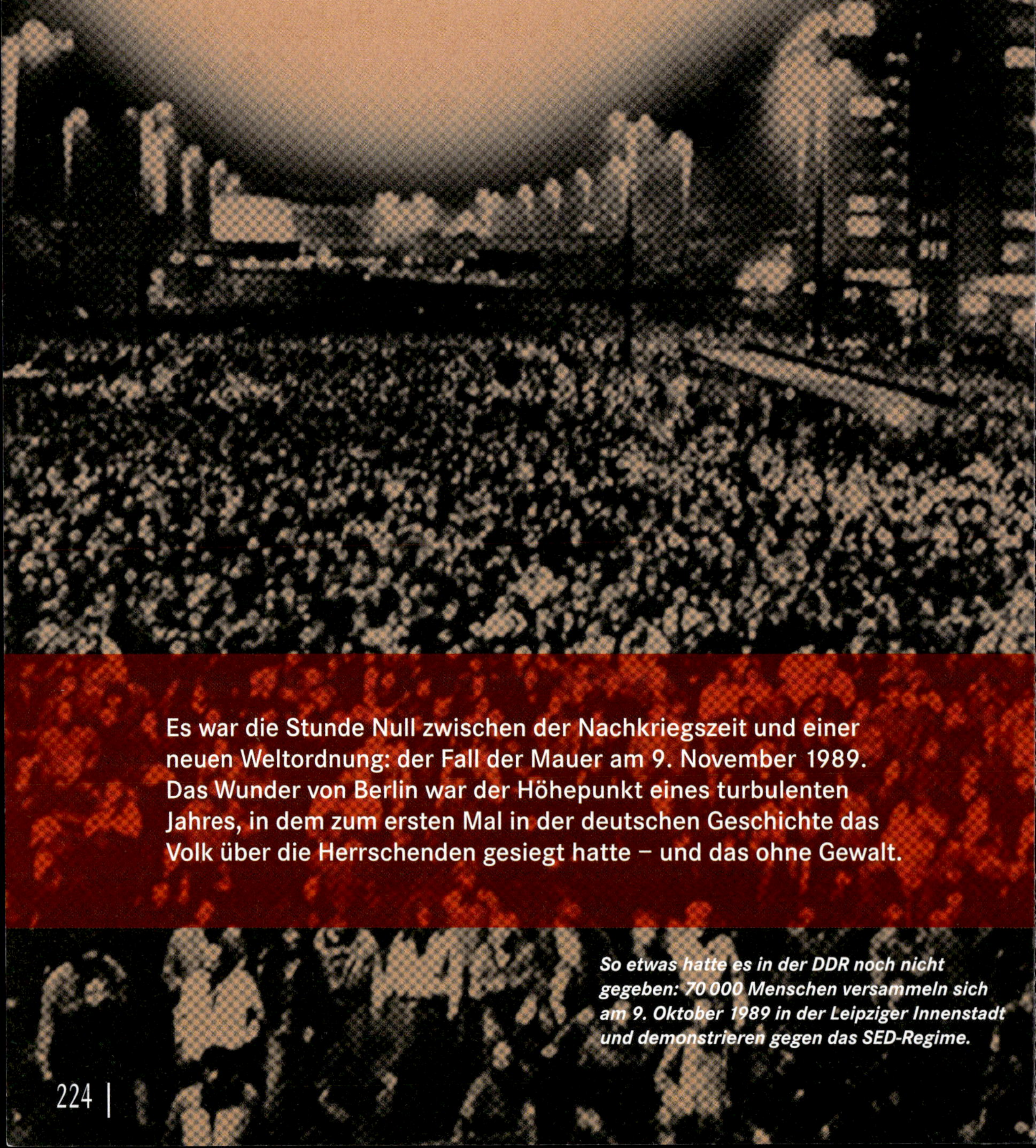

Es war die Stunde Null zwischen der Nachkriegszeit und einer neuen Weltordnung: der Fall der Mauer am 9. November 1989. Das Wunder von Berlin war der Höhepunkt eines turbulenten Jahres, in dem zum ersten Mal in der deutschen Geschichte das Volk über die Herrschenden gesiegt hatte – und das ohne Gewalt.

So etwas hatte es in der DDR noch nicht gegeben: 70 000 Menschen versammeln sich am 9. Oktober 1989 in der Leipziger Innenstadt und demonstrieren gegen das SED-Regime.

6. Februar 1989
Chris Gueffroy wird beim Versuch, die Mauer zu überwinden, von DDR-Grenzern erschossen: der letzte »Mauertote«

24. Februar 1989
In Ungarn verzichtet die Sozialistische Arbeiterpartei auf ihren gesetzlich festgelegten Führungsanspruch

24. März 1989
Vor Alaska havariert der Tanker »Exxon Valdez«: größte Ölpest in der Geschichte der USA

In der DDR fordern die Menschen Freiheit – wenig später fällt die Mauer

Es war die Nacht der Nächte in Berlin. Auf der Mauer vor dem Brandenburger Tor, dem Symbol der deutschen Teilung, tanzten Menschen aus Ost und West. Ausgelassen feierten sie den Triumph des Volkes über ein Bauwerk, das 28 Jahre lang die deutsche Hauptstadt geteilt hatte. Sektkorken knallten, glückstrunkene Berliner hämmerten Stücke aus der Mauer. Aufbruchsstimmung lag über dieser Nacht. Die Ära des Kalten Kriegs und die Zeit der deutschen Zweistaatlichkeit gingen zu Ende.

Im Herbst 1989 wurde deutlich: Das DDR-Regime hatte seinen Bürgern zu viel zugemutet. Seit dem 17. Juni 1953 waren die Menschen jahrzehntelang ruhig geblieben. Die meisten arrangierten sich gezwungenermaßen mit einem System, zu dem es seit dem Mauerbau 1961 keine wirkliche Alternative mehr gab. Doch in den Achtzigerjahren nahm die Unzufriedenheit immer mehr zu. Das lag vor allem an den wirtschaftlichen Problemen der DDR – bei der Versorgung der Bevölkerung gab es immer wieder Schwierigkeiten. Viele DDR-Bürger empfanden aber auch die politische Unfreiheit im SED-Staat zunehmend als bedrückend. Einige engagierten sich in oppositionellen Gruppen. Vor allem jedoch stieg die Zahl derer immer weiter an, die für sich keine Chance mehr in der DDR sahen und das Land verlassen wollten.

In der Nikolaikirche begannen die großen Montagsdemonstrationen.

Montagsdemonstrationen in Leipzig

In den Achtzigerjahren wurde Leipzig zu einem Zentrum des Protests. Seit 1982 fanden in der Nikolaikirche die »Friedensgebete« statt. Im Mai 1989 kam es zum ersten Mal zum Aufmarsch von Polizei- und Sicherheitskräften vor der Kirche. Besucher der Gebete wurden verhaftet. Am 4. September 1989 demonstrierten bereits Hunderte für Reformen und mehr Freizügigkeit. Der 9. Oktober war dann der Tag der Entscheidung – mit dem Ruf »Wir sind das Volk« auf den Lippen, gingen 70 000 Menschen auf die Straße.

26. März 1989	15. April 1989	2. Mai 1989
Bei Wahlen in der Sowjetunion stehen erstmals verschiedene Kandidaten zur Wahl	Bei einer Panik im Fußballstadion der englischen Stadt Sheffield werden 94 Menschen getötet	In Ungarn beginnt der Abbau der befestigten Grenzanlagen zu Österreich

Die Grenzwälle bröckeln

Aber erst 1989 wurde der »Eiserne Vorhang« wirklich durchlässiger – zuerst in Ungarn, wo die kommunistischen Machthaber beschlossen, demokratische Reformen zuzulassen. Am 2. Mai 1989 durchtrennten ungarische Grenzsoldaten den Grenzzaun zu Österreich. Hunderte DDR-Bürger, die in Ungarn Urlaub machten, nutzten prompt das Schlupfloch. Die Bilder der überglücklichen, in Freudentränen aufgelösten Flüchtlinge gingen um die Welt und gelangten über die Nachrichtensendungen des Westfernsehens auch in die DDR. Das Thema Ausreise war nun in aller Munde.

Nachdem sie lange in der deutschen Botschaft in Prag ausgeharrt hatten, erhielten DDR-Bürger die Ausreisegenehmigung: Jubel bei der Ankunft des Sonderzuges aus Prag in Hof am 5. Oktober 1989.

Jubel für Gorbatschow

Die DDR-Oberen schoben die Schuld der Bundesrepublik zu – sie habe durch eine Medienkampagne die Menschen zur »Republikflucht« verführt. Doch der große Zug nach Westen ließ sich nicht mehr stoppen. In Prag und in Warschau versuchten DDR-Bürger, ihre Ausreise über die Botschaften der Bundesrepublik zu erzwingen. Unter primitiven sanitären Verhältnissen campierten sie auf dem Gelände der Vertretungen. Die Nächte wurden kalt, die Verpflegung drohte zusammenzubrechen. Nach zähen Verhandlungen mit den Verantwortlichen in der DDR konnten die Flüchtlinge in die Bundesrepublik ausreisen. Erich Honecker persönlich hatte der Aktion zugestimmt, um die Lage in der DDR zu beruhigen – denn gerade in diesen Tagen feierte man den 40. Jahrestag ihrer Gründung. Es sollte ein grandioses Propagandafest werden – doch die Menschen in Ost-Berlin bejubelten nicht Honecker, sondern seinen Gast und ihren Hoffnungsträger, den sowjetischen Parteichef Michail Gorbatschow.

Gefälschte Wahlergebnisse

Die DDR glich einem brodelnden Vulkan, der nicht zur Ruhe kam. Doch dazu trugen längst nicht mehr allein die Flüchtlinge bei, sondern auch diejenigen, die in der DDR selbst Verände-

4. Juni 1989
Das chinesische Militär beendet eine Studentendemonstration in Peking mit Gewalt: Es gibt tausende von Toten

19. August 1989
Massenflucht von DDR-Bürgern über Ungarn nach Österreich

4. September 1989
Auf der ersten »Montagsdemonstration« in Leipzig forden die Menschen größere Reisefreiheit

rungen erreichen wollten. Es begann mit den Kommunalwahlen im Mai 1989. Kritische DDR-Bürger nahmen an den Auszählungen teil und beobachteten die gängige Praxis, Gegenstimmen zu unterschlagen. Die Reaktion der staatlichen Stellen auf die Einsprüche zu den Wahlen heizte die Stimmung zusätzlich an. Die Ergebnisse seien geprüft und in Ordnung, hieß es stereotyp. Oppositionelle Gruppen erhielten daraufhin verstärkten Zulauf.

Dic Staatsmacht reagierte mit Verboten. Die Protestbewegung ließ sich jedoch nicht mehr aufhalten – und sie ging auf die Straße. Vor allem Leipzig wurde zu einem Zentrum des Widerstands. Die »Friedensgebete« am Montagabend in der Nikolaikirche erlebten jetzt einen ungeahnten Zustrom. Ausreisewillige und Reformanhänger demonstrierten nach dem Gottesdienst gemeinsam.

Brenzlige Lage

Am Montag, dem 9. Oktober 1989, stand die Sache Spitz auf Knopf. Die DDR-Führung wollte den »Provokateuren« endlich den Garaus machen. Honecker und Erich Mielke, Chef der Staatssicherheit, verständigten sich auf eine harte Linie und schickten bewaffnete Kräfte nach Leipzig. Aber es wurde nicht geschossen. Angesichts von 70 000 Demonstranten wagten es die Verantwortlichen nicht, den Einsatzbefehl auszulösen. Niemand wollte die Verantwor-

Die Berliner Mauer als Plakatwand, im Dezember 1989.

Auf ihm ruhten die Hoffnungen der protestierenden DDR-Bürger: der reformfreudige Staats- und Parteichef der Sowjetunion, Michail Gorbatschow.

10./11. September 1989	7. Oktober 1989	9. Oktober 1989
Ungarn erlaubt die Ausreise aller im Lande befindlichen DDR-Bürger in den Westen	Gorbatschow auf der 40-Jahr-Feier der DDR in Ost-Berlin: »Wer zu spät kommt, den bestraft das Leben.«	70 000 Menschen demonstrieren in Leipzig

Der neue Generalsekretär der SED, Egon Krenz, stellt sich den kritischen Fragen seiner Mitbürger: Dezember 1989.

tung für ein Blutbad übernehmen. Und auch die Demonstranten blieben friedlich. Das »Wunder von Leipzig« war geschehen – das Volk hatte auf der ganzen Linie gesiegt. Honeckers Macht war gebrochen. Sein Sturz war nur noch eine Sache von Tagen.

Rebellion in der SED

Denn den Massenprotesten folgte der Aufstand in der SED-Spitze. Politbüro-Mitglied Egon Krenz zwang Erich Honecker am 17. Oktober zum Rücktritt und übernahm selbst die Macht. Der neue Mann versprach demokratische Reformen, doch das Volk wollte nicht mehr länger warten. Hunderttausende gingen jetzt auf die Straße – nicht mehr nur in Leipzig, sondern im ganzen Land. Krenz versuchte, die Proteste durch ein neues Reisegesetz abzumildern. Doch der Ende Oktober vorgelegte Entwurf überzeugte nicht einmal mehr die Mitglieder der eigenen Partei.

Jubel überall: Nach der Maueröffnung fuhren DDR-Bürger ungehindert in den Westen.

Die Mauer öffnet sich

Auf einer Pressekonferenz am Abend des 9. November 1989 verkündete der SED-Politiker Günther Schabowski dann die sensationelle Neuigkeit: Private Reisen seien »ab sofort« uneingeschränkt erlaubt. Ungläubig machten sich die Ost-Berliner auf den Weg zur Grenze. Dort versuchte man, sie zu überreden, wieder nach Hause zu gehen und auf den nächsten Tag zu warten. Aber sie blieben und es wur-

18. Oktober 1989
Staats- und Parteichef Erich Honecker tritt von allen Ämtern zurück

4. November 1989
In Ost-Berlin demonstrieren hunderttausende von Menschen für Reformen

9. November 1989
Die Mauer ist offen: Ab kurz vor Mitternacht ist der freie Grenzübertritt möglich

den immer mehr. Gegen 22.30 Uhr blieb den Grenzern nur noch ein Ausweg die Öffnung der Schlagbäume. Zehntausende strömten in den Westteil der Stadt. Berliner aus Ost und West umarmten sich mit Freudentränen in den Augen und begossen das Wiedersehen. Bis in die frühen Morgenstunden feierten sie gemeinsam. Die Mauer war offen und der Weg in die Einheit frei.

9. November 1989, einer der schönsten Momente der deutschen Geschichte: Die Menschen feiern die Öffnung der Berliner Mauer.

Der SED-Sekretär Günther Schabowski während der legendären Pressekonferenz am 9. 11. 1989.

Schabowskis Fehler

Es war der wohl schönste Fehler der deutschen Geschichte. Auf der Pressekonferenz am 9. November 1989 fragte ein Journalist nach dem neuen »Reisegesetz«. Schabowski hatte das Papier vorher von Egon Krenz zugesteckt bekommen, kannte den Text selbst aber nicht. »Privatreisen nach dem Ausland können ohne Vorliegen von Voraussetzungen beantragt werden. Die Genehmigungen werden kurzfristig erteilt.« Auf Nachfrage teilte er dann mit, dass das Gesetz »unverzüglich« in Kraft trete. Ein großer Irrtum – denn eigentlich war eine Sperrfrist bis vier Uhr am nächsten Morgen vorgesehen. Dann wäre es zu einer kontrollierten Maueröffnung gekommen, aber nicht zu solch einem spektakulären Mauerfall.

15. Januar 1990
In Ost-Berlin wird die Zentrale des verhassten DDR-Staatssicherheitsdienstes (Stasi) von Demonstranten verwüstet

7. Februar 1990
Verschiedene Oppositionsgruppen der DDR schließen sich zum »Bündnis 90« zusammen

1990
Mit der Wiedervereinigung Deutschlands am 3. Oktober endet die Nachkriegszeit

Ein Traum wird wahr

Die deutsche Einheit

40 Jahre lang war Deutschland geteilt, fast 30 Jahre davon durch einen unüberwindlichen Eisernen Vorhang. Das war die Folge des Zweiten Weltkriegs – und indirekt auch ein Stück weit Strafe für ihn. Doch nach dem Mauerfall gab die Geschichte den Deutschen eine neue Chance: auf Einheit in Frieden und Freiheit.

Was lange als Symbol des Kalten Krieges direkt an der Mauer stand, wird am 3. Oktober 1990 zum Symbol der deutschen Einheit: das Brandenburger Tor.

10. Februar 1990
Michail Gorbatschow signalisiert, dass die UdSSR eine Wiedervereinigung Deutschlands nicht behindern würde

8. März 1990
Der deutsche Bundestag spricht eine Garantie für den Bestand der polnischen Westgrenze aus

12. März 1990
Letzte Montagsdemonstration in Leipzig mit fast 50 000 Teilnehmern

Nach bitteren Jahrzehnten der Teilung ist Deutschland wieder *ein* Land

An eine Wiedervereinigung in seiner Amtszeit hatte der westdeutsche Kanzler Helmut Kohl zuvor wohl nicht in den kühnsten Träumen geglaubt. Aber dass sie durch den Mauerfall und den Sturz des SED-Regimes möglich geworden war und dass die Menschen in Ost und West sie wollten – das war dem Kanzler früher klar als vielen anderen Politikern. Kohl arbeitete fortan auf die Wiedervereinigung hin und legte dabei eine rege Geschäftigkeit an den Tag. Dabei verhielt er sich umsichtiger, als viele Beobachter dem bisweilen wenig feinfühligen Machtpolitiker zugetraut hätten. Kohl wusste sehr genau, dass über eine deutsche Vereinigung in den Hauptstädten der vier Siegermächte des Zweiten Weltkriegs entschieden würde: in Washington, Paris, London und vor allem in Moskau.

Der amerikanische Präsident George Bush senior (links) unterstützte Bundeskanzler Kohls Projekt eines wiedervereinigten Deutschlands.

Unterstützung durch die USA

US-Präsident George Bush senior unterstützte Kohls Vorgehen mit Nachdruck. Vier Jahrzehnte lang waren amerikanische

Zwei Macher der Einheit treffen sich wieder: Hans-Dietrich Genscher (links) und Michail Gorbatschow im Herbst 2000 in Berlin.

Michail Gorbatschow

Michail Gorbatschow (geb. 1931) wurde 1985 sowjetischer Parteichef. Nach Jahren des politischen Stillstands leitete er eine Reformpolitik ein, die mehr Freiheit in Wirtschaft und Politik zuließ. Dazu gehörte die Abschaffung des Machtmonopols der kommunistischen Partei. Gegenüber dem Westen bemühte er sich um Entspannung und Abrüstung. Den Staaten des Ostblocks gewährte er Unabhängigkeit von Moskau. Über die reformfeindliche DDR-Führung sagte er: »Wer zu spät kommt, den bestraft das Leben.« Ihm war es zu verdanken, dass die Revolution in der DDR nicht blutig niedergeschlagen wurde. 1990 erhielt er den Friedensnobelpreis.

18. März 1990
Erste und letzte freie Wahl zur Volkskammer in der DDR

27. März 1990
Gorbatschow kündigt an, dass die Sowjetunion sich allmählich der Marktwirtschaft öffnen werde

12. April 1990
Der Vorsitzende der DDR-CDU, Lothar de Maizière, wird zum Ministerpräsidenten der DDR gewählt

Drei Monate vor der Wiedervereinigung verschwand die DDR-Währung und die ehemaligen DDR-Bürger erhielten die begehrte westdeutsche D-Mark.

Truppen in Europa stationiert gewesen, um die Freiheit des Westens notfalls gegen den kommunistischen Osten zu verteidigen. Eine Wiedervereinigung Deutschlands in Freiheit war für Bush nichts anderes als der sichtbare Beweis für den Sieg des Westens über den Kommunismus. Der französische Präsident François Mitterand und die britische Premierministerin Margaret Thatcher dagegen sahen die Wiedervereinigungspläne skeptisch: Sie fürchteten, ein Gesamtdeutschland mit 80 statt mit 60 Millionen Einwohnern könne zum Risiko werden für das machtpolitische Gleichgewicht in Europa. Allein Bushs Fürsprache und Kohls Einsatz für die europäische Einigung dämpften ihre Vorbehalte.

Was sagt Moskau?

Aus Moskau aber war nicht so schnell grünes Licht zu erwarten. Um eine Wiedervereinigung zu ermöglichen, musste die Sowjetunion auf die DDR verzichten, auf ihren strategischen Vorposten in Mitteleuropa. Jahrzehntelang hatte Deutschlands Osten als die legitime Beute aus dem gewonnenen Zweiten Weltkrieg gegolten. Im Februar 1990 reiste Kohl deshalb nach Moskau, um den sowjetischen Staats- und Parteichef Michail Gorbatschow zu treffen. Der hatte mit seinem Reformkurs den Mauerfall überhaupt erst möglich gemacht.

Deutsche Selbstbestimmung?

Kohl war einigermaßen überrascht, als Gorbatschow geradeheraus zu ihm sagte: »Die Deutschen in der Bundesrepublik und in der DDR müssen selbst ihre Entscheidung über die Einheit treffen.« Moskau stimmte der Wiedervereinigung also grundsätzlich zu. Für viele war das eine Sensation – allerdings nicht unerklärlich: Zwei Wochen zuvor war schon der letzte SED-Ministerpräsident der DDR, Hans Modrow, in Moskau gewesen. Er hatte Gorbatschow mitgeteilt, dass die DDR pleite war. Die Sowjetunion, selbst in größter Finanznot, konnte die DDR auch nicht unterstützen. Deshalb hatte Modrow notgedrungen einen Einigungsprozess vorgeschlagen, an dessen Ende ein militärisch neutrales Deutschland stehen sollte: weder NATO noch Warschauer

28. April 1990
Die Mitgliedsstaaten der Europäischen Gemeinschaft stimmen einer Wiedervereinigung Deutschlands zu

13. Juni 1990
In Berlin beginnt der Abriss der Mauer, die die Stadt 28 Jahre lang geteilt hatte

1. Juli 1990
Die Währungsunion tritt in Kraft. Ab jetzt ist die D-Mark auch in der DDR Zahlungsmittel

Pakt. Die Bündnisfrage wurde zum neuen Knackpunkt, an dem alles hing. Denn Kohl wollte die volle »Bündnisfreiheit« für das vereinigte Deutschland: Etwas anderes, als die gesamtdeutsche Fortsetzung der westdeutschen NATO-Mitgliedschaft kam für ihn überhaupt nicht in Frage. So viel Loyalität war er nicht zuletzt auch seinem amerikanischen Freund und NATO-Partner George Bush schuldig.

Hier geht's um die deutsche Einheit: das »Strickjackentreffen« im Kaukasus

Zwei plus vier: Gespräche zu sechst

Im Mai 1990 begannen die Verhandlungen über die Zukunft Deutschlands. Sie wurden »Zwei-plus-vier-Gespräche« genannt, denn hier saßen die beiden deutschen Regierungen der Bundesrepublik und der DDR mit den vier Siegermächten des Zweiten Weltkriegs an einem Tisch. Doch eine Lösung der Bündnisfrage war auch hier nicht zu erzielen. Im Juli brach Helmut Kohl deshalb erneut nach Moskau auf. Am Morgen des 15. Juli gerieten die Verhandlungen erneut ins Stocken: Gorbatschow wollte noch immer nicht nachgeben. Er gab allerdings ein diplomatisches Signal: Er lud Kohl zu einer Reise in seine Heimat im Kaukasus ein: »In der Bergluft sieht man vieles klarer«, sagte er zu Kohl. Der erwiderte: »Wenn Sie weiterhin darauf bestehen, dass die Bundesrepublik aus der NATO ausscheidet, dann brauchen wir gar nicht erst in den Kaukasus zu fliegen.« »Ja« oder »Nein« bekam Kohl auch jetzt nicht von Gorbatschow zu hören. Der antwortete knapp: »Wir sollten fliegen.« Doch für den Kanzler war das Hinweis genug.

Brief und Siegel auf die deutsche Einheit: Der von beiden Seiten unterschriebene Einigungvertrag vom 31. August 1990.

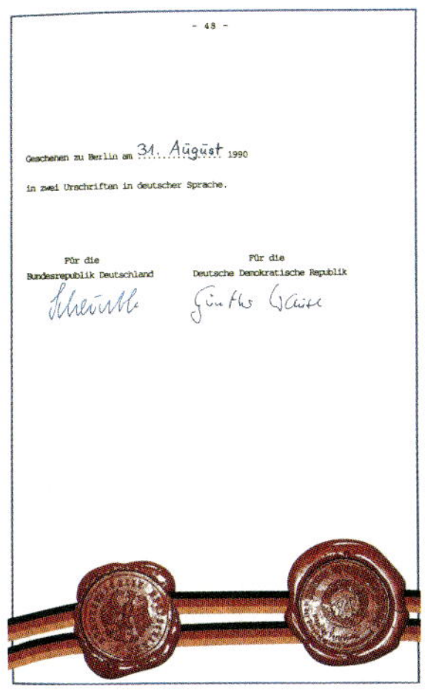
- 48 -

Geschehen zu Berlin am 31. August 1990

in zwei Urschriften in deutscher Sprache.

Für die Bundesrepublik Deutschland — Für die Deutsche Demokratische Republik

Das »Strickjackentreffen« im Kaukasus

Wenig später befanden sich die beiden Staatsmänner mit einer kleinen Delegation in der wunderschönen Landschaft nahe des Gebirgsdorfs Archys. In Strickjacken und Pullover saßen hier der sowjetische Staats- und Parteichef mit dem deutschen Bundeskanzler und dessen Außenminister zusammen – in einer aus Baumstämmen gefertigten Tischgruppe – und machten Weltge-

21. Juli 1990
Auf dem Potsdamer Platz in Berlin veranstaltet die Rock-Band »Pink Floyd« das größte Konzert der Rock-Geschichte

2. August 1990
Truppen des Irak besetzen das benachbarte Emirat Kuwait

12. September 1990
Abschluss der »Zwei-plus-Vier-Gespräche«: Deutschland erhält von den vier Siegermächten die volle Souveränität

3. Oktober 1990 vor dem Reichstagsgebäude in Berlin: Ein Traum ist wahr geworden – die deutsche Wiedervereinigung!

schichte. Am nächsten Tag konnte Kohl verkünden, dass das vereinigte Deutschland Mitglied der NATO sein werde. 30 Milliarden D-Mark hatte Kohl dafür als Wirtschaftshilfe zugesagt.

Einheit in Sicht

Es war gut investiertes Geld: Am 23. August beschloss die Ost-Berliner Volkskammer den Beitritt der DDR zur Bundesrepublik. Am 12. September wurde der »Zwei-plus-vier-Vertrag« unterzeichnet: Deutschland verzichtete endgültig auf die 1945 abgetrennten Ostgebiete und auf den Besitz von atomaren, biologischen oder chemischen Waffen. Dafür traten die Siegermächte von ihren Besatzungsrechten zurück und erklärten Deutschland wieder für vollständig souverän. Am 3. Oktober 1990 um Mitternacht war Deutschland wieder vereinigt. Die Nachkriegszeit war nach 45 Jahren zu Ende. Ein neues Selbstverständnis, eine neue Rolle in der Welt zu finden, die »innere« Einheit zu vollziehen, sollte noch auf Jahre die Aufgabe der Deutschen sein.

3. Oktober 1990
Offizielle Wiedervereinigung Deutschlands

15. Oktober 1990
Dem sowjetischen Staatspräsidenten Michail Gorbatschow wird der Friedensnobelpreis 1990 zugesprochen

2. Dezember 1990
Erste Bundestagswahl im vereinigten Deutschland

DEUTSCHLAND IM VEREINTEN EUROPA

Fußball-WM 1990

Im Sommer 1990 schien den Deutschen alles zu gelingen: Nach 40 Jahren Teilung schritt der Einigungsprozess so schnell voran, als hätte es die Geschichte besonders eilig, alte Fehler wieder gutzumachen. Das Glück perfekt machte allerdings ein völlig unpolitisches Ereignis: die Fußball-Weltmeisterschaft in Italien. Am 8. Juli wurde die – noch – rein bundesdeutsche Elf zum dritten Mal Weltmeister. In ihrem Jubel waren die Deutschen in Ost und West zum ersten Mal richtig vereint.

Ein Glücksfall nach dem anderen: Der Stürmer Rudi Völler freut sich am 8. Juli 1990 über den deutschen Sieg in der Fußballweltmeisterschaft.

Register

Fette Einträge verweisen auf die Bildunterschriften, *kursive* auf die Zeitleiste oben auf den Seiten.

Bildnachweis

Alle Bilder: Interfoto/Agentur, mit Ausnahme der nachfolgend gesondert genannten.

Aisa/Interfoto: 4 l, 13, 16 o, 28 u, 32 u, 34; Artcolor/Interfoto: 29 u, 40; DC/Interfoto: 218; Gläser/ Interfoto: 181 u, 183; Hansmann/Interfoto: 21, 52 o, 59, 63 o, 63 u; M. Pladeck/ Interfoto: 229 o; Mary Evans/Interfoto: 14 o, 26 o, 29 u, 38, 89 u, 90 o, 90 u; Nowosti/Interfoto: 95 o; 156, 157, 158 o; P. Leibing/ Interfoto: 207; Photo Digital: 11; PhotoPress: 2 o, 10-11 Hintergrund, 70 o; Schneiders/ Interfoto: 16 u, 20, 42, 56, 60, 64; TopicMedia/ Hans Lange: 80 o; TopicMedia/Imagebroker: 23 o; TopicMedia/Lindenburger: 14 u; Ullstein Bild: 9 l, 106, 138, 139 o, 140, 141, 142, 143 o, 150, 152, 154 o, 154 u, 163 o, 169, 170, 176, 179 o, 195 u, 197, 204, 208 o, 210 u, 211, 219 o, 219 u, 220 M, 220 u, 221-223, 224-226, 228 o, 229 u, 230, 231 u, 232-235; Zeit Bild/Interfoto: 27, 30, 57 o.

Karten (für interConcept Medienagentur): Yvonne Heinrich, artyfact, München
Bildredaktion (für interConcept Medienagentur): Jürgen Lindenburger, München

Impressum

cbj
ist der Kinder- und Jugendbuchverlag
in der Verlagsgruppe Random House

FSC Mix
Produktgruppe aus vorbildlich bewirtschafteten Wäldern und anderen kontrollierten Herkünften
www.fsc.org Zert.-Nr. SW-COC-003532
© 1996 Forest Stewardship Council

Verlagsgruppe Random House FSC-DEU-0100
Das FSC-zertifizierte Papier für dieses Buch *LuxoSamt* von Biberist liefert SchneiderSöhne.

Gesetzt nach den Regeln der Rechtschreibreform

1. Auflage
Erstmals als cbj Taschenbuch September 2010
Gesetzt nach den Regeln der Rechtschreibreform

Lektorat: Gerd F. Rumler
Umschlagkonzeption: knaus. Büro für konzeptionelle und visuelle identitäten, Würzburg
Umschlagfotos:
oben v. links: AKG/Erich Lessing, AKG, Guido Knopp: privat;
Bildleiste oben v. links: Ullstein Bild, Ullstein Bild/Seyboldt, AKG;
mitte: AKG/Erich Lessing;
unten v. links: Ullstein Bild/Schirner X, Ullstein Bild/Sven Simon, AKG/AP
im · Herstellung: CZ
Koordination und Abwicklung: interConcept Medienagentur, München
Satz und Layout: Keysselitz Deutschland GmbH, München
Druck und Bindung: Finidr, s.r.o., Český Těšín
ISBN 978-3-570-40027-2
Printed in the Czech Republic

www.cbj-verlag.de